조선 왕실 문화의
제도화 양상 연구

3

조선시대 공주와 부마

본 저서는 2013년 대한민국 교육부와 한국학중앙연구원(한국학진흥사업단)의 한국학 총서(왕실문화총서) 사업의 지원을 받아 수행된 연구임(AKS-2013-KSS-1230006)

조선시대
공주와 부마

한형주 지음

국학자료원

이 책의 제목은 『조선시대 공주와 부마』이다. 전근대 사회에서 가장 존귀한 혈통인 왕의 딸인 공주와 그 공주와 혼인이라는 과정을 통하여 왕실 구성원이 되었던 부마라는 인물을 대상으로 삼은 것이다. 이들에게는 왕과 왕비, 그리고 세자 내외를 제외하고는 높은 사람은 없었다. 게다가 세자와 대군 등의 아들들의 경우 왕위계승과 관련되어 상당히 혹독한 교육과정을 겪었지만 이들과 달리 공주는 힘든 교육과정이 없이 '왕실의 꽃'이라는 표현대로 어릴 때부터 곱디곱게 자란 사람들이었다.

그런데 과연 이러한 공주와 부마는 행복하였을까. 11, 12살 나이에 종 1품의 품계를 받고 평생토록 과거에 급제해야 한다는 강박관념이 없이 살아갔던 부마들. 그렇지만 반대로 첩을 취할 수 있었던 사회적 관념과 다르게 오직 공주 하나만을 바라보면서 그녀를 모시면서 살아야만 했던 부마들. 이렇게 어릴 때부터 규정된 부마의 야망이 없는 눈빛을 바라보며 평생을 살아가야 하는 공주의 심정. 과연 이들은 행복했을까. 이러한 문제를 비롯하여 다양한 공주와 부마의 일생을 고민했던 것이 이 책을 쓴 목적이다.

조선시대의 공주와 옹주는 총 103명에 이르고 있다. 이중 공주는 35명이고, 옹주는 68명으로 공주의 숫자는 옹주의 절반밖에 되지 않는다. 그런데 공주와 옹주는 모든 관료들에게 정 1품안에서 품계가 주어지는 반면에 이들은 정 1품을 뛰어넘어 무품직에 해당되는 인물들이었다. 재미있는 사실은 옹주의 어머니는 왕의 후궁으로 최고로 올라갈 수 있는 지위가 빈(嬪)으로 정 1품직에 불과했지만 그 딸인 옹주는 무품직이었다는 사실이다. 이들 공주와 옹주가 짝을 구할 경우 여기에 해당하는 자는 처음에 종 1품직(공주)과 종 2품직(옹주)의 의빈으로 임명되고 나중에 승진을 해야 정 1품과 종 1품직의 품계를 받았다. 따라서 공주와 옹주는 평생동안 자신보다 낮은 품계의 남편과 함께 살아야 하는 것이다. 그리고 이들 외에 세자의 딸을 군주와 현주라 하는데 이들의 짝은 부위와 첨위라 하여 공주와 옹주의 부마인 의빈과 구분하고 있다. 세자가 나이가 들어 왕으로 즉위하면 그 딸들의 명칭도 공주나 옹주로 바뀌지만 그렇지 않고 세자 상태에서 죽을 경우 그들은 그냥 군주와 현주가 되는 것이다.

원래 조선 초기에는 공주와 옹주의 짝을 부마라고 칭했지만 이것을 또한 의빈이라 불렀다. 조선중기 이후에도 공식적인 명칭은 '의빈'이었지만 그러나 부마라고 부르는 경우가 많았고, 또 이 책에서는 군주와 현주 및 그들의 배우자를 별로 다루지 않았기 때문에 그냥 책이름을 '공주와 부마'라고 하였다.

　사실 공주와 옹주를 다룰 생각은 오랫동안 갖고 있었지만 본격적으로 책으로 펴내겠다는 생각은 2013년도부터였다. 한국학 중앙연구원에서 연구비를 지원해주는 '왕실문화총서'의 연구팀의 일원으로 '조선의 공주와 의빈'이라는 제목으로 참여했던 것이 그 계기였다. 이 원고를 작성하는 기간이 대략 4년 정도의 시간이 흘렀고, 또 출간하는 기간이 여러 가지 사정으로 5년 정도 흐르다 보니 『조선공주실록』이나 『조선왕실의 백년손님』이라는 비슷한 주제로 책이 나오기도 하여 난감하기는 했지만 많은 참고를 하였다.

　또한 책을 쓰고 난 뒤에 '조선의 공주와 의빈'이라는 제목보다는 '조선의 공주와 부마'라고 좀 더 구체적으로 제목을 바꾸는 것이 나은 것 같아 이렇게 정하였다. 처음에 연구를 진행할 때 가급적이면 전체 103명의 공주와 옹주를 언급할 생각이었으나 실제로 모든 사람에 대한 자료가 남아있지 않고 이름만 몇 차례 정도 언급되는 경우가 나왔다. 이 책은 『경국대전』이라는 조선초기의 법전에 규정되어 있는 공주와 부마의 제도가 고려시대 이래의 방식과 어떻게 다른 가를 살펴보고 그것이 조선후기에 이르러 어떻게 변화했는가를 검토해 보는데서 시작한다. 그리고 여필종부라는 유교적 규범이 전반적으로 지배되는 조선사회에서 어떻게 공주라는 그들만의 독특한 지위를 가지고 부마보다도 더 활발하게 활동하면서 왕실과 밀접한 연결을 가지면서 적극적인 정치·사회적 활동을 시행했는가를 일반 여성과 비교하면서 찾아보고자 하였다.

위와 같은 전제아래에서 이 책은 전체를 7장으로 구성하였다. 1장은 이 책의 서론에 해당되는 부분으로 전체적으로 공주와 부마를 개관하였다. 2장은 '공주'제도에 대한 전반적인 검토, 즉 공주의 칭호와 유형, 배우자인 부마의 지위, 그리고 이들이 속한 기관인 외명부와 의빈부, 그리고 공주의 경제적기반 등을 살펴보았다. 3장은 공주가 태어나면서 죽을 때까지 일생의례를 통하여 일반인과 다른 그들의 모습을 추적하였다. 4장은 공주와 옹주가 자신의 입장을 강조하기 위해 시행하였던 정치적 행동과 그 결과가 어떻게 결말지었는지를 살펴보았다. 5장에서는 공주의 가족관계, 즉 부부, 시댁, 친정 등의 관계를 살펴보고, 또 취미생활과 문제가 되었던 신앙 등을 검토하였다. 6장에서는 공주의 배우자인 부마를 그들의 가문과 활동, 그리고 그들의 일상을 통해 살펴보았다. 그리고 나중에 자식이 없이 죽었을 때 제사를 치러줄 양자 문제를 살펴보았다. 마지막 7장에서는 공주의 자식 그중에서도 아들들의 활약을 살펴보았다. 이들의 의하여 공주의 집안이 성쇠를 가름할 기준이 되기 때문이다.

이 책을 집필하는 과정에서 새삼 느꼈던 것은 몇 차례의 연구·교양서를 냈음에도 불구하고 책을 낸다는 것이 여전히 어렵다는 사실이다. 쉽게 표현한다고 생각했던 내용이 독자로 하여금 좀 어렵게 느껴지는 경우가 종종 있었다. 그렇지만 이 책을 만드는데 가급적 쉽게 쓰려고 했던 것은 사실이고, 읽는 독자가 어렵다고 느껴질 때에는 필자가 표현하는데 문제가 있다는 것을 드러낸 것이라 생각한다.

책을 만드는 과정에서 여러 사람에게 고마움을 느낀다. 우선 연구비를 주어 이 책을 나오게 한 한국학 중앙연구원의 담당자인 석창진 선생에게 감사를 드린다. 여러 지적을 해준 '왕실문화총서' 연구팀의 오종록 선생과 여러 팀원들 그리고 성신여대 대학원생에게도 고마움의 말을 전한다. 끝으로 책으로 깔끔하게 엮어준 국학자료원의 정구형 사장과 편집부에도 감사를 드린다.

차 례

1장

머리말

옛날이나 지금이나 TV 프로그램 중 '사극'이라는 형태의 장르는 꾸준한 인기를 얻고 있다. 사극 중에는 일반 사대부나 평민을 주제로 삼은 것도 있지만 일반적으로 궁궐을 배경으로 왕실 사람들의 이야기를 언급하는 경우가 많다. 이들 중에 특이한 것이 왕의 딸인 공주와 옹주의 이야기들이다. 공주의 이야기를 살펴보면 일정한 틀이 있는 것 같다. 어린 나이에 부마에게 시집을 와서 시댁의 법도를 전혀 모른 채 천방지축으로 자기 마음대로 행동하는 공주. 이를 보고도 말 한마디 못하고 벙어리 냉가슴으로 제발 사고만 치지 않았으면 좋겠다고 가슴 졸이는 시부모들. 이런 방식으로 극을 시작하는 것이 전반적인 공주의 이미지가 아니었던가 싶다. 그런데 여기서부터 틀린 부분은 공주가 결혼을 하면 시부모와 같이 살지 않았다는 사실이다. 시부모도 불편하고 또 며느리인 공주도 불편해서 처음부터 신혼집을 시가와는 별도로 차려서 시부모와 그렇게 부딪칠 상황이 아니었던 것이다.

현재 조선시대 왕실의 주요 구성원중의 하나인 왕과 세자의 딸, 그리고 그들의 배우자인 의빈(부마)에 대한 연구는 적지 않게 시행되었다. 이들 중 대다수는 공주를 주제로 한 것인데, 1차 왕자의 난과 세조의 찬탈이라는 정치 격변 속에서 비구니가 되었던 경순공주(태조 3녀)와 경혜공주(문종 1녀)의 불행한 삶이나 순조의 장녀인 명온공주의 가례와 상장의례를 살펴본 것처럼 특정 공주의 사례를 검토한 것이 대표적이다.[1] 의빈에 대해서는 『경국대전』이 편찬될 때까지의 제도적 정비과정을 다룬 논문과 영조대 탕평정국과 부마 간택이라는 논문이 있다.[2]

이중에서 주목되는 것은 정선공주, 경혜공주 등 7명의 공주의 생애와 일상을 다룬 책인 『조선공주실록』과 이제, 정종, 임숭재 등 부마의 일생을 다룬 『조선왕실의 백년손님』이라는 단행본이다. 이 책들은 본서를 작성하는 과정에서 적잖이 도움을 받았다. 그러나 이 책들은 기본적으로 공주를 흥미 위주로 다루어 그 사례를 뽑아서 사건들을 설명하

---

1) 김용숙, 『조선조 궁중풍속연구』, 일지사, 2000; 국립문화재연구소, 『조선왕실의 안태와 태실관련 의궤』, 민속원, 2006; 신명호, 『조선공주실록』, 역사의 아침, 2009; 윤종준, 「明善·明惠公主에 대한 고찰」, 성남문화연구, 2010; 황인규, 「조선전기 왕실녀의 가계와 비구니 출가」, 『한국불교학』 57, 2010; 김문식, 「1823년 明溫公主의 가례 절차」, 『조선시대사학보』 56, 2011; 이현진, 「순조의 장녀 明溫公主의 喪葬 의례-『明溫公主房喪葬禮謄錄』을 중심으로-」, 『조선시대사학보』 56, 2011; 임민혁, 「조선후기 공주와 옹주, 군주의 가례 비교 연구」 『온지논총』 33, 2013; 차호연, 「조선초기 公主·翁主의 封爵과 禮遇」, 『朝鮮時代史學報』 77, 2016; 나영훈, 「순조대 明溫公主 婚禮의 재원과 前例·定例의 준수」, 『朝鮮時代史學報』 83, 2017; 한희숙, 「연산군의 딸 휘순공주(徽順公主)의 혼인과 이혼」, 『여성과 역사』 28, 2018.
2) 이유경, 「조선초기의 부마」, 고려대 석사학위논문, 1985; 남지대, 「조선초기 禮遇衙門의 성립과 정비」, 『동양학』 24, 1994; 한충희, 「조선초기 의빈연구」, 『조선사연구』 5, 1996; 신채용, 「영조대 탕평정국과 駙馬 간택」, 『조선시대사학보』 51, 2009; 신채용, 『조선왕실의 백년손님』, 역사비평사, 2016; 신채용, 「朝鮮時代 儀賓家門 研究」, 국민대 박사논문, 2020.

였고, 의빈의 경우에는 제도적인 정비와 실제의 생애가 잘 맞지 않는다는 부분이 나타나고 있다. 즉 왕실문화 전체로 볼 때 '공주' 및 '의빈'의 연구는 아직 완성된 상태가 아니어서 기존의 연구와 새로운 자료를 통하여 정리할 필요가 있다.

조선의 왕실 구성원은 종친, 외척 등 남성의 핏줄을 통하여 이루어지는 것이 일반적인데, 이와 달리 공주와 옹주는 여성이 주체가 되어 관계망을 설정했다. 본서에서는 공주와 옹주, 그리고 배우자인 의빈(부마)들을 검토의 대상으로 삼아 이들의 지위와 정치참여, 가족 관계, 그 후손들 등 전체적인 차원에서 살펴보고자 하였다. 다만 세자의 딸들인 군주와 현주에 대해서는 여력이 없어 약간의 언급만을 했을 뿐이고, 또 공주와 옹주의 배우자는 법적인 측면에서 '의빈'이라 칭하는 것이 맞지만, 의빈에는 위에서 언급한 세자의 딸의 배우자도 포함되기 때문에, 공주와 옹주의 배우자를 한정시켜 '부마'라고 칭하였다. 부마라는 명칭은 성종 때『경국대전』편찬 이후에도 계속 사용되는 용어였다.

공주와 부마의 지위와 역할은 유교적이고 가부장적인 제도화를 기반으로 마련되었지만 실제 운영과정에서 여성 중심, 비유교적인 탈제도적 성격이 적지 않게 드러나고 있다. 이러한 관점을 바탕으로 공주와 의빈의 존재 양상과 일상적인 삶의 모습을 조선시대 전체의 내용과 각 개별 사례를 아우르되, 대중적 수요에 맞추어 서술하고자 한다.

흔히 '공주'는 왕과 정실 왕비 사이에서 출생한 딸을 지칭하고 옹주는 왕과 후궁의 소생, 세자와 세자빈의 소생을 군주, 세자와 후궁의 소생을 현주라고 각각 일컫는다. 그렇지만 이런 관념은 조선시대의 인식이고, 고려 및 조선 건국 초까지는 예컨대 공주는 공주·왕녀·궁주 등으로 불리었고, 왕의 후궁을 공주로 부르기도 하였다. 특히 원의 간섭기에 원의 공주가 고려왕의 정비가 되면서 그녀와 그 소생을 공주로, 나머지 고려 후비의 소생을 옹주로 구분하기도 하였다. 또한 공주의 배우자는 이성(異姓)인 조선과 달리 고려왕실의 근친혼으로 동성(同姓)인 경우가 많았고, 부마의 재혼 사례도 종종 나타나 조선시대와 상당히 달랐다.

이 상황은 세종대에 이르면 역대 '고제(古制)'의 검토를 통하여 왕과 혼인관계에 있는 여성들과 그들의 딸들을 구분하기 시작하였고, 결국 『경국대전』에 이들은 내명부(內命婦)와 외명부(外命婦)로 각각 구분되어 제도화되었다. 공주와 옹주를 외명부로 설정하여 왕과 세자의 비빈(妃嬪)인 내명부와 구분하고, 공주(옹주)의 배우자(세자의 딸 포함)를 의빈부에 속하게 한 것은 남녀를 천지, 음양으로 구분한 유교적 관점에 따른 것이고, 그들의 배우자인 부마의 정치적 접근을 제한하기 위한 조처였다.

지금까지 확인할 수 있는 조선시대의 공주는 35명이고, 옹주는 68명에 이르러 본서에서 대상으로 삼은 사람의 수는 총 103명이다. 여기에는 연산군의 딸들과 후대에 추봉된 장조의 자식도 포함되어 있다. 이들은 일정한 나이가 되면 혼인을 통하여 출가하여 시집식구들과 관계를 맺으며 생활하였다. 그러나 이들은 왕의 아들인 대군이나 군 등과 마찬가지로 품계를 초월한 존귀한 신분으로 생육과정이나 결혼 후의 생활, 죽은 후의 예장(禮葬) 등에서 일반 사대부의 여성들과 차별되었다. 또한 그들의 배우자 및 자식 역시 왕실의 일원으로 인정됨으로써 일반 사대부와 다른 모습을 보였다.

위와 같은 기본적인 이해 아래 본서에서 중점을 둔 집필방향은 다음과 같다.

먼저 2장에서는 공주·옹주와 그들의 배우자인 의빈의 사회적·법제적 제도화를 조선의 유교화 및 가족제도의 변화와 연결시켜 검토하되, 고려시대와의 유사성과 차별성을 지적하였다. 그리고 그들이 속하게 된 외명부와 의빈부의 으뜸으로써 그 위치와 특권을 살펴보고, 마지막으로 공주에게 지급되는 과전과 녹봉을 살펴보되, 실제적으로 제도적 차원을 넘어선 사례를 선조의 딸인 정명공주를 통해 알아보도록 하겠다.

3장에서는 공주의 일생을 태어나서 죽을 때까지 통과의례의 과정에서 검토하였다. 공주(옹주)는 궁궐에서 왕비나 혹은 후궁의 소생으로 태어나는데, 산실청과 호산청이라는 국가기구의 운영과 연결되며, 태어난 날 태(胎)를 깨끗이 씻는 세태 의식을 거행하여 '태실(胎室)'이라는 것이 존재하였다. 그리고 일정한 나이에 이르면서 『내훈』, 『열녀전』 등을 통하여 교육을 받았지만 그러나 전반적으로 '언문'만 교육시키고 왕실의 예법만 일부 가르쳤기 때문에 그다지 힘든 정도는 아니었다. 나이 11~12살 정도 되면 결혼을 통해 출궁을 하게 되는데, 이는 『가례등록』 등의 자료를 통해 잘 알 수 있다. 그러다가 죽을 경우 『국조오례의』 「거애의식(擧哀儀式)」을 통하여 왕을 비롯한 왕실 구성원들이 애도하였다.

4장에서는 공주(옹주)의 정치적 참여와 그 의미를 살펴보았다. 유교적 규범으로 아녀자의 사회활동이 상당히 규제된 조선사회의 분위기 속에서 공주 등은 왕실과 연결되어 배우자인 의빈 못지않게 정치·사회적 활동을 활발히 하였다. 궁궐에서 시행되는 각종 의례에 참여함으로써 그들의 존재의미를 강조하는 것이 일상적인 공주의 행위라면, 그러나 왕위계승과 관련되어 부마가 이에 반대되는 입장을 취하거나 또는 궁중에서 시행되는 각종 암투에 연결되었을 때 공주(옹주)는 상당한 고통을 받게 된다. 비록 본인이 죽음에 이르는 경우는 없었지만 남편인 부마를 잃게 되고 공주의 지위를 박탈당하게 되는 경우가 종종 발생하였다. 이러한 상황은 본인의 의지와 상관없이 시행되는 경우가 많았는데, 그 사례와 실제를 살펴보겠다.

5장에서는 공주의 부부관계와 그들의 신앙을 살펴보도록 하겠다. 공주의 부부관계는 일반 사대부와 같이 서로 사이가 좋은 경우가 있지만 그렇지 않고 부마가 광패한 경우 상당히 어려움을 겪게 된다. 그리고 그와 연결되어 시부모와의 관계가 원만한 경우와 그렇지 못한 경우가 이는데 이를 구분하여 설정하도록 하겠다. 그런데 이중에서 공주의 신앙이 상당히 문제가 되는 경우가 있었다. 유교적인 사회에서 불교나 기타 민간신앙에 빠진 공주는 상당히 많았는데, 이와 관련된 자료들을 통하여 살펴보도록 하겠다.

6장에서는 공주의 배우자인 부마에 대해 살펴보도록 하겠다. 부마를 배출한 가문은 상당한 명문가가 일반적이지만 그렇지 않은 가문도 있었다. 부마는 공주(옹주)와 혼인을 하면 종 1품 혹은 종 2품의 고관에 임명되지만 대신 공주 외에는 일반 사대부와 달리 첩을 둘 수가 없고, 만약 공주가 죽었을 경우에도 수절을 해야만 했다. 이런 상황에서 일부의 부마는 공주가 죽은 후 재가(再嫁)를 시행하는 경우가 있는데 국가에서는 그 배우자를 처가 아닌 첩으로 삼거나 아예 장가를 못 가게 금지하고 있어서 상당한 문제가 발생하게 된다. 또한 부마의 경우 일반적으로 과거에 응시하는 경우가 적지만 과거에 합격하여 영위사(迎慰使)라는 사신을 접대하는 관직을 가질 수도 있었다.

마지막으로 7장에서는 공주(옹주)의 자녀 양육과 관련된 사항을 정리하도록 하겠다. 공주(옹주)의 아들은 법적으로 종 7품 혹은 종 8품직의 초직이 주어져 다른 사대부들과 다르게 상당히 유리한 입장에서 관직생활을 시작하였다. 그래서 상당수의 인원이 당상관이라는 고위직에 오르지만 여기에는 자식을 위한 공주(옹주)의 부단한 노력이 끼워져 있었다. 그런데 일부 공주의 자식은 방탕한 생활을 유지하여 비난을 받는 상황을 만들거나 더욱이 왕조의 정변이나 모반에 연루되어 크나큰 문제를 일으키는 경우도 있었다.

2장

'공주' 제도의 형성

1. 공주의 칭호와 유형

1) 공주·옹주와 배우자의 칭호

조선시대 태종대 이후 왕이 중전과 관계하여 낳은 적녀를 '공주'라 하고, 후궁과 관계하여 낳은 서녀를 '옹주'라고 부르는 방식은 보편적으로 시행되었다. 왕의 딸들을 공주 혹은 옹주라는 부르는 방식은 그 유래가 상당히 오래되었다. 중국의 경우에는 전설적인 하(夏, ?~?)와 은(殷, ?~B.C 1046)의 시대에는 그 명칭의 사례가 실제로 보이지는 않지만 대체로 주(周, B.C 1046~B.C 256)의 중기부터 왕의 딸을 공주라고 불렀다고 한다.[1] 물론 이것은 근거할 자료가 없지만 『사기(史記)』로부터는 분명히 드러내어 춘추·전국시대부터 그 사실이 보이고 있다. 춘추·전국시대 각 지역의 패자였던 진(秦), 제(齊), 노(魯) 등의 왕들이

---

[1]『靑莊館全書』권 21 編書雜稿 1 宋史筌編撰議「公主之號 始於周之中葉 嫁女于諸侯 以天子至尊 不自主婚 故使同姓者主之 謂之公主 歷代因之」.

자신의 딸을 공주로 불렀던 사실이 분명히 드러나며,2) 옹주라는 명칭
역시 전국시대 제(齊) 나라의 사례에서 여러 차례 드러나고 있다.3) 이
후 진나라를 거쳐 한나라로 통합된 이후에는 공주와 옹주의 용어가 춘
추·전국시대와 같이 사용되었는데, 다만 천자의 딸을 '공주'라 한 반면
에 제후국의 딸을 '옹주'라 불러 서로 구분했던 것 같다. 이것을 고려시
대인 공양왕 3년(1391)에 이르러 도평의사사에서 '예로부터 천자의 배
필은 후(后), 제후의 배필은 비(妃)라 하고, 천자의 딸은 공주(公主), 제
후의 딸은 옹주(翁主)라 하여 일정한 제도가 있었다'라고 분명히 언급
할 정도였다.4)

　이상과 같이 공주와 옹주의 칭호는 중국에서 우리나라에 도입되어
사용했던 것 같다. 삼국시대의 상황을 보면『삼국사기』에 그 기록이 나
오는데, '고구려 256년(중천왕 9)에 중천왕이 명림홀도(明臨笏覩)를 공
주에게 장가들여 부마도위로 삼았다'라고 한다.5) 또한『삼국사기』열
전에 나오는 고구려 평강왕의 딸인 공주가 온달을 잘 섬겨 훌륭한 장수
로 키웠다는 말에서6) 왕의 자식을 보편적으로 공주라고 불렀음을 잘
알 수 있다.

　그런데 고려시대에 들어와 이러한 상황은 좀 바뀌게 되었다. 고려 현
종대에는 당나라와 송나라 초기의 제도를 도입하여 국가를 운영하였

---

2)『史記』권 12 본기 12 高祖本紀第八부터 전체 본기와 열전에서 이러한 명칭을 확인
　　할 수 있다.
3)『史記』권 52 세가 30 齊悼惠王.
4)『고려사절요』권 35 공양왕 2 공양왕 3년 8월 을축「都評議使司上疏曰 自古天子之
　　配爲后 諸侯之配爲妃 天子之女 謂之公主 諸侯之女 謂之翁主 上下之禮 不敢紊亂 所以
　　定名分 而別尊卑也」
5)『삼국사기』권 17 고구려본기 5 중천왕 9년.
6)『삼국사기』권 45 열전 5 온달.

는데, 당시에는 귀비(貴妃)·숙비(淑妃)·덕비(德妃)·현비(賢妃) 등과 같은 후궁의 명칭을 사용하였다.[7] 그런데 정종 대 이후에는 원주(院主)·원비(元妃)·궁주(宮主)·옹주(翁主) 등의 칭호를 서로 섞어서 사용하여 보는 이로 하여금 혼란을 주고 있다. 한편으로 덕종이 왕위에 오르자 현비(賢妃)로 책봉되었던 왕씨는 상회공주(觴懷公主)를 낳았고,[8] 고려 태조 때 신명태후가 낳은 딸을 낙랑(樂浪)과 홍방(興邦)의 두 공주(公主)로 삼았다는 기록에서[9] 보듯이 정실 태후와 그렇지 않은 후궁의 소생을 똑같이 공주로 부르고 있었다.

이같이 공주의 칭호는 엄격하게 사용되지 못하였는데, 그러던 것이 원 간섭기에 이르러 바뀌게 되었다. 원나라 출신으로 고려 왕의 정실 부인이 되었던 사람은 원에서 받은 칭호를 그대로 사용했던 것이다. 예컨대 충렬왕의 부인은 원나라 세조(世祖)의 딸로 훗날 제국대장공주(齊國大長公主)를 시호로 받는 사람인데, 고려에서는 '국왕'이라는 자신의 남편에 따르는 칭호인 ○○왕비로 칭한 것이 아니라 원에서 내려준 원성공주(元成公主) 즉 '공주'라고 불렀던 것이다.[10] 그리고 몽고 출신의 공주가 낳은 딸을 '공주'라고 불렀지만 나머지에 대해서 '공주'라는 용어를 사용하지 않고, 대신 '궁주'나 '옹주'로 불렀던 것이다.

조선시대에 들어와서는 궁주(宮主)라는 명칭이 왕비가 낳은 딸인 공주(公主)와 후궁이 낳은 딸인 옹주(翁主)보다 더 많이 사용되었다. 사실 『태조실록』에 따르면 옹주의 칭호는 조선초기에 왕의 족친들이나 대

---

7) 『고려사』 권 5 세가 권 5 현종 15년 정월 정사 ; 16년 정월 기해 ; 현종 16년 6월 갑인 ; 덕종 즉위년 윤 10월 갑자.
8) 『고려사』 권 88 열전 1 후비 1 경목현비 왕씨.
9) 『고려사』 권 88 열전 1 후비 1 신명순성왕태후 유씨.
10) 『고려사』 권 89 열전 2 후비 충렬왕 20년.

군들의 부인을 일반적으로 부르는 칭호였다.[11] 그리고 '공주'의 칭호도 왕의 딸에게 보편적으로 사용하던 용어가 아니었다. 예컨대 고려 공양왕의 부인을 의화궁주(義和宮主)로 삼았고, 신덕왕후의 딸이자 이저(李佇)의 부인을 경순궁주(敬順宮主)로 삼았던 것이다. 다시 말해 태조 대까지 왕의 적녀와 서녀에게 공주 및 옹주의 칭호는 사용하지 않았고, 왕은 이들에게 'oo궁주'라는 칭호를 사용했던 것이다. 마찬가지로 왕은 후궁에게 'oo궁주', 'oo옹주'라고 불렀던 것인데, 이것을 1422년(세종 4)경부터 궁주나 옹주의 명칭으로 사용하지 않고, 공주를 왕의 딸에게만 부르는 칭호로 바꾸었던 것이다. 다음 1428년(세종 10)에 나온 규정은 이러한 장애를 극복한 과정을 잘 서술하고 있다.

> 이조에서 계하기를, "국초에 고전을 모방하여 처음으로 내관(內官)을 두었으나, 그러나 그 제도가 미진하였습니다. 태종조에 이르러 훈현(勳賢)의 후손을 잘 골라 뽑아 삼세부(三世婦), 오처(五妻)의 수효를 갖추었으나, 칭호는 아직 갖추지 못했습니다. 궁주는 왕녀의 호칭이 아닌데도 왕녀를 일컬어 궁주라 하고, 옹주는 궁인의 호칭이 아닌데도 옹주라 일컬으니 이것은 실로 전조의 옛 것을 따르고 개혁하지 못했던 것입니다."[12]

---

11) 『태조실록』 권 1 총서 「太祖少時 定安翁主 金氏見墻頭五烏 請射之 太祖一發 五烏 頭皆落 金氏異之 謂太祖曰 愼勿洩此事 金氏 桓王賤妾 卽義安大君 和之母也」, 『태조실록』 권 7 태조 4년 2월 13일(정축) 「以沈孝生妻柳氏 爲貞慶翁主」, 『태조실록』 권 14 태조 7년 6월 5일(기유) 「令廣興倉復 賜開國功臣母妻 翁主宅主祿俸」 여기서 정안옹주는 이성계 아버지 환조의 천첩이고, 정경공주는 태조의 첩을 가르키며, 태조 7년 기사는 개국공신의 어머니와 처를 옹주와 택주의 명칭으로 삼고 있어, 우리가 흔히 말하는 옹주라는 용어와는 다르다.
12) 『세종실록』 권 39 세종 10년 3월 8일(경인).

이같이 세종 10년대를 기준으로 공주와 옹주를 왕의 소생으로 한정하여 부르는 칭호로 삼았고, 반대로 궁주의 칭호나 옹주의 칭호를 사용하지 않았다. 세종 10년을 기준으로 정리되어 갔던 공주, 옹주 제도에 반하여 그 배우자의 칭호는 부마와 의빈이 번갈아 사용되었다. 사실 1434년(세종 16) 4월까지는 부마가 보편적으로 사용되었는데, 그러나 이때부터 1444년(세종 26) 7월까지는 의빈으로 불리었고, 다시 1466년(세조 12)까지는 다시 부마라 불렸으며, 1466년 이후에는 다시 의빈이라 불리었던 것이다.

이같이 공주와 옹주의 배우자인 부마 혹은 의빈을 서로 혼합하여 칭하였고, 이들을 대우하기 위한 관아 역시 여러 번 그 명칭이 바뀌었다. 초창기에는 이성제군부(異姓諸君府, 정종 2년~태종 17년, 태종 18년~세종 26년)였다가 공신제군소(功臣諸君所, 태종 17년~태종 18년)로 바뀌었고, 이것은 다시 부마부(駙馬府, 세종 26년~세조 12년)로 변경되었다가 최종적으로 의빈부(儀賓府, 세조 12년~)로 바뀌었던 것이다. 결국 『경국대전』을 비롯한 법률기관에 부마를 예우하기 위한 기구가 바로 의빈부(儀賓府)였으며, 이 의빈부가 1466년(세조 12)에 성립된 이후 조선시대 말기까지 지속되었던 것이다.

이상의 내용을 좀 더 살펴보면 다음과 같다. 여기에서 1400년(정종 2) 6월 '부마와 공신으로 군(君)의 칭호를 책봉받은 자[功臣封君者]'를 통제하기 위하여 설치된 것이 '이성제군부(異姓諸君府)'였었다는 사실이다. 그런데 이때의 이성제군부는 후대와 같이 부마를 예우하기 위한 기관이 아니었으며, 공신으로 임명된 제군(諸君)이 모두 망라되어 포함된 것이다. 이것은 1417년(태종 17)에 이르러 그 명칭과 실상이 맞지 않는다는 이유 때문에 이성제군부를 폐지하고 공신제군소(功臣諸君府)로 바꾸었으며, 행정 사무요원이 실무를 담당하였다. 이때는 부마 역시 공신이었기 때문에 공신제군부에 속했던 것이다. 그런데 1418년(세종 즉위)에 이르러 부마 중 일부가 공신이 아니면서 봉군되어 서로 명칭이 부합하지 않게 되자 이 때문에 공신제군소를 다시 이성제군부로 명칭을 바꾼 것이다.[13]

1444년(세종 26)에 다시 이성제군부는 부마부로 개칭되었다. 부마의 봉군(封君)을 폐지하고 별도로 부마계(駙馬階)를 제정하여 합당한 조처를 취하게 했던 것이다. 그런데 이때에는 국초와는 다르게 부마의 수가 크게 증가하여 그들에 대한 예우가 기대되었고, 이러한 현상 등이 반영되어 부마만의 독립적인 기구로 부마부가 설립된 것이다. 그러다가 1466년(세조 12)에 이르러 부마부는 다시 의빈부(儀賓府)로 개칭되었다. 종 1품자는 의빈, 정·종 2품자는 승빈(承賓), 정 3품자는 부빈(副賓), 종 3품자는 첨빈(僉賓)으로 체계화 되었으며, 실무를 담당하던 경력소의 명칭도 재조정하였다. 이후 1484년(성종 15)에 이르러 의빈의 명칭 중 2품 이상은 모모 위(尉), 3품 이상은 모모 부의(副尉), 당하관 이하 4품 이상은 모모 첨위(僉尉)로 각각 조정되었다. 이때 개정된 의빈부제는 1485년(성종 16)에 반포된 『경국대전』에 명문화되었다.[14]

그런데 하나 주의할 것은 초창기에 수여되었던 봉작제(封爵制)가 태종대에 들어와 없어졌다는 사실이다. 1398년(태조 7)에 공작, 후작, 백작의 칭호를 갖도록 했던 봉작제는 부마의 경우에 심종(沈悰, 경선공주의 부마)이 청원후(靑原侯)에 책봉되었음에서 알 수 있는데, 그러나 태종이 즉위하던 1400년에 전부 군(君)으로 바뀌었다. 이것은 '공·후·백

---

13) 한충희, 「조선초기 의빈연구」, 『조선사연구』5, 1996.
14) 『경국대전』 권 1 이전 의빈부.

작이 중국을 참칭한 것으로 같은 제도를 우리나라에서는 쓸 수 없다'는 논리를 따랐던 것이다.[15] 한편 1403년(태종 3)에는 공주·옹주 배우자의 직품이 서로 구분되어 다르게 조정되었다. 당시까지는 공주와 옹주의 배우자를 구분하지 않고 종 2품직을 주었던 것을 이제는 공주의 배우자는 종 1품, 옹주의 배우자는 종 2품직을 주어 서로 구분했던 것이다.

2) 공주·옹주의 유형

공주와 옹주의 유형은 개인적인 측면과 성격적인 자질에 의하여 구분된다. 그렇지만 사실 중요한 것은 그녀의 친정인 왕실, 특히 국왕권의 변동에 의해 몇 가지로 나눠질 수 있다는 점이다. 정치적인 격변에 따라 기존 왕위계승 구도가 다르게 나타났을 때에는 그녀의 의지와 아무런 상관없이 그것에 의해 영향을 받았던 것이다.

먼저 정상적으로 공주가 국가의 대우를 받으면서 오랫동안 장수한 경우이다. 이 경우는 일반적이라 할 수 있다. 예컨대 정의공주(貞懿公主, 1415~1477)는 세종의 둘째 딸로 14살의 나이에 죽성군 안맹담(安孟聃, 1415~1462)에게 시집을 갔다.[16] 그녀가 혼인을 한 후 20~30년 동안은 세종의 태평시대였기 때문에 별다른 사건 없이 잘 지냈다. 그러다가 세종과 문종이 연이어 사망한 후 단종 때에 이르러 이른바 계유정란(癸酉靖亂)을 맞이하게 되었다. 상당히 아찔한 상황이었고, 단종과 세조 어느 쪽이든 손을 들어주어야 했지만 정의공주와 안맹담은 어느 편도 들지 않고 항상 조심함으로써 별다른 문제없이 무사히 지나갔다.

---

15) 『태종실록』 권 1 태종 1년 1월 25일(을유).
16) 『세종실록』 권 39 세종 10년 2월 13일(을축).

그러다가 세조가 등극하자 정의공주는 세조에 의해 두 살 높이의 누님 뻘로 극진히 대접받고 있었다. 세조가 중궁(中宮)과 함께 정의공주의 집에 자주 거둥한다던가, 정의공주가 온천을 가는 경우 그 장소의 수령에게 공주를 위무하도록 조처를 취하고 있었던 것이다.

한편 세조는 정의공주가 질병이 났을 때에도 여러 번 직접 그 장소를 찾아가 본다든가 또는 쌀 1백석을 내려 주고, 아들과 사위의 직질(職秩)을 더하여 줌으로써 왕실의 우애를 보였다. 그녀의 남편인 안맹담이 1462년(세조 8)에 사망하자, 세조는 쌀·콩 90석을 내려주고, 2일간 철조(輟朝)를 시행하며 애도하는 마음을 표하였다.[17] 이것은 그녀가 질병으로 누웠을 때도 마찬가지여서 매년 쌀 50석을 내려주도록 조처하고 있었다. 이러한 절친한 마음은 공주의 병이 위급해지자 그 아들의 자급을 7계급이나 높여 준데서 잘 나타나고 있다.[18] 더욱이 1468년(세조 14)에 정의공주가 은으로 실을 넣은 청동화로를 바치니, 왕이 경창미(京倉米) 350석을 보답하여 내려주었던 사실에서도 그 마음이 지극함을 알 수 있다.[19] 이처럼 왕의 사적인 친밀감을 바탕으로 그만큼의 대우가 받으면서 지냈던 것이 정의공주의 생활이었던 것이다.

그렇지만 정치적인 입장에 의해서 공주가 비구니로 출가하는 비극적인 경우도 나왔다. 태조의 딸인 경순공주와 문종의 딸인 경혜공주의 경우가 그 사례이다. 경순공주(?~1407)는 태조와 2번째 부인인 신덕왕

---

17) 『세조실록』 권 29 세조 8년 12월 25일(을유).
18) 『세조실록』 권 40 세조 12년 10월 24일(임술) 「召吏曹判書韓繼禧 參判愼承善 參議 芮承錫 兵曹判書金國光 參判朴仲善 參議朴徐昌等于內 議除授 以安貧世爲同副承旨 崔漢卿江原道觀察使 貧世 貞懿公主之子 於諸子中稍知書 至是 公主疾劇 超七級拜之」
19) 『세조실록』 권 45 세조 14년 1월 26일(정해) 「貞懿公主 獻銀入絲靑銅火鑪一事, 賜 京倉米三百五十石以償之」

후 강씨 사이에서 딸로 태어났다. 그녀는 1392년 개국공신인 홍안군 이제(李濟, ?~1398)에게 시집을 갔는데, 이제는 고려 말 정몽주의 살해에 가담한 공으로 개국원훈이 되었다. 그렇지만 1398년(태조 7) 1차 왕자의 난이 일어났을 때 남편인 이제와 경순공주의 두 남동생인 방번과 방석이 태종 이방원에 의해 죽임을 당하였는데, 그녀의 어머니 신덕왕후는 이미 2년 전에 세상을 떠난 상태였다. 그녀는 이러한 비극적 상황을 보고 난 직후에 출가하여 비구니가 되었다.

> 태상왕이 경순궁주로 하여금 여승이 되게 하였는데, 궁주는 이제의
> 아내였다. (궁주는) 머리를 깎을 때에 현연(泫然)히 눈물을 흘렸다.[20]

경순궁주가 머리를 깎을 때 눈물을 줄줄 흘렸다는 말은 상당히 가슴에 와닿는다. 경순궁주가 비구니로 출가한 것은 폐세자(廢世子)였던 방석의 부인인 심씨의 출가와 더불어 왕실 개창 후에 처음 있는 일이었다. 하여튼 경순공주는 출가하여 10년 정도를 비구니로 생활하다가 1407년(태종 7년)에 죽었고, 그 빈소는 덕수궁에 마련되었다고 한다.[21] 경순공주는 자식이 없었기 때문에 세종은 이제의 조카였던 이윤(李閏)을 후사로 삼아 대를 잇도록 하였고, 이윤이 제사를 계속 지내도록 배려하였다.[22]

경혜공주(1436~1474)는 문종의 딸로서 단종의 친누나였다. 1450년(세종 32)에 정종(鄭悰, ?~1461)과 혼인을 약속하였다. 그런데 경혜공

---

20) 『정종실록』 권 2 정종 1년 9월 10일(정축).
21) 『태종실록』 권 14 태종 7년 8월 7일(무자).
22) 『세종실록』 권 80 세종 20년 3월 15일(기해).

주와 정종의 혼인과정은 세종의 병환으로 쉽지 않았고, 또 혼인초의 생활도 상당히 힘들었던 것 같다. 그것은 결혼한 지[23] 채 한 달이 되기 전에 세종이 사망함으로써 국상이 일어났기 때문이었다.[24] 뒤이어 문종 즉위년에 정종은 숭덕대부(崇德大夫)로 임명되었고, 이어 1451년(문종 1)에 이르러 북부 양덕방(陽德坊)에 30여 채의 민가를 헐고 그곳에 집을 짓고 공주 내외를 살도록 하였는데, 이때에 이르러 정종에게는 영양위(寧陽尉)라는 직위가 봉해진 것 같다.[25]

그러나 문종이 3년이 채 되지 않은 1452년 승하하게 되면서 상황은 점점 안 좋게 흘러갔다. 공주의 동생인 단종이 즉위하였지만 당시 숙부였던 수양대군이 계유정란을 일으켜 정권을 장악한 것이었다. 이어 1455년(단종 3)에 단종이 수양대군에게 강제로 양위를 시행함으로서 공주에게는 불행이 닥쳐오기 시작하였던 것이다. 이 시기 세종의 6번째 아들인 금성대군이 세종의 후궁이었던 혜빈 양씨와 친하였는데, 정종은 이들과 더불어 같이 어울렀다는 죄목으로 함께 귀양에 처해졌던 것이다.[26] 처음에 영양위 정종은 강원도 영월로 유배되었지만 공주의 병으로 잠시 풀려났다가 다음해 전라도 광주에 다시 유배되었다. 공주는 영양위의 유배지에서 같이 고생을 했지만, 결국 정종은 1461년(세조 7)에 유배소에서 능지(凌遲)의 형을 받아 사망하였다.[27]

23) 『세종실록』 권 127 세종 32년 1월 24일(경자).
24) 『세종실록』 권 127 세종 32년 2월 17일(임진). 이때에 세종이 사망하였고 다음 왕인 문종이 세종의 상기가 끝나자마자 또 사망하였기 때문에 연이은 국상으로 겨를이 없었다.
25) 『문종실록』 권 7 문종 1년 4월 1일(기사).
26) 『세조실록』 권 1 세조 원년 윤6월 11일(을묘).
27) 『세조실록』 권 26 세조 7년 10월 20일(병술).

당시 경혜공주는 남편 정종이 사망하자 아들인 정미수(鄭眉壽)와 함께 궁궐로 돌아왔다. 곧이어 동대문밖에 있는 정업원(淨業院)에 들어가서 당시 그곳의 주지로 있었던 단종비인 정순왕후 송씨와 함께 생활을 하였던 것이다. 이 당시 경혜공주의 나이가 27~28세였고, 송씨의 나이는 22~23세 정도였다고 한다. 그곳에서 남편인 영양위와 친동생인 단종의 명복을 빌었던 것으로 보인다. 그러한 상황에서 아들 정미수는 정희왕후의 보호아래 궁궐에서 살았는데, 1465년(세조 11)에 경혜공주는 세조를 만나기 위해 입궁했던 것으로 보인다. 이에 세조는 그녀를 더 이상 노비에 연좌하지 말도록 명을 내렸다.[28]

1473년(성종 4) 정미수는 15살의 나이로 돈녕부직장(敦寧府直長)으로 임명되었다. 이것은 당시 수렴청정을 시행하고 있었던 세조비인 정희왕회가 조처한 것인데, 아마도 남편인 세조와 경혜공주를 서로 화해시키려는 목적으로 시행한 것으로 보인다. 정미수가 돈녕부직장이 된 지 7개월 후에 경혜공주는 더 이상 이 세상 사람이 아니었다.[29] 39세였던 그녀가 어떻게 증오를 버렸는지는 아무도 모르는데, 그녀의 묘소는 현재 고양군(高陽郡)에 있다.

또 다른 사례는 어머니가 초래한 정치적 사건으로 피해를 본 사건인데 이것은 인조와 조귀인(趙貴人)의 딸인 효명옹주(1637~1700)에게서 나타난다. 병자호란의 전란이 끝난 다음해 조귀인이 출산한 효명옹주는 인조의 첫 딸이었다. 1635년(인조 13)에 왕비였던 인열왕후가 여섯 번째인 아들을 낳고 출산의 산고를 견디지 못하여 나흘 만에 죽는 사태

---

28) 경혜공주와 정종의 사연은 신명호, 『조선공주실록』, 역사의 아침, 2009에 자세하게 설명되어 있다.
29) 『성종실록』 권 37 성종 4년 12월 30일(병술).

가 벌어졌다. 이러한 상황에서 다음해 병자호란을 맞이했으니 인조의 상심은 더욱 컸을 것이다. 그런 가운데 병자호란 다음해에 조귀인이 딸을 낳았던 것이다. 인조는 고명딸인 효명옹주(孝明翁主)에게 온갖 애정을 쏟으며 유모와 보모 그리고 몸종을 골라 주었다.

인조는 이제 왕비가 없었고, 세자도 이미 청나라에 인질로 가 있었기 때문에 신하들의 강청에 못 이겨 금혼령을 내려서 왕비를 구하였다. 1638년(인조 16) 삼간택된 조창원의 딸이 왕비로 결정되었으니, 이가 곧 장렬왕후(莊烈王后) 조씨였다. 한편 이 상황에서 후궁인 조씨에 대해 왕이 애정을 표시하며 그녀를 숙원에 책봉하였다.

사실 조씨는 왕비인 장렬왕후와 세자빈인 강빈(姜嬪)을 중요한 정적의 대상으로 삼았는데, 특히 세자빈 강씨를 주목했다. 장렬왕후의 처소에는 인조가 출입하지 않았기 때문이다. 그러다가 세자와 세자빈은 심양에서 돌아온 후 인조와 대립하였고, 왕이 이들을 미워하면서 결국 세자와 세자빈이 제거되었다. 당시의 정치적 관심은 둘째 아들로서 세자에 책봉된 봉림대군에게 돌아가게 되었다. 인조는 세자빈 강씨를 제거한 다음해에 김식의 아들 김세룡을 2살 연하의 효명옹주의 부마로 간택하였고 그를 낙성위(洛城尉)로 봉하였다.30)

인조는 효명옹주를 혼인시키고 2년 가까이 궁중에서 편애를 하며 데리고 살았다. 그러다가 1649년(인조 27)에 효명옹주가 궁중에서 출합을 했는데, 출합하기 3개월 전에 조귀인(이때는 승진하여 종 1품의 귀인이 되었다)의 큰 아들인 숭선군(崇善君) 이징(李澂)은 신익전의 딸과 결혼하였다. 이 둘의 출합과 결혼을 기념하고자 조귀인은 원당(願堂)에

---

30) 『인조실록』 권 48 인조 25년 8월 16일(갑신).

서 대규모의 불사를 벌였다. 그런데 4월 21일 효명옹주가 출합을 한 뒤 한 달이 채 안 되는 5월 8일에 이르러 인조는 갑작스러운 질병으로 사망하였다.[31]

인조의 뒤를 이어 왕위계승을 한 사람은 세자(봉림대군)이었다. 그는 왕위에 오르자 영의정 김자점(金自點)을 유배 보내고 조귀인 모녀를 점차 멀리하였다. 이런 상황에서 1651년(효종 2) 11월 저주사건이 터졌는데, 그 주모자가 바로 조귀인과 효명옹주였다.[32] 이때 조귀인의 큰 며느리는 신익전의 딸로 숭선군의 부인이었다. 조귀인의 큰며느리는 숭선군이 시어머니에게 무시당하고 그 와중에 숭선군이 영이(英伊)라는 여자아이를 첩으로 들이겠다고 말하는 것을 들었다고 주장하였다. 이런 상황에서 영이는 자신의 상황을 변명하던 중 조귀인과 효명옹주가 수상한 일을 계획하고 있었다고 주장하였는데, 사건은 점차 커져 나중에는 효종에게 조사해 달라고 요구가 나오게 되었다.[33]

결국 저주사건의 결론은 늘 비슷했다. 혐의자들을 대상으로 가혹한 고문을 하면서 일부가 엉뚱한 자백을 하였고, 결국 이 사건을 극단적으로 몰아갔다. 효명옹주가 자신의 시아버지를 왕으로 삼고 자신을 세자빈으로 삼으려고 저주사건을 일으킨 것으로 몰아간 것이었다. 당시 효종은 조귀인과 김세룡을 사사(賜死)시켰을 뿐 효명옹주와 숭선군을 죽이지는 않았다. 그에게는 이들 인물이 그다지 중요하지 않았기 때문이었다. 그 후 효명옹주는 효종의 냉대를 받으며 살았으며, 64세의 나이로 1700년(숙종 26)에 한명의 자녀도 없이 쓸쓸이 죽어갔다.

---

31) 신명호, 『조선공주실록』, 역사의 아침, 2009.
32) 『효종실록』 권 7 효종 2년 11월 23일(정유).
33) 『효종실록』 권 7 효종 2년 12월 14일(정사).

3) 공주의 생애와 의빈

공주(옹주)는 태어나서 어린 시절을 보내고 일정한 나이가 되어 부마와 짝을 이루어 궁궐 밖으로 나갈 때까지 친정인 궁궐에서 살아야만 했다. 그런데 주목할 사실은 이들 공주들이 궁궐에서만 살았던 것이 아니었다는 것이다. 여러 왕의 자녀들이 궁 밖에 거주하는 사람들에 의하여 수양녀(收養女) 혹은 시양녀(侍養女)로 키워졌다는 사실을 알려주는 기록이 종종 나타났던 것이다. 이것은 왕의 자녀들이 어릴 때 궁 밖에 거주하는 사람들과 관계를 맺게 되는 상황을 나타내는 것인데, 궁 밖에서 길렀던 풍속에서 기인하였다. 실제로 피병(避病)이나 피액(避厄) 등을 이유로 왕들이 그 자녀를 종종 민간에 내보는 경우가 있었고, 이 과정을 통해 양부모, 양녀의 관계가 맺어지는 것이다. 이런 경우 왕의 자녀를 기르고자 하는 사람은 직간접적으로 왕에게 아뢰거나 자녀의 생모, 혹은 유모를 통해 청탁을 했던 것이다.

이 사례는 여러 차례 보인다. 조선 초기 15세기의 경우만 찾아보아도 태종대의 숙정옹주를 유언강(庾彦剛)의 집에서 수양을 시키거나 세종이 정의공주를 유한(柳漢)에게 시양시켰던 사례, 문종이 정혜공주를 조유례(趙由禮)의 집에서 수양시켰던 사례, 예종이 현숙공주를 민오(閔悟)의 처 한씨에게 수양시켰던 사례, 연산군이 딸인 영수를 이사종(李嗣宗)에게 키우게 했던 사례 등 5차례가 나타난다. 물론 왕자의 경우 7차례의 사례가 나타나 왕녀의 경우보다 좀 더 많은 사례를 보이고 있다. 이럴 경우 그 시(수)양부였던 사람들은 본래 미약한 집안이었지만 이들 공주나 옹주를 시양함으로 인해 출세의 길이 펴졌다. 유언강은 본래 한미했으나 옹주를 수양으로 삼은 것을 계기로 종 3품인 대호군(大護軍)까지 승진하였고, 유한은 자신의 친형이 민무구, 민무질 사건과 연루되어 관천(官賤)이 되었지만 곧바로 면천(免賤)되어 관로를 열었다. 문종 때 경혜공주를 수양했던 조유례는 공주의 수양을 계기로 2품에 이르게 되었고, 예종의 현숙공주를 수양한 민오는 노비를 왕에게 하사받았으며, 오천군 이사정은 연산군 대에 융숭한 대접을 받았고, 이를 기화로 남의 집 재산을 빼앗았던 것이다.[34]

다음으로 살펴볼 것은 공주와 옹주의 생애이다. 일단 이 일람표에서는 공주(옹주)로 책봉된 사람을 대상으로 삼았다. 아직 나이가 어려 공주나 옹주로 책봉되지 못한 상태에서 불의의 사고로 죽은 사람은 대상으로 삼지 않았다. 이들의 총 인원수는 103명인데, 향후 조선시대 공주와 옹주는 이 사람들을 대상으로 분석을 시행하였다[35].

〈표 1〉 조선왕조 공주와 부마 일람표

왕호	공주명	생모	생몰연대	의빈명	생몰연대	혼인연령
태조	경신공주	신의왕후 한씨	?~1426	이저(애)	1363~1414	
태조	경선공주	신의왕후 한씨		심종	?~1418	1393
태조	경순공주	신덕왕후 강씨	?~1407	이제	?~1398	고려말
태조	의녕옹주			이등	1379~1457	?
태조	숙신공주			홍해	?~?	1407
정종	함양옹주	숙의 기씨		박갱		
정종	숙신옹주	숙의 기씨		김세민	1401~1486	1418
정종	덕천옹주			변상복	?~1455	
정종	고성옹주	숙의 기씨		김한	1409~1485	

---

34) 박경, 「15세기 왕자녀·권문세가녀 입양의 성격」, 『조선시대사학보』38, 2006, 14쪽~15쪽.

35) 신채용, 『조선왕실의 백년손님』, 역사비평사, 304쪽~311쪽에서는 공주의 숫자가 92명으로 나와 본서의 103명과 11명의 차이가 난다. 이것은 신채용이 부마를 중심으로 결혼한 공주(옹주)를 대상으로 삼았기 때문에 일찍 죽은 공주는 서술하지 않았고, 또 고종의 딸인 덕혜옹주를 포함시키지 않았기 때문이다.

정종	상원옹주	숙의 기씨		조효산	?~1455	
정종	전산옹주	숙의 기씨		이희종		
정종	인천옹주	숙의 윤씨	?~?	이관식	1384~1436	1400
정종	함안옹주	숙의 윤씨		이항신		
태종	정순공주	원경왕후 민씨	1385~1460	이백강	1381~1451	1399
태종	경정공주	원경왕후 민씨	?~1455	조대림	1387~1430	1403
태종	경안공주	원경왕후 민씨	1393~1415	권규	1393~1421	1404
태종	정선공주	원경왕후 민씨	1404~1424	남휘	?~1454	1416
태종	정혜옹주	의빈 권씨	?~1424	박종우	1407~1464	1418
태종	정신옹주	신빈 신씨	?~1452	윤계동	?~1454	?
태종	정정옹주	신빈 신씨	?~1456	조선	1410~1437	1421
태종	숙정옹주	신빈 신씨		정효전	?~1453	1422
태종	소선옹주	신빈 신씨		변효순	1416~1457	?
태종	숙혜옹주	소빈 노씨	?~1464	이정령	1411~1455	?
태종	숙녕옹주	신빈 신씨		윤우	?~1433	?
태종	소숙옹주	신빈 신씨	?~1456	윤연명	?~1458	1430
태종	숙경옹주	신빈 신씨		윤암	1422~1461	1436
태종	경신옹주	신빈 안씨		이완	?~1455	1430
태종	숙안옹주	김씨	?~1464	황유	1421~1450	1432
태종	숙근옹주	신빈 신씨	?~1450	권공	?~1462	1432
태종	숙순옹주	이씨		윤평	1420~1467	1435
세종	정소공주	소헌왕후 심씨		×		
세종	정의공주	소헌왕후 심씨	1415~1477	안맹담	1415~1462	1428
세종	정현옹주	숙원 이씨	1424~1480	윤사로	1423~1462 (1423~1463)	1436
세종	정안옹주	상침 송씨	1438~1461	심안의	1438~1476	1453
문종	경혜공주	현덕왕후 권씨	1436~1474	정종	1435~1461	1450
문종	경숙옹주	사칙 양씨		강자순	1443~?	1454
세조	의숙공주	정희왕후 윤씨	1442~1477	정현조	1440~1504	1455
덕종	명숙공주	소혜왕후 한씨	1455~1482	홍상	1457~1513	1466
예종	현숙공주	인순왕후 한씨	1464~1502	임광재	1465~1495	1475
성종	신숙공주	정현왕후 윤씨	1481~1486	×		

성종	혜숙옹주	숙의 홍씨	?~?	신항	1477~1507	1490
성종	휘숙옹주	숙의 김씨	?~?	임숭재	?~1505	1491
성종	공신옹주	귀인 엄씨	1481~1504	한경침	1482~1500	?
성종	경순옹주	숙용 심씨	1482~?	남치원	?~?	?
성종	경숙옹주	숙의 김씨	1483~?	민자방	?~?	?
성종	정순옹주	숙의 홍씨	1486~?	정원준	?~?	?
성종	숙혜옹주	숙용 심씨	1486~1525	조무강	1488~1541	?
성종	경휘옹주	숙용 권씨	?~?	윤내	?~1552	?
성종	휘정옹주	숙의 김씨	?~?	남섭원	?~?	?
성종	정혜옹주	귀인 정씨	1490~1597	한기	1490~1581 (1490~1558)	?
성종	정숙옹주	숙의 홍씨	1492~?	윤섭	1492~1516	?
연산군	휘순공주	폐비 신씨	1495~?	구문경	1492~?	?
연산군	영수	숙용 장씨		×		
중종	효혜공주	장경왕후 윤씨	1511~1531	김희	?~1531	
중종	의혜공주	문정왕후 윤씨	1521~1564	한경록	1520~1589	
중종	효순공주	문정왕후 윤씨	1522~1538	구사안	1523~1562	1533
중종	경현공주	문정왕후 윤씨	1530~1584	신의	1530~1584	
중종	인순공주	문정왕후 윤씨	?~?	×		
중종	혜순옹주	경빈 박씨	1512~1583	김인경	1514~1583 (1515~1583)	1522
중종	혜정옹주	경빈 박씨	1514~1580	홍려	?~1533	
중종	정순옹주	숙원 이씨	1517~?	송인	1516~1584 (1517~1584)	1526
중종	효정옹주	숙원 이씨	1520~1544	조의정	?~?	
중종	숙정옹주	숙원 김씨	?~?	구한	1524~1558	1534
중종	정신옹주	창빈 안씨		한경우	1522~?	
선조	정명공주	인목왕후 김씨	1603~1685	홍주원	1606~1672	1623
선조	정신옹주	인빈 김씨	1582~1653	서경주	1572~1643 (1579~1643)	1592
선조	정혜옹주	인빈 김씨	1584~1638	윤신지	1582~1657	?
선조	정숙옹주	인빈 김씨	1587~1627	신익성	1588~1644	?
선조	정인옹주	정빈 민씨	1590~1656	홍우경	1590~1625	1603

선조	정안옹주	인빈 김씨	1590~1660	박미	1592~1645	1603
선조	정휘옹주	인빈 김씨	1593~1653	유정량	1591~1663	
선조	정선옹주	정빈 민씨	1594~1614	권대임	1595~1645	
선조	정정옹주	정빈 홍씨	1595~1666	유적	1595~1619	1608
선조	정근옹주	정빈 민씨	1595~1613	김극빈	1600~1628	
선조	정화옹주	온빈 한씨	1604~1666	권대항	1610~1666	1630
인조	효명옹주	폐귀인 조씨	1637~1700	김세룡	?~1651	
효종	숙신공주	인성왕후 장씨	1635~1637	×	×	×
효종	숙안공주	인성왕후 장씨	1636~1697	홍득기	1635~1673	1449
효종	숙명공주	인성왕후 장씨	1640~1699	심익현	1641~1683	1652
효종	숙휘공주	인성왕후 장씨	1642~1696	정제현	1642~1662	1653
효종	숙정공주	인성왕후 장씨	1645~1668	정재륜	1648~1723	1656
효종	숙경공주	인성왕후 장씨	1648~1671	원몽린	1648~1674	1659
효종	숙녕옹주	안빈 이씨	1649~1668	박필성	1652~1747	1662
현종	명선공주	명성왕후 김씨	1660~1673	×		
현종	명혜공주	명성왕후 김씨	1662~1672	×		
현종	명안공주	명성왕후 김씨	1667~1687	오태주	1668~1716	1679
영조	화순옹주	정빈 이씨	1720~1758	김한신	1720~1758	1732
영조	화평옹주	영빈 이씨	1727~1748	박명원	1725~1790	1738
영조	화협옹주	영빈 이씨	1731~1752	신광수	1731~1775	
영조	화완옹주	영빈 이씨	1738~1808	정치달	1738~1757	1749
영조	화유옹주	귀인 조씨	1740~1777	황인점	1732~1802 (1740~1802)	1751
영조	화령옹주	패숙의문씨	1754~1821	심능건	1752~1817	
영조	화길옹주	패숙의문씨	1754~1772	구민화	1754~1800	1765
장조	청연공주	경의왕후 홍씨	1754~1821	김기성	?~1811	
장조	청선공주	경의왕후 홍씨	1756~1802	정재화	1754~1790	1766
장조	청근옹주	경빈 박씨	?~?	홍익돈		
정조	숙선옹주	수빈 박씨	1793~1836	홍현주	1793~1865	1807
순조	명온공주	순원왕후 김씨	1810-1832	김현근	1810-1868	1823
순조	복온공주	순원왕후 김씨	1818~1832	김병주	1819~1853	1830
순조	덕온공주	순원왕후 김씨	1822~1844	윤의선	1823~1887	1837

순조	영온옹주	숙의 박씨	1817~1829	×		
철종	영혜옹주	숙의 범씨	1859~1872	박영효	1861~1939	1872
고종	덕혜옹주	귀인 양씨	1912~1989	쇼다케우치	1908~1985	1931

위의 표를 보면 조선전기의 사례에서 공주(옹주)의 생몰연대와 혼인연대에 있어 상당한 여백을 보이고 있다. 언뜻 보면 무품직인 공주나 옹주 그리고 1~2품직인 의빈의 경우 그 직이 높아서 연대기 자료인『조선왕조실록』이나『승정원일기』에 자주 나와야 정상일 것 같은데, 실제로는 나오는 경우에도 그 생년에 대해서는 설명이 없어 애매하게 여백을 만들고 있다. 연대기 자료가 정치적 사건을 위주로 기록되었기 때문에 일반적인 공주와 옹주 관련기사는 수록하지 않았음을 알려준다.

하여튼 위의 표는 조선시대 전체 공주 및 옹주 일람표와 그들의 배우자를 드러낸 것이다. 그리고 그들이 혼인을 한 시기도 추출해서 결혼시의 연령과 배우자 사이의 나이 차이를 잘 알 수 있다. 그들은 대부분 12~14세에 혼인과정을 겪었고, 공주와 배우자와의 나이 차이는 동갑이거나 1, 2살 정도인 경우가 대부분이다. 어린 나이에 멋모르고 집안 어른들의 결정에 의해 혼인식을 거행한 것이었다.

대부분의 혼인연령은 공주 쪽에서 볼 때 나이가 동갑 혹은 한, 두 살 어린 경우가 대부분이지만 일부의 경우에는 의빈의 나이가 어린 경우가 나온다. 이럴 경우에는 정상적인 혼인 과정이 이루어진 것이 아니다. 정치적 입장에서 혼인이 이루어지지 못하는 경우라든가 공주(옹주)가 정신적으로 결함이 있는 경우, 부모가 일찍 죽어서 결혼을 시행할 겨를이 없었다든지 등의 결격 사유가 있었다. 예컨대 선조와 인목왕후 김씨 소생의 정명공주는 첫 번째의 사례인데, 20살의 정명공주는 3살 어린 17살의 홍주원(洪柱元)과 혼인식을 거행하였다. 그리고 또 선조의 막내딸인 정화옹주는 어릴 때부터 벙어리였고 지각이 없어 결혼을 못하다가 26살의 나이에 6살이나 어린 권대항(權大恒)에게 시집갔는데, 이는 두 번째 사례에 해당한다. 이같이 나이차가 나는 경우 사례별로 좀 더 천착해 볼 필요가 있다.

2. 공주와 부마의 지위

1) 공주·부마의 혼인

공주와 옹주의 지위는 법적으로 일반 관료들이 1품~9품직에 이르는데 반하여 무품직(無品職)이었다. 그러나 부마의 경우 이보다 떨어져 공주를 배우자로 삼은 경우 종 1품에서 관직을 시작하고, 옹주 부마의 경우 종 2품에서 시작한다. 공주 부마의 직위는 승진하면 정 1품에서 그치고 옹주 부마의 경우 종 1품에서 멈춘다. 결혼하는 부마의 나이가 이제 10세~16세에 불과하기 때문에 그들의 직품은 어린 나이에 비하여 굉장히 높았다.

그런데 이러한 관직은 어디까지나 공주(옹주)의 짝이라는 관념이 있기 때문에 야기된 것이다. 마찬가지로 보면 왕세자의 신분까지가 의궤(儀軌)를 만들었다면 공주(옹주)와 대군(군)은 의궤가 아닌 등록(謄錄)을 제작하였다. 다만 청연군주(淸衍郡主)와 은언군(恩彥君)의 경우에는 의궤를 만들 수 없는 신분이었음에도 영조의 특명에 의하여 의궤를 제작하였다. 나머지 인원에 대해서는 의궤가 아닌 등록을 제작하였다.

왕의 딸이 결혼하는 방식은 조선초기의 경우 잘 드러나지 않는다. 태종대 이래 간택을 통하여 그 짝을 맞이한다는 원칙이 세워졌지만 이때에도 금혼령(禁婚令)을 내려 전국의 총각 가운데 사위를 간택하는 방식을 취했던 것은 아니었다. 예컨대 1415년(태종 15)에는 왕명에 의하여 "딸 하나를 시집을 보내려고 하니 마땅한 사람이 없겠는가"라고 하여 3명의 후보자를 정하고 나서 그중에서 의정인 남재(南在)의 손자를 정선공주의 짝으로 책정하였다.[36]

이러한 방식은 중종대에도 마찬가지였다. 1526년(중종 21)에 "지금 송지한(宋之翰)의 아들 송인(宋寅)은 어느 옹주의 부마로 정하면 좋을지 몰라 아룁니다."라고 예조에서 아뢰자 "정순옹주의 부마로 정하라"라는 왕명을 내렸다.[37] 이 기사는 부마를 정한 뒤에 왕녀를 택하는 방식으로, 국왕이 평소에 맘에 드는 총각을 먼저 점지해 두었다가 그에게 왕녀를 시집보낸 것이다. 이 경우에는 반드시 세 번의 간택[三揀擇]을 거쳐 부마를 선정하는 방식을 취했던 것은 아니었다.

삼간택의 시행이 본격적으로 드러나는 시기는 대략 임진왜란이 끝나고 나서인 광해군 때부터 공주와 옹주의 짝을 찾는 과정에서 나왔다. 이후부터 왕녀의 간택은 삼간택의 실시를 거쳐 시행되었는데, 그러나 그 명확한 시기는 분명하지 않다.

왕이 세 번의 간택을 통하여 부마를 결정하는 과정에서 받아들이는 단자가 간택단자(揀擇單子)이었다. 공주나 옹주의 짝인 의빈이 될 간택단자의 연령은 숙선옹주 때는 9세부터 13세까지, 명온공주는 12세에서 15세까지, 화평옹주는 10세부터 15세까지, 화유옹주는 12세부터 13세까지, 청연군주는 10세에서 11세까지였다. 결국 부마를 간택하는 연령은 당시 공주나 옹주의 나이와 상관성이 깊게 드러났는데, 그 일반적인

---

36) 『태종실록』 권 30 태종 15년 11월 6일(기해).
37) 『중종실록』 권 58 중종 21년 12월 4일(임자).

연령은 9세부터 15세까지였다. 이와는 별도로 금혼연령은 상한선만을 정하는 경우가 있는데, 화순옹주의 가례 때에 15세가 그 상한선이었다고 한다.38)

혼인이 허락되지 않는 대상은 국성(國姓)이거나 타 관적의 이성(李姓), 당대의 이성 8촌간, 과부집의 아들 및 후취(後娶)한 자 등에 한정되었다. 이외에 가장이 상중(喪中)에 있거나, 몸에 질병이 있거나, 출계자(出繼子)로서 입안(立案)을 받은 자, 외방의 향품가(鄕品家)와 첨만호지류(僉萬戶之類) 등은 단자의 제출을 막았다. 그러나 이러한 규정이 반드시 지켜졌던 것은 아니었다. 태조의 셋째 딸인 경신공주의 부마인 이애(李薆)와 태종의 큰 딸인 정순공주의 부마인 이백강(李伯剛)은 형제간이었고, 예종의 큰 딸인 현숙공주의 부마인 임광재(任光載)와 성종의 셋째 딸인 휘숙옹주의 부마인 임숭재(任崇載) 역시 형제간이었다. 그리고 태종의 11번째 딸인 숙녕옹주의 부마인 윤우(尹愚)와 태종의 13번째 딸인 숙경옹주의 부마인 윤암(尹巖)은 서로 종형제(從兄弟) 사이였기 때문이었다. 맘에 드는 인물의 경우 왕이 친척 관계를 신경쓰지 않고 종종 부마로 삼았고 특히 형제의 경우에도 그러한 사례가 있었다.39)

금혼 대상자가 제출하는 단자의 작성에는 일정한 수요가 있었다. 화순옹주 때 수송 단자가 총 102장이 되었는데, 이중에서 28장은 사조(四祖)에 현관이 없거나 탈이 있어 빼고 74장을 올렸다. 화유옹주 때에는 총 49장을 보냈다가 아버지와 할아버지가 유학이나 생진(生進)을 칭하는 자는 배제하라는 명에 의해 24명이 다시 엄선해져서 보냈고, 화평옹

---

38) 임민혁, 「조선후기 공주와 옹주, 군주의 가례 비교 연구」, 『온지논총』 33, 2013, 293쪽.
39) 『靑莊館全書』 권 49 耳目口心 書二.

주 때는 총 139명이, 화엽옹주 때는 총 76명이 보내졌다. 그러다가 19세기에 들어와 명온공주 때는 17명, 덕온공주 때는 12명으로 그 수가 급격히 줄었다.[40)]

왕가의 가례(혼례)는 『주자가례』의 절차를 기본으로 삼았다. 『주자가례』의 혼례에서는 의혼(議婚), 납채(納采), 납폐(納幣), 친영(親迎)의 과정으로 구성되어 있다. 여기서 공주와 옹주의 가례는 의혼 대신에 삼간택(三揀擇)이라는 과정을 설정했다. 양가 혼담의 과정이 아니라 왕실에서 공개 구혼으로 일정한 간택과정을 거쳐 사위를 선발한 것이다. 국왕과 왕비를 정점으로 신분과 지위에 따른 예의 규모와 크기를 차감하는 방식으로 기준을 삼은 것이다.

사실 왕의 사위[駙馬]는 그 아들이 없을 경우에도 동종(同宗)의 지자(支子)로서 양자를 삼게 하되 다시는 장가들지 못하게 한다는 부마재취금지법(駙馬再娶禁止法)이 작용되었다. 이 부마재취금지법은 숙종 대에 처음 시행된 것으로 속대전(續大典)에 처음으로 성문화(成文化)되었다. 그렇지만 이 규정은 조선전기부터 실시된 법률이었고, 실제로 부마의 재취가 허락된 것은 아니었다.

2) 부마의 뒤를 이은 공주

위와 같이 부마가 공주와 일찍 사별했을 때 따로 사족의 딸에게 장가를 드는 경우가 일부 생겨나 문제가 되기도 했지만 이와 반대로 일찍 죽은 부마를 따라 죽은 공주의 경우도 있다. 영조의 둘째 딸인 화순옹주가 바로 그녀인데, 왕가의 피를 이어받은 사람이 순절을 하는 경우는

---

40) 임민혁, 앞의 글, 294쪽.

상당히 드문 경우였다. 화순옹주는 영조가 왕자로 있을 때인 1720년 (숙종 36) 3월 8일 출생하였고, 6살이었던 1725년(영조 원)에 화순옹주에 봉해졌다. 어머니는 정빈 이씨(1694~1721)였다. 정빈 이씨는 1남 2녀를 낳았으니, 1남은 옹주보다 한 살 위인 효장세자(孝章世子, 1719~1728)이고 화순공주가 바로 둘째였다. 그녀가 2살 때 어머니가 돌아가셨고, 9살 때 효장세자가 죽었다.

화순옹주의 가례는 12세일 때인 1731년 금혼령이 내려지면서 시작되었다. 경중(京中)에서 초간택 단자로 120인의 단자가 올라왔는데, 이 중에서 28개의 단자는 사조(四祖)에 현관이 없거나 유탈자로 제외되어 74개의 단자만이 올라왔다. 이중에서 재간택 5명과 지방인으로 거리가 멀어 초간택에 불참했던 6명이 참여하였는데, 이중에서 삼간택에 3명이 뽑혔다. 이때 김한신(金漢藎)은 초간택부터 삼간택까지 첫 번째로 표시되어 있는데, 이를 보면 그는 이미 부마로 사전에 예약된 것으로 보인다. 결국 영조는 노론 완론(緩論)의 대표자였던 김흥경(金興慶)에게 혼인의 의사를 표시했던 것으로 생각된다. 김흥경은 김한신의 아버지였고, 당시에 판돈녕(종 1품)이었는데, 훗날 영의정까지 지냈던 인물이었다.[41]

그해 10월 17일 부마의 집에서 관례가 시행되었고, 김한신은 그달 21일 월성위(月城尉)로 봉해졌으며, 초직으로 순의대부(종 2품)를 받았다. 이러한 준비과정을 거쳐 10월 29일 남자 집에서 여자 집에 혼인을 청하는 납채(納采)가 시작되면서 혼례가 시작되었는데, 이어서 폐백을 바치는 납폐(納幣)와 명복내출(命服內出—왕이 사위인 부마에게 옷을

41) 노혜경, 「화순옹주가례등록」, 『장서각소장등록해제』, 2002.

내어주는 것), 신랑이 신부 집에 가서 예식을 올리고 신부를 맞아오는 예인 친영례(親迎禮)가 차례대로 신랑의 집과 옹주방에서 각각 거행되었다. 그리고 11월 30일에 시부모를 뵙는 의식인 견고구례(見姑舅禮), 12월 1일에 사당을 뵙는 의식인 견사당례(見祠堂禮), 12월 2일에 궁궐에서 왕실 어른께 인사를 드리는 조현례(朝見禮)가 각각 시행되었다. 이런 방식으로 양자의 혼인식은 거행되었고, 이후 20여 년을 화순옹주와 김한신은 같이 잘 지냈다.

문제가 된 것은 26년 후인 1758년(영조 34) 1월 4일에 월성위 김한신이 39세의 나이로 병사하였다는 것이다. 이때 화순공주는 남편을 따라 죽기로 결심하고 단식하였다. 1월 8일 영조는, "화순옹주가 월성위가 죽은 뒤로부터 7일 동안 곡기를 끊었다고 하니 음식을 권하지 않으면 어찌 아비된 도리이겠는가." 라며 곧 공주의 집으로 행차하여 그녀를 달랬던 것으로 보인다. 그러나 영조는 며칠 후 신하들에게 "화순옹주의 병이 가망이 없다는데, 그의 절개는 '곧다'라고 할 수 있지만 나로 하여금 비참한 지경을 보게 하니, 오늘 저녁 좋지 못한 소식을 전할 수 있겠다"고 하였다. 그 후 사흘 후인 1월 17일에 화순옹주는 세상을 떠났는데, 남편이 죽은 지 14일 만이었다.

> 화순옹주가 졸(卒)하였다. 옹주는 바로 상(上)의 첫째 딸인데 효장 세자의 동모(同母)의 누이동생이다. 월성위 김한신에게 시집가서 비로소 궐문을 나갔는데, 심히 아녀자의 도를 가졌고 정숙하고 유순함을 겸비(兼備)하였다. 평소에 검약(儉約)을 숭상하여 복식에 화려하고 사치함을 쓰지 않았으며, 도위(都尉)와 더불어 서로 경계하고 힘써서 항상 깨끗하게 삼감으로써 몸을 가졌다. 사람들이 이르기를, '어진 도위와 착한 옹주가 아름다움을 짝할 만하다.'고 하였는데, 도위가 죽자,

옹주가 따라서 죽기를 결심하고, 한 모금의 물도 입에 넣지 아니하였다. 상이 이를 듣고, 친히 그 집에 행차하여 미음을 들라고 권하자, 옹주가 명령을 받들어 한 번 마셨다가 곧 토하니, 상이 그 뜻을 돌이킬 수 없음을 알고는 슬퍼하고 탄식하면서 돌아왔다. 이에 이르러 음식을 끊은 지 14일이 되어 마침내 자진하였다. 정렬(貞烈)하다. 그 절조(節操)여! 이는 천고의 왕희(王姬) 중에 없는 바이다. 조정에 받들어 위로하고 정후(庭候)하였다.42)

위의 화순옹주의 졸기를 보면 음식을 거부하고 따라 죽기를 원하는 공주의 마음이 그대로 드러나고 있다. 당시 화순공주는 자식도 없이 부마가 돌아갔으니 우직한 마음으로 큰 뜻을 품고, 14일 동안 음식을 먹지 않아서 남편을 따랐던 것 같다. 이 졸기 아래에 쓴 사신의 평에는 진실로 여항(閭巷)의 필부도 어려운 바인데, 이제 왕실의 귀주(貴主)에게서 보게 된다고 극찬을 하고 있었다.

이때 영조가 화순옹주의 죽은 집에 다녀오자, 예조판서 이익정(李益炡)이 옹주의 정려(旌閭)를 청하였다. 그러나 영조는 "자식으로서 아비의 뜻을 따라야 하는데, 미음을 먹이니 겨우 두 차례 들었으나 곧 토하면서, 마음이 이미 정해졌으니 차마 목에 내려가지 않는다고 말하였다. 바로 죽었으면 내가 무슨 한이 있느냐마는 열흘을 먹지 않았으니 내 마음에 괴로움이 많았다. 아까 예조판서가 정려하는 은전을 내리라 청했는데, 아비가 지식을 정려하는 것은 없는 것이며, 내리면 폐단이 생기는 것이다."라고 말하였다. 이에 대하여 사신은 옹주의 열행(烈行)은 이미 사람들의 입에 퍼져 전파되어 있으며, 장차 역사책에 전해질 것인데 구구하게 떠들겠냐며 미덕으로 남겨 두었다.43)

---

42)『영조실록』권 91 영조 34년 1월 17일(갑진).

이러한 미덕에 대하여 정조는 1783년(정조 7)에 충청도 예산에 있는 고모 화순옹주의 집 마을 어귀에 정문(旌門)을 세우고 열려(烈女)로 지정한 뒤 칭송하였다. 그는 여염의 집에서 무덤에 묻히려고 결연히 따라 죽기조차 어려운데, 하물며 제왕의 가문에서 일어나기 힘들지 않겠느냐며 화순공주의 행동을 칭송하였다. 그러한 행위는 평상시의 성품에 기인한 것인데, 내가 지금 잊지 못하여 유사로 하여금 정문을 세우고 열려를 칭하라고 명령하여 시행하게 되었다고 말하였다.[44]

3. 외명부와 의빈부

1) 외명부와 공주(옹주)

궁궐 내에 살면서 왕의 정실부인인 왕비를 모시는 '왕의 여자'들인 후궁들과 궁녀들이 내명부(內命婦)라면 궁궐 밖에서 살면서 품계를 갖고 있는 여인들이 외명부(外命婦)이다. 외명부들은 그 수와 종류가 많을 뿐만 아니라 공주와 옹주가 시집을 가면서 맺게 되는 인물들의 집산이기 때문에 중요하다. 먼저 외명부의 종류와 직품을 알아보도록 하자.

> 부인의 작위는 남편의 관직에 따른다. 서얼 및 재가자(再嫁者)에게는 작위를 봉하지 않으며 개가자(改嫁者)에 대하여는 주었던 작위를 추탈한다. ○ 왕비의 어머니, 세자의 딸 및 2품 이상의 종친의 처는 모두 읍호(邑號)를 쓴다. 종친의 경우 대군과 왕자군의 부인 이외에는 읍호를 쓰지 않는다. **공주** 왕의 적출녀(嫡出女), **옹주** 왕의 서출녀(庶出

43) 『영조실록』 권 91 영조 34년 1월 17일(갑진).
44) 『정조실록』 권 15 정조 7년 2월 6일(정묘).

女), **봉보부인(奉保夫人)** 왕의 유모 종 1품, **부부인(府夫人)** 왕비의 어머니 정 1품, **군주** 왕세자의 적출녀 정 2품, **현주** 왕세자의 서출녀 정 3품

종친의 처 **부부인** 정 1품 대군의 처, **군부인(郡夫人)** 정 1품 ○ **군부인** 종 1품, **현부인(縣夫人)** 정·종 2품, **신부인(愼夫人)** 정 3품 당상관, **신인(愼人)** 정·종 3품, **혜인(惠人)** 정·종 4품, **온인(溫人)** 정·종 5품, **순인(順人)** 정 6품 이상은 문무관 명부례(命婦例)에 의하여 작위를 봉한다.

문무관의 처 **정경부인(貞敬夫人)** 정·종 1품, **정부인(貞夫人)** 정·종 2품, **숙부인(淑夫人)** 정 3품 당상관, **숙인(淑人)** 정·종 3품, **영인(令人)** 정·종 4품, **공인(恭人)** 정·종 5품, **의인(宜人)** 정·종 6품, **안인(安人)** 정·종 7품, **단인(端人)** 정·종 8품, **유인(孺人)** 정·종 9품[45]

외명부는 크게 3가지 종류로 구분할 수 있다. 첫째는 왕의 자식들인 공주와 옹주, 그리고 왕세자의 딸들이다. 둘째로는 왕의 장모와 유모, 대군의 부인과 군의 부인 이하로 이들은 종실의 서열대로 차례지어진 품계이다. 마지막으로 문관과 무관의 처들로 남편의 직위에 따라 봉호를 받은 사람들이다.

공주와 옹주는 외명부의 대상 중에서 그 지위가 가장 높다. 그것은 대군의 부인인 부부인(府夫人)이 정 1품이고, 사대부의 관료인 영의정의 부인 정경부인(貞敬夫人)이 정 1품에 그치는 반면에 그녀는 왕의 혈통으로서 무품(無品)에 올라있기 때문이다. 그녀는 외명부 중에 왕의 근친에서 제일 높은 사람으로, 결혼이라는 관습을 통해 관직세계에 들어오는 인물들과는 분명하게 차이를 보이고 있다. 만약에 남편인 부마도위가 법에 어긋나는 범죄행위를 저질렀을 때 그보다 높은 공주(옹주)

---

45) 『경국대전』 권 1 이전 외명부.

에게 취할 수 있는 방식은 과전이나 녹봉을 부마와는 별도로 수여하도록 조처하는 것이었다.

외명부의 우두머리로서 공주와 옹주는 국가의 각종 행사에 참여할 수 있다. 왕의 가례 행사 이후에 여자들이 참석하는 경우, 예컨대 왕비의 진연행사나 중궁정지명부조하의(中宮正至命婦朝賀儀, 중궁이 정조 날과 동지 날에 명부가 조하하는 의식), 대왕대비진연의(大王大妃進宴儀), 대왕대비에게 진연하는 의식) 등을 비롯한 각종 행사나 왕비, 왕세자빈, 공주 등의 각종 결혼식 행사 등에 공주와 옹주는 외명부의 일원으로 행사에 당당히 참여할 수 있다. 특히 대비의 생일과 같은 왕과 독립된 행사에는 왕실의 지친으로서 가깝게 축하를 해줄 수 있는 입장이었다.

왕비의 친잠(親蠶)과 같은 행사는 그들에게 하나의 활기찬 일로 기억될 수 있다. 처음으로 인간에게 길쌈을 가르친 서릉씨(西陵氏)에게 감사의 제사를 드리고 이어서 왕비의 친잠이 이루어지는 본 행사는 조선에서 보편적으로 시행되는 행사는 아니어서 전체 8차례 정도가 시행되었다.[46] 그러나 왕의 친경(親耕)에 부가되어 시행되는 친잠은 왕비가 명부와 더불어 백성들과 친밀하게 되는 과정, 즉 친만민(親萬民)의 과정을 드러내는 것이기 때문에 그 중요성은 무엇보다도 컸다. 이 과정에서 공주와 옹주는 외명부의 일원으로써 왕비가 시행하는 본 행사에 실제로 뽕잎을 따는 중요한 역할을 담당하게 되었던 것이다.[47]

---

46) 왕비의 친잠은 1477년(성종 8), 1493년(성종 24), 1504년(연산군 10), 1513년(중종 8), 1529년(중종 24), 1572년(선조 5), 1620년(광해군 12), 1767년(영조 43) 등 전체 시행 횟수는 8회에 이르렀다.
47) 한형주, 『밭가는 영조와 누에치는 정순왕후』, 한중연출판부, 2013.

이상과 같이 공주는 비록 그 정치 참여도는 정도에 따라 다르게 나타나고 의례상의 참여 역시 자신이 주관이 되어 시행하는 것은 아니다. 그렇지만 그것을 수행하는 주체가 대비, 왕비 등 누구냐에 따라 그 권한도 달리 나타나는 경우가 생긴다.

2) 부마의 관서 의빈부

의빈은 건국 초부터 1400년(정종 2)까지 아무런 제한없이 정치, 군사상의 요직에 제수되었다. 그러다가 사병 혁파가 이루어지는 1400년 상당군 이저(李佇)가 판삼군부사(判三軍府使)로 군정을 담당하게 되자 대간은 이때 의빈이 문무반직에 담당하는 것을 반대하는 상소를 올렸다. 이때의 주장은 '종친과 부마가 죄를 지으면 처벌을 해야 되니, 부귀를 누리게 하되 관직에는 제수하지 말라'라는 규정을 내세우게 된 것이다.[48] 이것은 왕에게 용인되어 이후 여러 차례에 걸쳐 종친과 부마의 사환을 금지하는 조처가 강조되었다. 그러나 부마의 불임이사(不任以事)는 법제화되었어도 실제로 조선전기에 국왕의 의지와 관련되어 지속적으로 시행되었다.

태종대인 1409년(태종 9)에는 경정공주의 부마인 조대림(趙大臨, 1387~1430)을 중군총제에 제수한 사실이 있었고, 세종대에는 태종의 딸 숙정옹주의 부마인 정효전(鄭孝全, ?~1453)을 1443년(세종 25)에 경상도도절제사에 제수한 사실이 알려지자 대간이 극심하게 반대하였던 것이다. 또 세조대에는 1467년(세조 13)에 귀성군(龜城君) 이준(李浚)을 이시애난(李施愛亂) 토벌군의 총사령관에 임명하고, 다음해 그

---

48) 『정종실록』 권 4 정종 2년 5월 8일(임신).

공을 높이 평가하여 영의정부사에 특용하는 등 종친 수십 명을 고위직에 제수하였고, 여기에 의빈도 종친과 궤를 같이 하면서 문무관직에 임명되었다.

그러나 이후에 일부의 부마가 그 능력으로 문무반의 관직에 오르는 경우도 있었지만 전체적으로 볼 때 국가적으로 큰 역할을 담당하지 못하였다. 결국 세조대를 기점으로 부마의 임무가 고정되고 그 역할이 축소되는 것처럼 보였다.

부마는 공주 혹은 옹주에게 장가를 들면 자연스럽게 의빈부라는 관서에 들어가게 된다. 공주에게 장가든 사람의 초직은 종 1품직이고 한계는 정 1품에 이르렀다. 반면에 옹주는 종 2품직에 들어가 종 1품에서 그친다. 다음의 『경국대전』의 기사는 의빈부의 내용을 자세하게 서술한 것이다.

> **의빈부** 공주와 옹주에게 장가든 자들의 관부이다 **첨위(僉尉)** 이상은 정원이 없다. **정 1일품 위(尉), 종 1품 위** 공주에게 장가간 자에게 초수(初授)한다. **정 2품 위, 종 2품 위** 옹주에게 장가간 자에게 초수한다. **종 2품 부위** 군주에게 장가간 자에게 초수한다. **정 3품 첨위, 종 3품 첨위** 현주에게 장가간 자에게 초수한다. **종 4품 경력** 1원 <속> 감원한다. **종5품 도사** 1인[49]

여기서 의빈이라는 칭호는 왕의 적녀와 서녀만의 배우자를 지칭하는 것이 아니라 좀 더 넓게 왕세자의 적녀와 서녀의 배우자를 포함하는 용어이다. 이렇게 부마부라는 용어보다는 의빈부이라는 용어가 좀 더

---

49) 『경국대전』 권 1 이전 경관직 의빈부.

넓은 의미를 가지고 있다. 『경국대전』의 규정에 따르면 종 2품~정 1품에 이르는 위(尉)라는 칭호가 공주(옹주)의 배우자를 대상으로 한 것이라면 종 2품 부위와 종 3품 첨위는 군주 및 현주와 결혼한 자에게 수여된다. 이같이 처음부터 결혼한 대상을 보아가며 관직을 별도로 제수한 것이다.

사실 고려시대에도 이와 유사한 혼인제도가 존재하였다. 그런데 고려시대의 왕실은 극단적인 근친혼을 시행하였기 때문에 부마의 대부분은 왕씨였다. 『고려사』열전에 의하면 왕실에게는 공·후·백작의 칭호를 봉하여 주는 봉작제(封爵制)를 시행했기 때문에 이들 부마에게도 어떠한 방식으로든 영향을 미쳤을 것이다. 그들은 다시 왕실의 지친으로 봉작을 받는 대상이었던 것이다.

1392년 조선왕조를 개국한 다음 태조는 왕자와 제군(諸君)을 봉할 때 부마인 이제(李濟)나 심종(沈悰)도 곧바로 봉군(封君)을 하였다. 그러다가 1398년(태조 7)에 왕공자는 공(公), 여러 종친은 후(候), 문무관은 백(伯)으로 삼았는데, 여기서 부마는 여러 종친으로 간주되었기 때문에 후로 바뀌게 된 것이다. 그러다가 태종대에 이르러 공·후·백작의 칭호를 혁파하고 전부 일률적으로 모두 군(君)으로 봉군시켰다. 그런데 이런 제도는 1444년(세종 26)까지 시행되었는데, 이때에는 부마 중 존장자를 부원군(府院君)으로 승격시키기도 하였다.[50]

1444년(세종 26)에 이르러 현재의 봉군제를 혁파하고자 하는데, 우선 이성(異姓)에게 봉군(封君)을 할 수 없다며 부마의 명칭을 바꾸라는 왕명이 내려졌다. 이조는 이러한 취지에 따라 몇 달 후 역대와 중국의

---

50) 이유경, 「조선초기의 부마」, 고려대 석사학위논문, 1985.

제도에 의거하여 여러 부마에게는 봉군(封君)을 허용하지 말 것이며 따로 산관의 제도를 취하여 정 1품~종 2품의 부마관계를 취하자고 청하였다.[51] 이런 관계는 부마들끼리 칭호가 서로 중복되어 분변하기 어려운 점이 있어서, 각각의 부마는 주현의 칭호+모위(某尉)라고 칭하여 혼란이 없게 하였다. 물론 부마로서 특수한 공이 있어 공신이 된 자, 예컨대 운성부원군 박종우(朴從愚)나 영천부원군 윤사로(尹師路) 등은 여전히 자신의 부마 명칭 앞에 봉군의 칭호를 붙였던 것이다.

결국 이때부터 부마의 명칭은 품질에 관계없이 모두 모위(某尉)가 되는 과정을 겪었다. 그런데 1484년(성종 15)에 이르러 당시 의빈인 홍상(洪常)이 의빈의 칭호를 바꿔줄 것을 주장하였다. 현재는 직(職) 앞에 성을 붙여서 모의빈(某儀賓)·모승빈(某承賓) 등으로 부마를 부르는데, 이것은 타 관서의 예(禮)가 아니고 성이 여러 명일 때 서로 어긋나서 알아보기가 힘들다고 주장하였던 것이다.[52] 이러한 내용을 접한 성종은 다음 달 감교청(勘校廳)에서 '의빈 중 2품 이상을 위(尉)라 칭하고, 3품 이상은 부위(副尉)라 칭하며, 당하관 이하부터 4품까지는 첨위(僉尉)로 칭하자'라고 보고를 올리자 이를 그대로 수용하였다.[53] 이것은 『경국대전』에 첨위의 칭호만이 4품에서 3품으로 올려서 바뀐 모습을 보이고 나머지는 그대로 시행되어 당시의 논의가 관철된 것이다.[54]

이상에서 의빈의 명칭을 살펴보았는데, 여기서 하나 주의할 점이 있다. 공주와 결혼한 자는 종 1품, 옹주와 결혼한 자는 종 2품, 세자의 딸

51) 『세종실록』 권 103 세종 26년 2월 21일(신축) ; 『세종실록』 권 105 세종 26년 7월 1일(무신).
52) 『성종실록』 권 164 성종 15년 3월 1일(무자).
53) 『성종실록』 권 164 성종 15년 3월 21일(무신).
54) 『경국대전』 권 1 이전 경관직 의빈부.

과 결혼한 자는 정 3품계를 초수(初授)받았다는 것은 앞서 이야기하였다. 그런데 이들이 모두 정상적으로 극품인 수록대부(綏祿大夫)로 올라가는 시기는 대략 40세가 지나서였던 것으로 파악된다. 옹주에게 장가간 사람에게는 원래 종 1품이 한직인데, 예외적으로 세종 때 정현옹주와 혼인했던 윤사로(尹師路)의 경우 세조대 좌익(佐翼) 1등 공신으로 나중에 정 1품의 영중추부사(領中樞府事)까지 승진한 예외는 있었다. 이상과 같이 공주·옹주에게 장가간 사람은 정해진 품계를 가지고 나이와 경력에 따라 순차적으로 계승을 했던 것이다.

4. 공주의 경제적 기반

1) 과전과 녹봉상의 공주

공주(옹주)는 결혼하기 전까지 궁중에서 생활을 한다. 그러다가 일정한 나이가 되어 혼인을 하면 궁 밖에 따로 설정한 처소가 마련된 곳으로 출궁을 하게 된다. 출궁을 할 때 이들이 가져오는 경제력은 공주가 살아서 여유롭게 생활을 하는데, 그리고 죽어서는 사당을 제대로 운영될 수 있는 정도의 수준이어야만 한다. 이를 위해 국왕을 비롯한 왕실 구성원들은 그에 합당한 수준의 지급을 신경썼다.

공주나 옹주의 경제력의 기본이 되는 것은 과전법의 기본 절수이다. 이들에게 수여되는 과전 지급액은 국초부터 여러 번 규정이 바뀌면서 점차적으로 축소되었다. 1391년(공양왕 3)에 지급했던 과전법에서 부마들의 직급이 제 4과에 해당되었음으로 총 115결을 받은 것으로 추측된다. 이것이 세조시대에 들어와서는 종2품~정1품의 규정인 105결~

150결을 지급 받았다. 그런데『경국대전』규정에서는 이것이 상당히 축소되어 부마가 받아야 될 토지는 85~110결에 머무르고 있었다.[55] 이러한 과전과 더불어 현물납인 녹봉이 1년 4회에 걸쳐 지급되었다.

녹과(祿科)

공주와 옹주에게는 남편이 사망하여도 남편의 관직에 따라 녹봉을 준다. <속> 각 등급의 녹봉은 석 달 분을 매달로 쪼개어 그 달 녹봉을 전달에 나누어 준다. 대군·공주·왕자군·옹주 등도 제 1과와 같이 한다. ○ 공주와 옹주는 시집가기 전에는 녹봉을 받으나 시집간 후에는 단지 부마에게만 녹봉을 준다. <중> 종친과 의빈이 부모상을 당하면 녹봉을 받을 수 없다. 그러나 의빈의 경우에는 공주와 옹주가 시집가기 전의 예에 따라 녹봉을 받게 된다.[56]

위의 녹과조의 규정을 보면 공주나 옹주는 결혼을 할 경우 녹봉을 받지 못하게 되어있다. 그러나 그의 남편인 부마들의 직위에 따른 과전의 절수가 있는데, 이들 부마들의 관직이 종 1품과 종 2품의 초직을 받았다. 한편 이들에게 지불되는 개인적인 반당(伴黨, 신변의 수행을 위해 국가에서 내려준 공노비)과 구사(驅史, 국가에서 관료에게 내려준 공노비)는 그 인원이 일정하게 책정되어 있었다. 반당의 경우 공주에게 장가든 자에게 9명, 옹주에게 장가든 자에게 6~9명이며,[57] 구사는 공주 부마에게 8명, 옹주 부마에게 5명이 책정되어 있었다.

그러나 여기에서 지급된 과전과 녹봉은 공주와 옹주라는 왕실 구성

---

55) 이유경, 앞의 논문, 37~38쪽.
56)『대전회통』권 2 호전 과전.
57)『대전회통』권 4 병전 반당조.

원의 이름으로 지불된 것이 아니라 부마의 이름 앞으로 지불된 것이다. 부마가 죄를 지어 과전과 녹봉의 지급대상에서 제외될 경우, 그리고 부마가 죽었을 경우에는 공주의 가족은 그 생계를 보장받을 수 없었다. 따라서 이를 위한 논의가 여러 번 일어났는데, 1444년(세종 26)에는 부마가 죄를 지었을 경우 과전은 그대로 공주, 옹주에게 지급하도록 했으며,[58] 부마가 사망한 후 공주 혹은 옹주에게는 그에 준하여 녹봉을 받도록 규정을 하였다.[59]

그런데 이러한 규정은 조선 전기에 한정되어 있었다. 그리고 임진왜란 이후에 토지제도는 완전히 무너져 이를 제대로 지불할 수 있는 상황이 아니었다. 그러면 공주, 옹주는 제대로 토지의 지급을 받지 못하였을까. 우선 다음의 기사를 주목해 보자.

> <속> ○신궁(新宮)의 후궁은 800결, 대군·공주는 850결, 왕자·옹주는 800결을 받는다 이것은 제궁방(諸宮房)이 생존할 때에 그러한 것이다. ○구궁(舊宮)의 후궁은 200결, 대군·공주는 250결, 왕자·옹주는 200결을 받는다. 이것은 제위조(祭位條)이니 사대(四代)에 한한다. ○비록 그 결수에 미치지 못하게 받아 가더라도 후일에 추급(追給)을 허용하지 않는다. <증> 군주는 400결을 받는다. 구궁(舊宮)이면 100결을 지급한다.[60]

위의 기록은 기본적으로 고종 대 편찬된 『대전회통』에 수록되어 있는 것이다. 나누어주는 궁방전의 크기는 신궁의 경우 최고 850결부터

58) 『세종실록』 권 104 세종 26년 6월 15일(계사).
59) 『문종실록』 권 12 문종 2년 2월 28일(임진).
60) 『대전회통』 권 2 호전 제전 궁방전.

800결에 이르고, 구궁의 경우 최고 250결부터 200결까지로 각각 규정되어 있다. 현왕의 인척인 신궁과 선왕의 인척인 구궁의 차이가 무려 4배가 났던 것이다. 다만 여기서 <증>이라는 표시 밑에 '군주는 400결을 받는다'라고 되어 있는데, 여기서 <증>은 『대전통편』을 말하는 것으로,[61] 1785년에 편찬되어 1786년(정조 10)부터 시행된 것을 뜻한다.

이밖에 임진왜란 이후 기록상으로 토지대장인 양안에 실려 있지 않은 땅이나 또는 양안에 주인없는 황무지로 기록된 것을 공주와 옹주에게 떼어주는 일을 시행했으니 바로 이것이 궁방전(宮房田)의 존재이다. 이곳은 '면세절수(免稅折收)'라 하여 각 공주방이나 옹주방에 황무지를 절급(折給)하여 이를 개간하게 하고 그 수세권을 부여한 땅이었다.

> 궁방전(宮房田) (속) 구궁(舊宮)·신궁(新宮)을 막론하고 왕패(王牌)가 있어 특별히 사여(賜與)된 경우에는 전결수(田結數)에 정수(定數)가 없다. ○ 궁가의 면세전(免稅田)은 전결원장부(田結元帳簿)에 기재된 결수(結數)로써 정급(定給)하여 사방 경계의 표지를 명백히 정하되 다른 토지가 혼입되는 것을 엄금한다. ○ 1결에 대한 수세(收稅)는 쌀 23두를 초과하지 못하며 영구히 궁둔(宮屯)으로 삼은 전지(田地)는 매부당(每負當) 세조(稅租) 2두를 징수하며 배·말 값 및 잡비는 모두 그 중에서 지출한다.[62]

그러면 공주(옹주)의 집터는 어느 정도였을까. 이들이 결혼을 할 때 국가에서 부여되던 집터는 서울에 한정되어 있고, 대군과 공주는 30부

61) 『정조실록』 권 20 정조 9년 9월 12일(무오)「次對刑曹判書李命植啓言 大典通編 當頒行矣 凡公事中引例者 當以大典通編書之 自今日始用 命自明年正月遵用」
62) 주 60)과 같음.

이며, 왕자군과 옹주는 25부로 되어 있다. 이것은 1·2품의 관직자에게 15부, 3·4품의 관직자에게 10부 정도를 나눠주는 것에 비하면 월등히 많았다.[63] 그리고 이들이 집으로 지을 수 있는 가옥의 규모는 대군은 60칸, 왕자군 및 공주는 50칸, 옹주 및 종친 문무관 2품 이상은 40칸으로 규정되어 있다.[64] 그러나 이것은 법적인 규정일 뿐이지 실제로 운영되었던 것은 아니다. 실제로 지어지는 집의 규격은 왕들 때마다 틀린데, 예컨대 현종 때 숙휘공주를 위하여 2일 한정으로 도방군 500명을 조발하여 부역을 하라 했는데, 이들의 인원이 너무 많다는 말들이 나오자 100명의 인원을 줄이라고 명하였다.[65] 또 숙안공주와 숙명공주의 집을 지을 때에는 사당의 크기만 각각 27칸과 33칸이라고 하니[66] 그 집 전체의 크기를 짐작할 만한 것이었다.

이같이 공주와 옹주에게 나누어주는 토지나 집의 칸수 등은 상당했는데, 그러나 공주와 부마가 일찍 죽었을 경우 이들 재산이 없어지는 경우도 있었다. 이는 효혜공주와 김희(金禧)의 사례에서 찾아볼 수 있다. 효혜공주는 중종과 장경왕후 윤씨와의 사이에서 태어났는데, 인종보다 4살 위인 누이로 20살에 사망하였다. 인종은 그녀가 일찍 죽자 지나치게 슬퍼하여 거의 병이 났을 지경이라고 할 정도로 상호간에는 두터운 우애가 있었다.

그녀는 성종의 후궁인 남빈(南嬪)과 계림군(桂林君) 유(瑠)의 어머니인 윤씨가 길렀는데, 이들은 공주가 죽을 즈음에 공주가 가진 물건이

---

63) 『경국대전』 권 4 호전 제전 궁방전 급조가지.
64) 『경국대전』 권 6 공전 잡령.
65) 『현종실록』 권 2 현종 원년 5월 24일(무인).
66) 『현종실록』 권 17 현종 10년 9월 19일(기유).

많이 있고, 또 외딸이 어리다며, 그녀의 물건들을 독차지 하였다. 그러다가 남빈이 죽을 때에 이르러 그 물건들은 다시 윤씨에게로 옮겨갔고, 또 윤씨가 죽을 때 세 아들에게 이를 나눠주었던 것이다. 공주의 딸은 자라서 윤백원(尹百源)과 결혼했는데, 그가 곧 문정왕후 오빠의 아들이었고, 이때 죽은 동생들의 처가 계림군 유의 집에 공주의 물건이 있다고 지적하면서 윤씨의 맏아들 이주(李珘)가 책임을 져야하는 상황이 되었다. 결국 이 문제를 가지고 상당히 논란이 되면서 이주가 공주의 물건을 공주의 딸에게 되돌려 주게 되었다.[67] 이것은 공주가 일찍 죽고, 또 부모도 금방 죽어 어수선 할 때 주변의 인물들이 재산을 빼내 가는 현상을 보여준 것이다.

이같이 공주의 가문이 후대에까지 이어지는 것은 무엇보다 자식대의 성공을 바탕으로 가문의 후광이 남아 있을 때 가능하다. 따라서 자식들의 관직생활이 보편화될 수 있도록 법적으로 규정하고 이를 토대로 자식들이 성공해야만 한다. 일단 법전에 설정되어 있는 공주(옹주) 자식들의 관직 규정을 살펴보면 다음과 같다.

> 왕의 친족과 외척의 관부이다. 종성(宗姓) 9촌, 이성(異姓) 6촌 이상 친(親), 왕비의 동성 8촌, 이성 5촌 이상 친, 세자빈의 동성 6촌, 이성 3촌 이상 친, 이상의 촌수 내의 고(姑), 자(姉), 매(妹), 질녀, 손녀의 남편에게 제수한다. 선왕과 선후의 친족도 같다. ○ 대군의 사위, 공주의 아들에게는 처음 종 7품을 제수하고, 공주와 왕자군의 사위, 옹주의 아들에게는 종 8품을 제수한다. <증> 종성(宗姓)은 촌수의 제한을 받지 않는다. ○ 도정(都正) 이상의 관직은 종친과 의빈을 그 품계에 따라 임용 제청한다.[68]

---

67) 『연려실기술』 권 10 명종조 본말고사.

공주와 옹주의 자식은 처음에 관직에 나갈 때 종 7품과 종 8품직을 제수받는다. 실제로 공주와 부마는 아들과 사위의 90% 이상이 관직에 나가고 있었고, 이중 아들의 경우에는 거의 당상관이 되었다고 한다. 그리고 손자 대에도 공주의 자손은 60%가 관직에 이르고 있는데, 이들 대다수는 참상관 이상이라고 한다. 옹주의 경우 아들과 손자는 70% 이상이 관직을 나가고 있었다고 한다. 이처럼 옹주의 후손은 공주의 후손 보다는 그 자손이 벼슬을 하는데 좀 떨어지기는 하지만 이들 역시 후손 의 경우 상당한 비율이 관직에 나가고 있는 것이다.

2) 뒤늦게 호사한 정명공주

공주로 태어났다가 중간에 공주에서 폐지되었고, 다시 공주로 복구 하면서 83세까지 장수한 사람은 과연 누구일까. 바로 선조의 딸인 정명 공주였다. 정명공주는 1603년(선조 36)에 정릉동 행궁(行宮)에서 태어 났다. 원래 선조는 의인왕후 박씨와 혼인을 했지만 사랑을 했던 사람은 공빈인 김씨였다. 그러나 불행하게도 공빈 김씨는 임해군과 광해군을 낳았지만 광해군을 낳은 지 2년 후에 산후병으로 죽었다. 공빈 김씨가 사망한 후 선조의 또 다른 사랑은 바로 인빈인 김씨였는데, 그녀는 4남 5녀를 낳았다. 그러다가 임진왜란이 발생하자 피난을 가는 와중에 선 조는 광해군을 서둘러 세자로 책봉할 수밖에 없었다.

임진왜란이 끝난 후 1603년 51세의 나이의 선조는 이제 19살인 인목 왕후 김씨와 혼인을 하게 되었다. 그러다가 다음 해에 낳은 자식이 정 명공주였다. 정명공주의 재롱은 늙은 선조에게는 즐거움이었지만 한

---

68) 『대전회통』 권 1 돈녕부.

쪽에서는 곱지 않은 시선으로 쳐다보고 있었다. 2년 후 인목왕후 김씨는 적자인 영창대군을 낳아서 상당한 파장을 일으켰다. 그러다가 선조는 1608년 2월 1일에 57세의 나이로 사망하였다.

광해군이 즉위를 한 후 인목왕후의 입지는 갈수록 좁아졌다. 그러다가 1613년(광해군 5)에 영창대군이 서인으로 강등되었고 인목대비의 친정아버지인 김제남은 모역에 걸려 사사되었다. 영창대군이 죽은 것은 다음 해였다. 5년 후인 1618년(광해군 10)에 인목대비 김씨는 역모에 걸려 대비에서 후궁으로 강등되었고, 경운궁인 서궁(西宮)으로 유폐되었다. 당시 16세였던 정명공주도 같이 서궁에 유폐되었다.

유폐된 이후 5년 동안 불운한 생활을 했던 인목대비는 그러나 인조반정에 의해 갑자기 해방되었다. 반정이 성공하고 인목대비의 유폐가 풀리자 자연스럽게 제기되었던 것은 바로 정명공주의 혼인이었다. 반정세력이 축제의 분위기를 조성하려고 이 혼인을 강행했기 때문이었다. 반정이 성공한 지 3일 후 예조에서는 정명공주의 부마 간택을 속히 거행하자고 청을 올렸다.[69] 이미 혼인을 하기에는 적지 않은 21세의 나이어서 지금 당장이라도 혼인을 해야만 했다. 8월 11일 초간택이 시행되었고, 9월 12일 재간택이, 9월 26일에 삼간택이 각각 시행하였다. 당시 간택에서 최종적으로 뽑힌 사람은 홍주원(洪柱元)인데, 이때 홍주원의 나이는 18세로 정명공주보다 3살이나 연하였다. 홍주원은 영안위(永安尉)로 책봉되었다. 당시 홍주원은 3월 금혼령이 발동되기 전에 이미 혼처가 있어서 머뭇거렸으나, 이를 무시하고 결혼식을 올려야 했다.

정명공주의 서울 살림집은 가옥의 크기에서 『경국대전』에 50칸을

---

69) 『인조실록』 권 1 인조 1년 3월 16일(병오).

넘지 못하도록 규정되어 있었으나 인조는 정명공주의 집을 200칸으로 증축하는데 필요한 재목과 기와 등을 내려주었다. 그리고 임진왜란 이전에도 대군의 경우 225결, 왕자군은 180결을 주고, 공주에게 장가든 부마에게도 105결을 주도록 되어 있었다. 그러나 과전법은 이미 임진왜란을 겪으면서 붕괴되었고, 대신 조선왕조에서는 절수(折受)를 시행하였다. 절수는 황무지 또는 묵은 땅을 개간하기로 하고 그 사용권을 국가로부터 확인받는 것이었다. 당시 정명공주가 얼마나 절수 받았는지는 잘 알 수 없으나 대략 1만결에 가까웠다. 『승정원일기』에 따르면 1728년(영조 4) 7월 23일에 경상감사 박문수가 '영안위방이 경상도내에서 절수받은 것이 8,076결이나 된다.'[70]고 하는 데서 짐작이 된다. 이 정도의 토지라면 요즈음으로 환산하면 대략 51,400,000평이 나온다. 이곳 말고 전라도의 하의삼도(荷衣三島)라 불리는 섬들에 남아있는 절수지를 합하면 대략 1만 결이 넘을 것 같다.[71]

인목대비는 1632년(인조 10) 6월 28일에 49세의 나이로 인경궁에서 세상을 떠났다. 인목대비의 사망은 정명공주에게 일생일대의 위기감을 가져왔다. 인조의 병세가 악화되면서부터 인조는 자신의 왕위계승을 부당하게 보는 사람으로 인목대비를 바로 지적했던 것이다. 이러한 것들 때문에 정명공주는 인조로부터 의심의 대상이 되었고, 당시 여러 번에 걸쳐 인조에게 고난을 겪어야 했다. 정명공주의 삶에서 인목대비가 사망한 1632년(인조 10)부터 동왕 27년인 1649년까지 17년 동안은

---

70) 『승정원일기』 666책 영조 4년 7월 23일(임신) 「文秀曰, 朝家若顯爲僧地, 則亦必有弊矣。道內各邑, 宮家折受處甚多, 七十二官中, 五十二邑, 有折受處, 宮家差人輩, 作弊甚巨, 民不堪苦, 若覽此文書, 則事雖細瑣, 可以推知小民之受弊矣。永安尉宮折受之在道內者, 多至八千七十六結, 今則旣過四代, 似當依國典釐減…」
71) 신명호, 『조선공주실록』, 역사의 아침, 2009, 124~125쪽.

과거 서궁 유폐시기 못지않게 불안한 시절이었다. 이러한 불안한 시기
는 인조의 사망으로 마감되었다.

인조가 사망한 이후 효종, 현종, 숙종 연간은 정명공주에게 최고의
축복의 시기였다. 이 기간은 총 36년간으로 이들 왕들은 정명공주에게
최고의 예우를 했으며, 공주 역시 83살이라는 최고의 장수를 누렸다.
그녀는 7남 1녀라는 조선시대 공주중에서 가장 많은 자녀를 두었고, 또
한 후손들은 크게 영달을 하였다. 이러한 정명공주에 대하여 실록의 졸
기(卒記)에서는 다음과 같이 언급하였다.

> 정명공주(貞明公主)가 죽었다. 공주는 선조대왕의 딸로서 인목왕후
> 가 낳았다. 어려서 인목왕후를 따라 서궁(西宮)에 유폐되었다가 인조
> 가 반정하자 영안위 홍주원에게 하가하였다. 자손이 번성함을 갖추
> 누렸으며, 수(壽)는 80세를 지내고서 마쳤다. 상이 매우 슬퍼하여 예장
> 을 명하고 녹봉은 3년을 기한하여 그대로 주도록 명하였다.[72]

---

72)『숙종실록』권 16 숙종 11년 8월 10일(무술).

3장

공주의 일생

1. 출생과 성장

왕비나 후궁들은 왕과의 잠자리를 통하여 자식을 보려고 노력한다. 그러한 결실이 맺어져 왕비와 후궁들은 임신을 하게 된다. 이들은 원래 대군이나 군 등 아들을 보려고 했지만 그것은 자기 마음대로 결정할 수 있는 일은 아니다. 그냥 아무 탈 없이 아이를 무사히 낳는 것에 감사를 드려야 할 것이다. 출산일이 가깝게 다가오면 보통 왕비의 경우 출산 3개월 전에 산실청(産室廳)의 설치가 가장 중요하였다. 이 산실청에서는 산모들에게 정기적인 검진 외에 음식에 대한 주의상황, 예컨대 '음식을 절도 있게 들고 거동에 조심하라'는 말을 자주 하였다.[1]

출산이 이루어지면 산실청에서 돌보아야 할 사람이 출산부 및 아이이기 때문에 더욱 바빠진다. 출산 직후부터 7일간은 구전으로 문안을 드리고 또 문건으로도 문안을 드린다. 그리고 원자나 원손 등에 대해

---

[1] 이순구, 「아이를 낳고 기르다」 『조선의 왕비로 살아가기』 돌베개, 2012, 126~127,

출생 3일 후부터 별도의 소아의(小兒醫)를 두어 입직하게 한다. 만약에 빈궁이나 궁인 중에 임신한 사람이 있을 경우 호산청(護産廳)을 설치한다. 호산청은 담당자의 숙직만 없을 뿐 기능상 산실청과 유사하였다. 실제 규모와 운영경비 등에서만 차이가 날 뿐이었다.

아이를 낳고 나면 산후에 가장 먼저 올리는 탕제가 궁귀탕(芎歸湯)이었다. 소진된 기운을 보충해주고, 뱃속을 편안히 하는 약제였다. 그리고 만삼(蔓蔘)이라고 부르는 인삼이 산후에 몸을 해독작용을 하며, 허한 기능을 보충할 수 있어서 출산에 좋았다고 한다. 그러나 무엇보다 '수라'를 잘 먹고 건강해야 몸의 찬 기운을 없앤다는 것이다.[2] 이러한 산실청, 혹은 호산청은 7일간 설치했다가 별일이 없으면 파산하였다.

그런데 아이를 낳고 후유증을 겪는 모습을 종종 살필 수 있었다. 다음은 선조의 두 번째 중전인 인목왕후의 산후증을 알아본 것이다.

> 약방이 계하기를, "엎드려 듣건대 내전께서 옥후(玉候)가 평안한데 간간이 복통이 일어나기는 하지만 전에 비하면 횟수가 점차 줄어들고 있다고 하십니다. 옥후가 점점 회복되어 가시니 오늘은 앞서 가미해 드린 궁귀탕(芎歸湯)을 계속 드시고, 다시 옥후가 어떠한가를 살펴보아 다시 다른 약을 쓰거나 정지하는 것이 합당하겠습니다. 다만 여의(女醫)를 통해 삼가 듣건대, 내전께서 수라를 들기 싫어하신다고 하니, 이는 필시 위장의 기능이 약화되었기 때문일 것입니다. 그래서 의관들과 상의해 보니 '산후에는 약만 써서는 안 되고, 누런 암탉을 푹 삶아 즙을 내어 죽을 만들거나 붕어를 달여 드시면 위장을 보할 수 있다.'고 하였습니다. 이대로 하는 것이 어떻겠습니까?"하니, 아뢴 대로 하라고 답하였다.[3]

---

2) 이순구, 「아이를 낳고 기르다」『조선의 왕비로 살아가기』2012, 124~130.
3) 『선조실록』162 선조 36년 5월 24일(기묘).

위의 약방과의 대화속에서 중전이 아이를 낳고 배가 아파서 고통스러워하는 면을 드러내고 있다. 이러한 산후병이 출산 직후의 질병으로 끝나면 좋지만 이것이 고질병이 되어 결국 죽음에 이르는 경우가 있다. 인조 때의 인열왕후와 선조의 후궁인 공빈 김씨가 산병으로 죽은 것이 그 좋은 예이다.

조선에서는 제도상으로 왕자나 공주가 태어나면 3일 이내에 유모를 구하도록 규정되어 있다. 그렇지만 왕실에서는 아기가 태어날 경우 시간을 지체하지 않고 그 즉시 바로 유모를 구하였다. 왕비와 후궁들이 새로 태어난 아이에게 직접 젖을 먹이는 경우는 거의 없었는데, 왕실에서 왕비와 후궁의 역할이 직접 육아를 하는 것과는 일정한 거리가 있었기 때문이었다. 이 경우 새로 태어난 왕가의 아이에게 젖을 먹이는 것은 유모들인데, 이들은 신분적으로 천인의 경우가 일반적이었다. 이들은 각사(各司)의 노비들이 많은데, 만약에 자기가 키운 아이가 훗날 왕이 될 경우 그들은 봉보부인(奉保夫人)이라는 종 1품의 관직을 제수받게 되어 있었다.

이렇게 태어난 아이들은 그들의 태(胎)를 먼 훗날에 남기도록 조처를 취하였다. 왕은 아기가 태어난 지 5개월 되는 날에 길지를 골라서 안태사(安胎使)로 하여금 태실(胎室)을 조성하여 그 태를 묻도록 하였다. 태항아리를 둥그런 돌함에 넣고 태의 주인공과 안태한 날짜를 쓴 태지석(胎誌石)을 석실에 같이 넣어 묻는 것이다. 태의 주인공이 훗날 왕이 될 경우에는 나중에 석실 위에 부도(浮屠)처럼 생긴 석물을 설치하고 그 주위에 난간을 두르며 앞에는 비석을 세우는 가봉(加封)의 의식을 거행한다. 여기서 아기의 태를 담은 항아리를 태항아리 혹은 태호(胎壺)라 부르는데, 태는 태아 생명의 근원이 된다고 여겨졌고, 특히 왕실에서는

국운과 밀접한 관련이 있다고 하여 출산 뒤에도 소중히 다루었다.[4]

왕실에서 왕비가 출산을 하고 나면 3일 혹은 7일째 되는 날 태를 깨끗이 씻는 세태(洗胎) 의식을 거행하였다. 출산 때 받아 두었던 태를 깨끗한 물로 백번 정도 씻은 뒤에 향기로운 술로 다시 한 번 태를 씻는다. 씻은 태는 동전 한 잎을 넣은 작은 백자 내항아리에 넣고 기름종이와 파란 명주로 입구를 막고 덮은 다음 빨간 끈으로 묶어 밀봉하였다. 이 항아리를 큰 외항아리에 넣고 빈 공간을 솜으로 채운 후 길한 방향에 모셔두었다. 이후 길지를 골라 아기가 출생한 연월일시와 태를 매장한 시기를 기록한 지석인 태지석(胎誌石)과 함께 태항아리를 묻은 다음 태비(胎碑)를 세웠다.

〈그림 1〉 순조의 태봉도

순조의 태를 묻은 태실의 모습과 그 주변의 지리적 형세를 그린 그림이다.

4) 왕실의 태싱조성은 국립문화재연구소, 『조선왕실의 안태와 태실 관련 의궤』, 민속원, 2006, 참고

<그림 2> 백자 태항아리와 태지석

현종의 딸인 명안공주의 태를 넣은 태항아리와 태지를 그린 것이다.

위의 태항아리는 현종의 딸인 명안공주의 태를 넣어 봉안한 태항아리와 태지석이다. 태지에는 '을사년오월십팔일진시탄생신생공주아지씨태(乙巳年五月十八日辰時誕生新生公主阿只氏胎)' '강희구년삼월십삼일묘시장(康熙九年三月十三日卯時藏)'이라 하였다. 즉 1665년(현종 6) 5월 18일 진시에 태어난 공주의 태를 1670년(현종 11) 3월 13일 묘시에 묻었다는 내용이다.

이 안태 또는 장태를 시행했다는 사실은 『세종실록』의 기록부터 보인다. 1438년(세종 20) 중궁의 태를 이장할 때의 글을 보면, "무오년에 태를 갈무리할 때의 의주[藏胎儀]를 보니, 후토신 다섯 위를 진설하였다"는 기록이 보인다.[5] 또한 1439년(세종 21) 역시 예조에서 동궁의 태를 묻고 안위하는 제사의 신주에는 '중궁의 태를 묻을 때의 신주를 쓰던 예[中宮藏胎神主例]'에 의하여 '동궁 태실의 신'이라 하고, 제사가 끝나면 그 신주를 높고 깨끗한 공터에 묻을 것을 청하였다. 이어 동년 1월 28일 동궁의 장태개기사(藏胎開基使)로 판중추원사 이순몽이 경상도 기천으로 떠났다는 기사가 보인다.[6]

---

5) 『세종실록』 권 80 세종 20년 3월 17일(신축).

그런데 '안태'라는 기록이 의궤(儀軌)와 등록(謄錄)에서 각기 혼용되고 있다. 의궤는 원래 '국가 의례의 전범'이라는 뜻으로 국가나 왕실에서 시행되는 행사의 전 과정을 적어놓아 훗날 행사의 모범이 되도록 한 것이다. 또한 기록이 그림과 함께 어우러진 종합적인 행사 보고서라고 할 수 있다. 반면에 등록은 일반적으로 행정기관에서 산출된 문서들을 각 관청의 용도에 맞게 연월일 순서에 따라 등출하여 편집한 2차 기록을 말한다. 등록은 초서로 초교본을 작성하고 이를 다시 교정한 재교본과 최종 수정한 정교본이 작성되기도 하였다.[7] 그런데 우리의 관심을 갖는 공주관련 기록물은 전부 등록으로 구성되어 있다. 원래 왕과 왕비, 왕세자의 기록은 의궤로 구성된 반면 그렇지 않은 경우 등록으로 형성되었기 때문이었다.

한편, 세종의 맏딸인 정소공주(貞昭公主)의 묘에서 태항아리 2점이 묘지석과 함께 출토되었다. 이 장소는 고양시 원당에 위치하고 있기 때문에 항아리 2점이 출토된 곳이 묘가 아니라 태실이라는 주장이 있다. 하여튼 이 항아리의 분청사기는 고려 상감청자와 다른 면을 보여주지만 듬성듬성 보이는 학 무늬의 문양은 아직도 상감청자의 여운을 보여준다.

1665년에는 명안공주의 태항아리에 병신우(丙申 右)라는 명문이 새겨져 있다. 그런데 병신년은 명안공주의 탄생년을 기준으로 1665년이므로 태실 조성이 이루어지는 1670년까지는 5년 이상의 차이가 나고 있다.[8] 이상에서 보듯이 태실 조성이 탄생일 기준으로 형성되는 것이

---

6)『세종실록』권 81 세종 21년 1월 10일(기축) ;『세종실록』권 81 세종 1월 28일(정미).
7) 김상환,「조선왕실의 원자아기 안태의궤 및 태실석물 개보수와 가봉 관련 의궤」
　『조선왕실의 안태와 태실관련 의궤』국립문화재연구소, 민속원, 2006.

아니라는 점도 주의할 필요성이 있다.

〈그림 3〉 경모궁 태실비

1940년 경모궁태실비는 태실 아래의 명봉사 경내로 옮겨져서 원래의 비문이 깎이고
대신 명봉사의 사적비문이 새겨지는 수난을 겪었다.

이상과 같이 태항아리를 조성하는 것 외에 공주와 옹주들의 삶을 자
세히 알 수 있는 자료들은 별로 없다. 어린 시절 자질구레한 잔병 치료
도, 넘어지고 깨져서 약간 다친 것도 이들의 삶 일부이지만, 이들은 왕
의 친족으로 극성의 지위를 유지하였고, 그에 걸맞는 치료를 하였다.

---

8) 방병선, 「조선왕실의 도자기」『왕실문화대중총서간행모임워크샵』 2012, 49~55.

예컨대 왕세자의 설사를 보고 '천을환(天乙丸)으로 설사를 멎게 하고, 양원산(養元散)으로 죽을 만들어 드리며, 창름산(倉廩散)에 황잠(黃岑), 주초(酒炒), 백작약(白芍藥)을 넣어 유모에게 매일 두 번씩 먹게 하겠다.'라는 약 처방은[9] 환자인 아이뿐만 아니라 유모에게 먹인다는 의지를 보인 것이다. 왕실 아이가 3~4세에 불과할 때 섭생(攝生)이나 질병 관리는 전적으로 유모에게 의존했고, 실제로 5~6세가 되어서도 젖을 떼지 않는 아이도 상당히 많았다. 물론 이러한 질병 관리에는 한편으로 기원의 수단도 있었다. 피접을 나가거나 이름을 피하여 쓰지 않는 기휘(忌諱) 등을 하는 경우, 또한 원자가 천연두를 앓을 때에는 궁궐의 담장 중 건양문의 출입을 중단하는 것으로 나타나고 있었다.[10]

2. 교육

조선시대는 원칙적으로 여성들의 사회적 활동이 인정되지 않았다. 따라서 모든 교육기관은 남성을 위한 것이고, 여성들을 위한 교육의 형식과 제도를 갖추지 못하였다. 지식이나 학문자체, 세상을 경영하는 문제 등은 여성에게 불필요한 것으로 인식되었다. 그러나 가사(家事) 기술과 사회이념에 대한 기본적인 교육은 가정이 중심이 될 수밖에 없었다. 이미 조선초기부터 세종은 『삼강행실(三綱行實)』을 여성들에게 가르치도록 했으며, 정려문(旌閭門) 등을 세워 효녀나 열녀를 표창하는 등의 사회적 제도를 끊임없이 시행하였다. 이 가운데 공주와 옹주에 대

---

9) 『승정원일기』 351책 숙종 19년 3월 4일(무신).
10) 이순구, 「아이를 낳고 기르다」, 『조선의 왕비로 살아가기』, 돌베개, 2012, 148~149쪽.

한 사회적인 기본 교육이 강조되었던 것이다.

왕실교육은 여성으로서 어떻게 생각하고 행동하며 대처해야 하는지를 살피는 교육과 과거 훌륭한 행적을 보인 여성의 이야기를 통해 왕실여성의 마음으로 깨닫게 하는 교육으로 구분될 수 있다. 먼저『소학(小學)』과『내훈(內訓)』과 같은 자료들을 중시하였는데, 특히『내훈』은 소혜왕후가 직접 편찬한 것으로 그 의미가 컸다.『내훈』은『열녀전』,『소학』,『여교(女敎)』,『명감(明鑑)』등 4권의 책에서 여자들이 꼭 알아야할 것들이 흩어져 있음을 안타깝게 여기어 슬기롭게 한 권의 책으로 묶은 것인데, 이 자료를 발췌하고 여성들에게 교훈이 될 만한 것을 뽑아서 1475년(성종 6) 3월에 3책으로 간행하였다. 이 책은 조선후기에 이르러 1737년(영조 13) 영조가 홍문관에 하사한 것인데, 언행(言行), 효친(孝親), 혼례(婚禮), 부부(夫婦), 모의(母儀), 돈목(敦睦), 염검(廉儉) 등의 7장으로 구성되어 있었다. 돈목은 화목을 돈독히 하는 것이고, 염검은 청렴하고 검소하게 사는 것이라는 뜻이다. 모두 왕실 여성의 품성과 행실에 대해 정리하여 수신서로 활용한 것으로 보인다.[11]

소혜왕후는『내훈』에서 다음과 같이 여성교육의 필요성을 강조하였다.

> 대저 사람은 나면서부터 하늘과 땅의 신령한 기운을 받고 다섯 가지 덕을 품고 있으니, 몸을 닦고 닦지 않음으로 인하여 난초와 쑥의 차이가 나타나게 된다.…세상이 다스려지고 어지러워지는 것, 흥하고 망하는 것은 그 지아비들의 밝고 어두움에만 매인 것이 아니라 부인의 어질고 어질지 못함에 있는 것이다.…매일 성인에게 기약하여 밝은 거울이 되도록 조심하여라.[12]

---

11) 박용만,「왕실 여성의 독서와 글쓰기」,『조선의 왕비로 살아가기』, 돌베개, 2012, 199~200쪽.

위의 글은 소혜왕후가 『내훈』을 쓰면서 꼭 필요한 아녀자들의 마음가짐과 생활규범을 제시한 것이다. 이 『내훈』은 후대에 이르러 영조가 자신이 직접 소지를 붙여서 만든 『어제내훈(御製內訓)』으로 간행되어 왕실여성은 물론 사대부 여성의 교육서로 활용하게 만들었다.

〈그림 4〉 어제내훈

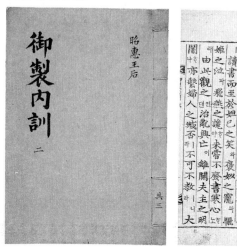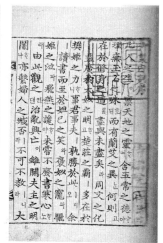

소혜왕후(昭惠王后, 1437~1504) 한씨가 유학적 시각에서
여성의 부덕을 함양시키고자 편찬한 교훈서

실제로 선조의 18번째 딸인 정정옹주(貞正翁主)는 1595년(선조 28)에 해주의 행궁에서 태어났는데, 어려서부터 훌륭한 성품을 지녔으므로 선조가 특별히 사랑하여 『효경(孝經)』과 『내칙(內則)』을 내려 주어 익히게 하였다. 그녀는 성장해서 단정하고 차분하여 스승의 가르침을 받지 않고도 스스로 예의범절에 맞게 행동하였다고 한다. 무신년(1608)

---

12) 소혜왕후, 『내훈』 서문.

에 선조가 승하하자 삼년상을 마치고 시집을 가게 되었는데, 시부모님을 효성을 다해 섬겼으며 시댁 사람들에게 교만한 태도로 대하지 않았다고 한다.[13)

한편 왕실의 계보를 정리한 일종의 왕실족보라고 할 수 있는 『선보집략(璿譜輯略)』을 한글로 번역한 책이 바로 『선보집략언해(璿譜輯略諺解)』이다. 한문 필사본인 『선보집략』은 왕실계보를 정리한 일종의 왕실족보인데, 이 책에서는 태조부터 선조까지의 각 왕대의 주요 사실들을 기록하였다. 이 기록은 각 왕 별의 묘호와 시호, 휘, 자, 세자 책봉 및 즉위, 재위기간 등이 적혀 있고 다음에는 비(妃)에서 태어난 왕자와 공주를, 그 다음에는 빈(嬪)에게서 태어난 아들과 딸들을 나열하였다.

이런 것과 더불어 왕실 여성들은 중국이나 우리나라의 모범이 될 만한 인물을 선택하여 독서의 자료로 삼았다. 대략 『후감(后鑑)』, 『열성후비지문(列聖后妃誌文)』, 『열성지장통기(列聖誌狀通紀』 등이 그러한 서적이다. 『후감』은 역대 중국 후비의 행적 가운데에서 귀감이 되거나 경계할 만한 내용을 발췌하여 수록한 책이다. 조선왕실의 최고 여성들을 위한 교화서로서 널리 활용되었는데, 현재에는 22권~27권의 6권 6책만이 전하고 있는 실정이다. 22권~24권이 송나라 후비, 25권~27권이 명나라 후비에 대한 설명이다 보니, 21권 이전의 내용이 앞 시대 후비들의 가계, 입궁 경위, 행적 등을 베꼈을 가능성이 높다고 하겠다. 여기서 중국 후비들의 내력과 행적을 조사해서 조선 왕실이 본받도록 했던 것이다.

『열성후비지문』은 숙종 때 기존의 조선시대 역대 왕비들의 행장(行

---

13) 『星湖全集』 권 58 碑銘 晉安尉柳公神道碑銘 并序.

狀)과 지문(誌文) 등을 한글로 펴낸 책이다. 여기서는 태조의 신의왕후 한씨로부터 영조의 첫 번째 왕후인 정성왕후 서씨에 이르기까지 31명의 왕비를 수록하였다. 지문, 행록, 사실 등으로 이루어진 이 책은 권근, 장유 등이 글을 지었고, 명종, 선조, 숙종 등이 적은 글이 있다. 특히 숙종이 적은 <인현왕후전>은 후대에 영향을 많이 준 글이다.

또한 조선 목조(穆祖)대 부터 성종까지의 14명의 왕과 신의왕후 한씨로부터 성종의 정현왕후 윤씨에 이르기까지의 13인의 왕비에 대한 공식적인 기록들을 모아 수록한 『열성지장통기(列聖誌狀通紀)』가 있었다. 이 책은 읽는 왕실여성에 대한 교육적 목적에 맞추어 언문으로 번역한 것인데, 주로 행장(行狀)·지문(誌文)이 중심이 되고, 여타 신도비명(神道碑銘), 시책문(諡册文)·애책문(哀册文)·죽책문(竹册文) 등이 함께 수록되어 있었다.

〈그림 5〉 선원계보기략

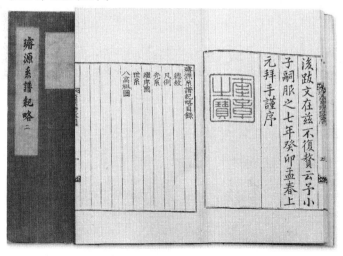

<선원록>, <종친록>, <유부록> 등을 종합하여 왕의 내외 후손
모두 동일하게 6대까지 조사하여 기록한 족보이다.

한편 궁중여성의 교양에 필요한 고전의 중요 대목을 한글로 풀어 엮은 필사본인 곤범(壺範)이 있었다. 경서와 심경 등 유학의 고전 가운데 부도(婦道)에 교훈이 될 만한 구절을 뽑아 원문의 독음과 구결을 한글로 붙인 뒤 원문에 필요한 한문 주석을 붙였다.[14]

이러한 책들은 주 대상이 왕실여성, 특히 왕비나 후궁들을 대상으로 삼아서 편찬된 것이다. 아직 결혼하기 전인 겨우 12~14세의 어린 나이의 미성년자인 공주와 옹주에게 읽었으리라 판단하는 것은 어렵다. 그러나 공주와 옹주 역시 기본적으로 똑같은 왕실여성이었고, 비록 혼인을 해서 궁궐 밖으로 나간다 하더라도 평생토록 이런 책들을 옆에 두고 읽었을 것이라 생각할 수 있다.

3. 가례(혼례)

공주와 옹주는 일정한 나이가 들면 혼인식을 거행하고 이후 궁 밖으로 나가서 산다. 11살~14살에 이루어지는 공주와 옹주의 혼인식은 아직 성년이 되지 않았고, 부마의 나이도 이들과 동갑이거나 1살 정도 많은 정도였다. 그런데 이러한 혼인식은 『국조오례의』에 수록되어 있는 '왕녀하가의(王女下嫁儀)'라는 의식에 기본적으로 맞춘 것이다. '왕녀하가의'는 공주가에 납채(納采)를 시행하는 방식과 납폐(納幣), 친영(親迎)에 이르기까지의 과정, 그리고 공주와 부마의 동뢰(同牢)가 시행되는 과정 등 의식이 세세하게 기록되어 있다. 그리고 다음날 공주가 시부모를 뵙는 공주현고구(公主見姑舅)의 과정 및 공주가 남편 댁의 사당(祠

---

14) 박용만, 앞의 책, 202쪽~205쪽.

堂)을 뵙는 의식, 마지막으로 사위(부마)가 대궐에 이르러 왕과 왕비에게 4배를 드리는 방식을 서술하였다.[15]

'왕녀하가의'는 『국조오례의』의 편찬 이후에도 계속 이어져 내려왔다. 그러나 시대에 따라 습속과 방식이 다른 것은 어쩔 수 없는 노릇이라 그 후 『춘관통고』에서는 '공주옹주군주현주부마길례(公主翁主郡主縣主駙馬吉禮)'라는 역대의 공주와 옹주 등의 부마 이하에 대한 혼인절차에 대해 각 시대별로 중요한 변화 및 강조 등을 적어 놓았다. 그 내용은 대부분 당시 공주, 옹주의 결혼 시에 과하다고 느껴지는 사례들을 좀 줄여주고, 중요한 변화 양상을 언급하고 있는 것이다.[16]

현재 남아있는 공주와 옹주의 가례 사례는 전체적으로 12개 정도에 불과하다. 이중에서 공주의 사례가 4개이고, 옹주가 8개 정도인데, 이중에서 명온공주의 사례는 연구성과로 상세히 설명이 되어 있다.[17] 이하에서는 나머지 공주와 옹주에 대해서는 간단히 설명하고, 명온공주의 경우 상세히 설명하도록 하겠다.

명안공주(明安公主)는 현종과 명성왕후 김씨의 소생인데, 전 참판 오두인의 아들 해창위(海昌尉) 오태주(吳泰周)에게 출가했다. 시기적으로 볼 때 1679년 10월 2일부터 1680년 2월 21일까지의 가례 행사와 윤 8월 3일부터 1681년 4월 3일까지의 출합(出閤 : 결혼을 해서 궁중 문을 나감) 관련 기사로 구분되어 있다. 실제로 결혼을 하지만 아직 어린 관계로 1년여 동안의 궁궐생활을 하고 출궁하는 모습을 보여주고 있다.

---

15) 『국조오례의』 권 4 王女下嫁儀.
16) 『춘관통고』 권 52 가례 왕비가례 공주옹주군주현주부마길례.
17) 노혜경, 「명안공주상장의궤」부터 「영혜옹주길례등록」까지이다. 『장서각소장등록해제』 2002.

간택의 시작은 3간택으로부터 시작되어 다른 곳에서 초간택부터 하는 것과는 일정한 차이를 보이고 있다. 출합은 여러 차례의 논의를 거쳐 1681년 4월 3일에 궁 밖으로 나가고 있다.

『명안공주가례등록(明安公主嘉禮謄錄)』은 현존하는 가례등록 중에서 비교적 앞 시기의 것으로 파악되는데, 가례행사의 전반적인 진행보다는 감결(甘結: 상급 관서에서 하급관서로 내리는 문서 양식)과 수본(手本: 공적인 일에 대하여 상급 관서 또는 관계 관서에 보고하는 문서)이 더 많은 비중을 차지하고 있다. 그리고 출합(出閤)을 따로 구성해 2종의 등록을 합쳐놓은 듯한 착각을 갖게 하는 자료이다.

〈그림 6〉 명안공주 가례등록

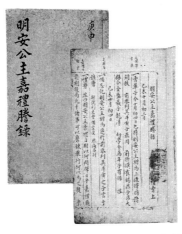

1680년(숙종 6) 현종의 비인 명성왕후 김씨의 소생인 명안공주와
오두인의 아들 오태주(吳泰周)가 치른 가례행사를 기록한 등록이다.

『복온공주가례등록(福溫公主嘉禮謄錄)』은 1830년에 시행되었던 순조의 2녀인 복온공주와 창녕위(昌寧尉) 김병주(金炳疇)의 가례행사에 관한 기록이다. 그 내용을 살펴보면, 우선 1830년 2월 초 1일에 간택을 하기 위하여 14세에서 11세에 이르는 나이의 총각에 금혼령을 내렸다. 재간택은 3월 10일에 시행했고, 삼간택은 3월 28일에 시행하였다. 이후 납채는 4월 10일에, 납폐는 4월 12일에, 4월 22일에 명복내출을 하고, 4월 24일에 출영을 하기로 결정되었다. 나머지 기록은 동뢰연(同牢宴: 결혼식 때 신랑, 신부가 음식을 같이 먹는 것) 물목과 동뢰연의(同牢宴儀: 동뢰연을 하는 의식) 등이 항목별로 기재되어 있다.

『덕온공주가례등록(德溫公主嘉禮謄錄)』은 1837년 순조의 3녀인 덕온공주와 생원인 윤치승의 아들인 남녕위(南寧尉) 윤의선(尹宜善)과의 가례행사에 대한 전말을 기록한 등록이다. 초기의 등록을 구성하는 방식과 달리 의궤의 형식과 비슷하게 정리되어 있다. 그리고 단어의 경우 '가례'를 '길례(吉禮)'로, '공주'를 '옹주'로, '명복'을 '명의' 등등으로 바꾸어 놓았는데, 덧댄 부분에 수정하는 문구를 써놓았다. 간택은 먼저 대왕 대비전에서 14~16세에 이른 자의 혼인을 금지하고 삼간택을 진행하였는데, 결국 윤의선으로 정해졌다. 납채는 7월 7일에 시행되고 마지막인 친영이 8월 13일로 이어졌다. 이밖에 각종 기록 등과 가례가 끝나고 나서 각종 포상 물품 등이 실렸다.[18]

공주의 가례에 대해서는 여러 가지 상황을 전해주지만 좀 더 구체적인 내용을 알아볼 수 있는 자료로는 순조의 장녀인 명온공주(明溫公主)의 가례등록이 있다. 명온공주의 자료는 그 시각의 구체적인 날짜와 더불어 세부적인 항목을 우리에게 제공해 주고 있다.[19]

명온공주의 가례에 대한 기록은 1823년 5월 10일 전국에 금혼령(禁

---

18) 이상의 내용은 노혜경, 『장서각소장등록해제』, 2002에 「명안공주상장의궤」, 「복온공주가례등록」, 「덕온공주가례등록」 등이 실려있다.
19) 이하는 김문식, 「1823년 명온공주의 가례 절차」, 『조선시대사학보』 56, 2011, 참고.

婚令)이 내려지면서 시작되었다. 금혼령이 내려진 사람은 15세~12살에 이르는 총각들이었는데, 이들은 당시 혼인을 할 수 없었고, 만약에 이를 어길 경우 징벌이 부과되었다. 이러한 면 외에 당시 응시자들이 사조(四祖)에 현관(顯官)이 없거나 응탈자(應頉者)들은 당연히 배제되었다.

이때 일관인 지택귀(池宅龜)는 간택의 일시를 초간택은 5월 22일에, 재간택은 5월 27일에, 삼간택은 6월 2일로 보고하였다. 사실 이 간택 날짜는 상당히 빨리 진행되는 것이었다. 초간택으로부터 삼간택까지 거의 10일 정도의 간격밖에 없었고, 간택단자를 올리는 경우가 경중(京中)에서 5월 16일까지라면 외방의 근도(近道)는 21일로부터, 원도(遠道)가 5월 29일까지로 정하여 사실 외방은 그 대상에서 배제되어 있었기 때문이었다.

간택은 3번의 선택을 통하여 이루어졌다. 5월 22일 희정당(熙政堂)에서 시행된 초간택은 20인 가운데 3명은 탈이 있어서 참여하지 않았고, 17인이 참여하였다. 당시에 경기감사와 개성유수, 강화유수, 광주유수, 수원유수가 보낸 관문들에는 가례에 적격한 남자가 없다는 말이 나왔다. 결국 참석자 17명 중 8명이 선정되어 재간택 절차를 받게 되었다. 27일에 희정당에서 진행된 간택에서는 8명의 인원 중에서 김현근, 오경상, 조춘상 등 3인이 최종 결정되었고, 특히 김현근(金賢根)이 사실상 부마로 책정되었다. 6월 2일에 희정당에서 열린 삼간택에서 김현근이 부마로 결정되어 동녕위(東寧尉)라는 작호를 받았다. 김현근은 세번의 간택 중 늘 첫 번째로 입장한 것을 보면 미리 부마로 예정되어 있었던 것으로 보인다.

동녕위의 작호를 받은 김현근은 공주와 동갑으로 겨우 14살이었고, 아직 관례를 치르지 않았다. 따라서 혼례를 시행하기 전에 재빨리 관례를 치루는 과정이 이루어졌다. 다음날 주인(아버지)이 사당에 가서 관례가 거행됨을 알리고, 6월 5일 빈(賓)이 도착한 후 6일에 관례가 시행되었다. 관례가 시행된 뒤에 부마는 사당(祠堂), 존장(尊長), 부친의 친구에게 인사를 드렸다.

명온공주의 가례는 이제 가례청을 신설하고 도청(都廳)과 낭청(郎廳)을 차출하면서 시작되었다. 도청과 낭청은 대부분 예조의 관원으로 충당되었으니 이 가례는 예조의 주관임을 분명히 하였다. 관상감에서는 향후의 일정을 정하여 올렸고, 예조가 필요한 사목을 올렸다.

결혼과정은 납채(納采)→납폐(納幣)→명복내출(命服內出)→친영(親迎)→동뢰연(同牢宴)으로 구성되어 있었다. 납채는 6월 17일에 시행되었는데, 신랑 측 주인(主人)이 납채례를 시행한다는 내용을 담은 채서(采書)를 신부 측의 주혼(主婚)에게 보내어 복서(復書)를 작성하는 과정이다. 이때 주혼자는 순조였지만 실제로 왕이 직접 하지 않고 명분상으로 완성군 이희(李爔)가 담당하였다. 당시 공주의 주혼은 종친부에서 선발하는 것이 관례였기 때문이었다.

납폐는 6월 25일에 시행되었는데, 신랑 측 사자(使者)가 현아청토주(玄鴉靑吐紬) 3필과 훈대홍토주(纁大紅吐紬) 2필을 공주 궁에 전달하는 과정이 설정되었다. 명복내출은 7월 8일이었는데, 가례청과 상의원의 관리가 명복함(命服函)을 받아 신랑측 주인에게 전달하는 과정이다. 명복함을 옮길 때에는 노군(路軍), 부장(部將), 상의원관, 낭청, 도청 등 문·무관원이 각기 역할을 담당하는 이동절차가 있었다.

친영과 동뢰연은 7월 16일에 각각 시행되었다. 친영은 부마가 공주궁에 가서 전안(奠雁)을 하고 신부를 맞이해서 오는 행사로서 행사의 하이라이트이다. 이날 부마는 먼저 궁궐을 방문하여 왕과 왕비를 비롯하여 처가 식구들에게 각기 배례를 시행하였다. 대전과 중궁전에는 사배례를 시행하였고, 세자와 세자빈에게는 재배례를 시행한 것이다. 부마가 공주방에 도착하여 성식(盛飾)한 공주와 함께 술 한잔을 받고, 부마가 산 기러기를 주인의 안내에 따라 당의 서쪽 계간(階間)으로 올라가서 땅에 내려놓는다.

전안이 끝나면 공주는 주부의 왼쪽에 가서 주인과 주부의 경계하는 말을 듣고 나온다. 공주가 나올 때 부마는 공주와 함께 출발한다. 이날 공주의 친영행렬에는 우참찬 한치응(韓致應) 등 7인이 함께 움직여 신랑 측과 신부 측의 참여하는 인원이 달리 나타나고 있다. 실제로 양자가 친영에 참여하는 인원은 부마 쪽의 경우 49명, 공주 쪽이 85명으로 나타나고 있어 후자가 거의 2배에 이르고 있다.

공주 궁에서의 친영이 끝난 후 부마 궁으로 돌아오는데, 여기서 동뢰연(同牢宴)이 실시되었다. 도착하면 부마는 공주를 영모도(翎毛圖)가 그려진 동뢰연상이 있는 곳으로 나가게 하는데, 이곳에서 교배례(交拜禮: 초례상 앞에서 신랑과 신부가 절을 주고받는 절차)를 시행했다. 공주가 서쪽에서, 부마가 동쪽에서 각각 답배를 했다. 이후에 각각 방석에 앉아 두 번째 잔의 술을 마시고 세 번째 잔을 근배(졸盃)로 마셨다. 이상의 동뢰연이 끝나면 정식으로 혼인식이 마쳐지는 것이다.

이러한 직접적인 혼인식 외에 혼인 후에 시행되는 여러 가지 조처가 있었다. 공주가 혼례 다음 날에 시행하는 현고구례(見姑舅禮)는 처음으로 시부모에게 인사를 드리는 일이며, 시댁의 사당을 알현하는 견사당례(見祠堂禮)는 7월 18일에 거행되었다. 그리고 궁궐에 가서 친정 식구들에게 인사를 드리는 조근례(朝覲禮)는 7월 19일에 시행되었다. 이날 부마는 대전과 중궁전에 나가 4배를 올리고 세자전과 세자빈전에 재배를 올림으로써 왕실에 대한 인사를 시작하였다. 이상의 과정이 끝나는 7월 20일에 가례청(嘉禮廳)에서 당시 행사에 참여했던 인물들의 명단을 정리한 단자가 들어오면 이들에게 각기 포상을 실시하였다.

이상의 혼인식 과정을 살펴볼 때 다음과 같은 특징이 드러난다. 첫째 명온공주의 가례절차에서는 분명하게 국왕과 부마가의 차별성을 드러내고 있다. 순조는 비록 공주의 부친이었지만 혼례과정에서 드러나지 않았다. 혼례과정에서 순조를 대신한 사람은 종친의 연장자였던 완성군(完城君) 이희(李爔)였고 반대로 그를 상대하는 신랑 측 인물은 아버지인 김이양(金履陽)이었다. 그렇지만 가례과정에서 채서와 복서를 검토하여 보내는 것은 순조의 몫이었다.

둘째는 부마와 공주 사이의 지위에도 차별성을 드러내고 있다. 조선의 가례절차에는 남성우위의 내용이 포함되어 있었지만 이곳 부마와 공주 사이의 혼인에는 그런 것이 없었다. 양자 사이의 차별성을 살펴보면 공주의 경우 부마보다 훨씬 많은 인원이 동원되어 있었으며, 조정의 고위관리 역시 공주를 둘러싸고 움직이는 형태였다. 양자의 관계는 분명히 부부사이였지만 왕실의 가족 구성원인 공주가 사대부의 출신인 부마보다 높아 보였다. 공주는 왕녀출신으로 품계가 정 1품보다 높은 무품(無品)이었지만 부마는 처음에는 종 1품을 받았다가 나중에 정 1품으로 상승하였다. 관품으로는 공주와 필적할 수가 없는 존재였던 것이다.

위의 4가지 자료를 제외한 나머지에는 공주의 자료는 없고 옹주의 가례에 대한 것이다. 먼저 『화순옹주가례등록(和順翁主嘉禮謄錄)』인데 그녀는 1720년 영조와 정빈 이씨와의 사이에서 태어난 자식이다. 1731년부터 10월 20일에 금혼령이 내린 이후부터 1732년 12월 5일까지의 일정을 편년체로 쓴 부분과 글의 성격에 따라 제목을 붙인 경우로

등록은 나누어진다. 이 당시에는 부마의 간택을 피해서 조혼을 한다고 비판하는 내용이 자세히 써져 있었는데, 결국 판돈녕(判敦寧) 김흥경(金興慶)의 아들 김한신(金漢藎)이 배필이 되었다. 김한신은 월성위(月城尉)로 임명되었다. 등록은 홀기(笏記)와 의주(儀註)를 비중있게 다루어서 영조 재위기의 많은 가례들과 비교되고 있다.

다음은 『화평옹주가례등록(和平翁主嘉禮謄錄)』인데 이것은 1738년(영조 14)에 영조와 영빈 이씨의 소생인 화평옹주와 박명원(朴明源)의 가례에 대한 기록이다. 이 책은 목차가 없으며 납채, 납폐, 명복내출, 친영일을 따로 표시했다. 2월 18일 초간택부터 2월 30일에 삼간택을 시행함으로써 여기에서 간택된 박명원을 금성위(錦城尉)로 봉하였다. 4월 6일 납채로부터 납폐, 명복내출을 거쳐 4월 21일에 친영을 하였으며, 4월 22일 가례청에서 단자를 올려 이번 행사에 대하여 성적을 매겨서 등록청(謄錄廳)을 구성하였다. 이 등록은 각사나 담당관원이 맡겨진 임무를 제대로 수행하도록 갖가지 방법이 동원되고 있다.

다음은 『화협옹주가례등록(和協翁主嘉禮謄錄)』이다. 1743년(영조 19) 영조와 영빈 이씨 소생인 화협옹주와 신광수(申光綬)의 가례에 대해 쓴 등록이다. 이 등록은 편년체로 쓴 부분과 항목에 따라 쓴 부분으로 구성되어 있었다. 1743년 2월 21일 11세부터 13세까지를 금혼(禁婚)하도록 의논하였는데, 초간택은 75명으로, 재간택은 3명으로 결정하였으며, 결국 신광수를 부마로 결정해 영성위(永城尉)로 위호를 정했다. 납채는 윤 4월 25일에 시작하고, 납폐, 명복내출을 거쳐 친영이 5월 2일에 시행하였다. 이 등록에서는 관례를 치루지 않은 신랑 집을 위해 가례를 혼례에 흡수되는 경향이 보여 이 부분에 상당 양이 할당되었다.

네 번째는 『화완옹주가례등록(和緩翁主嘉禮謄錄)』인데, 1749년(영조 25) 영조와 영빈 이씨와의 소생인 화완옹주와 정치달(鄭致達)의 가례 행사를 기록한 것이다. 이 등록은 1749년 정월 1일부터 7월 8일까지의 기록을 적은 것이다. 1월 1일에 전교를 내려 1월 12일 부마의 초간택을 시행하고자 11살~13살의 총각단자를 올리게 했다. 초간택 70명, 재간택 10명이 올라왔으며, 3월 4일 삼간택에서 정치달이 최종 결정되었다. 관상감의 첩정에 의하면 납채는 6월 5일부터 시작하여 납폐와 명복내출이 있었고, 친영이 7월 6일에 시행되었다. 당시 황해감사에게 부마와 옹주가 동뢰연에 쓰는 '이성지합만복지원(二姓之合萬福之源)'이라는 영조의 글씨를 명칭으로 옷감을 직조하게 하였다.[20]

이상과 같은 기록물 외에 남아있는 것은 1753년(영조 29)에 제작된 영조와 귀인 조씨의 소생인 화유옹주(和柔翁主)와 황인점(黃仁點)간의 가례등록이 있고, 1765년(영조 41)에 영조와 숙의 문씨 소생인 화길옹주(和吉翁主)와 구민화(具敏和)의 가례등록, 1804년(순조 4) 정조와 수빈 성씨의 소생인 숙선옹주(淑善翁主)와 홍현주(洪顯周)의 가례등록, 1872년(고종 9) 철종의 딸 영혜옹주(永惠翁主)와 박영효(朴泳孝)의 길례에 관련된 항목이다. 마지막 것만은 가례가 아닌 길례로 표시했지만 실제의 내용은 가례의 의식임을 말하여 주고 있는데, 왜 길례로 했는지는 그 이유가 분명치 않다.

4. 죽음

인간은 누구나 태어나서, 현세에서 살다가 저 세상으로 훌쩍 떠나간

---

20) 이상의 내용은 노혜경, 『장서각소장등록해제』, 2002에 「화순옹주가례등록」, 「화평옹주가례등록」, 「화협옹주가례등록」, 「화완옹주가례등록」 등이 실려 있다.

다. 그것은 노비라 해서 다를 것이 없고 우리의 주제인 공주도 마찬가지이다. 이제 결혼한 지 얼마 되지 않아서 공주가 저 세상으로 먼저 떠난 경우 그 배우자인 부마는 여지없이 조선시대 뭇 여성들이 했던 것처럼 수절을 해야 한다. 비록 공주의 배우자가 생각한 것 이상으로 똑똑한 경우에도 그 역시 마찬가지였다. 그에게는 과거를 통해 자신의 능력을 서서히 성취할 수 있는 이른바 '넘어설 언덕'이 없었다. 결국 공주의 배우자는 그녀에게 맞추어 살아야 한다는 사실을 기반으로 생을 살아야 했다.

명온공주(明溫公主)의 경우 그 생애를 전반적으로 알 수 있다. 그녀는 1810년(순조 10) 10월 13일에 태어나서 1832년(순조 32) 6월 13일에 사망하였다. 그녀의 어머니는 순원왕후(1789~1857)로 김조순의 딸이다. 순원왕후는 자식을 5명 낳았는데, 1809년 큰아들인 효명세자를 낳고, 다음해에 명온공주를 낳았다. 사실 명온공주에 대한 상례를 알 수 있는 기록은 그의 사후에 정리된 '『명온공주방상장례등록(明溫公主房喪葬禮謄錄)』'의 내용을 검토한 경우다. 이 경우를 제외하면 자세한 기록을 남긴 경우가 드문데, 본문에서는 이와 관련되어 작성된 논문을 참고하여 명온공주의 생애를 정리하고자 한다.[21]

명온공주는 8세인 1817년(순조17)에 '명온(明溫)'이라는 봉호를 받았고, 6년 뒤인 14세에 동갑내기인 동녕위(東寧尉) 김현근(金賢根)과 혼인을 하였다. 김현근은 부친이 공조판서인 김한순(金漢淳)이고, 조부는 이조판서 김이양(金履陽)으로 본관이 안동이었다. 당시 명온공주는 1살 위인 효명세자와 우애가 매우 돈독하였는데, 효명세자가 그녀에게

---

21) 이하의 서술은 이현진, 「순조의 장녀 명온공주의 상장의례」, 『조선시대사학보』 56, 2011를 참조하였다.

'매란여사(梅蘭女史)'라고 가호를 주기도 하였다. 공주가 가례를 치른 이듬해에 출합하자, 세자는 출합한 지 이틀 뒤 공주의 사제(私第)에 가기도 하였고, 순조를 대신하여 함흥(咸興), 영흥(永興)의 본궁에 제사를 나갈 때 공주의 집에 들르기도 하였다.

공주는 몸이 매우 여위어서 입고 있는 옷을 이기지 못하여 힘들어 했고, 평소에도 질병을 갖고 있었다고 한다. 그런 상황에서 1830년(순조 30)에 효명세자가 죽자 그 징후가 더욱 심해졌고, 2년 뒤에 여동생 복온공주가 죽었다는 말을 듣자 병세가 약화되어 드디어 일어나지 못하고 6월 13일에 죽었다고 한다.22)

6월 13일에 죽은 뒤에는 그 시신을 목욕시키고, 그 후에 습(襲), 반함(飯含), 소렴(小殮) 등의 상례절차에 필요한 단계를 시행하였다. 15일에는 그 시체를 관에 입관을 하고, 대렴(大殮), 성빈(成殯) 등을 시행하였다. 죽은 지 3일째인 16일에는 초상을 치루는 자들이 상복으로 갈아입는 성복(成服)을 하고, 아침저녁으로 상식(上食)을 하였다. 7월 1일에는 관위에 상(上)이라는 글자를 쓰고 이틀 뒤에 결과(結裹)하였다. 7월 14일에 장지(葬地)를 숭신방 종암리로 선정하고, 8월 11일 외관을 내리고 다음날에 계빈(啓殯)과 그 다음 날에 견전(遣奠)을 이어서 시행하였다. 8월 14일에 발인(發引) 하였으며, 15일에 하관(下棺), 입주전(立主奠), 반우(返虞)를 하고 초우제(初虞祭)를 시행하였다. 17일에는 재우제(再虞祭)를 시행하고, 18일에 삼우제(三虞祭)를 시행하고, 19일에 졸곡제(卒哭祭)를 시행하였다. 20일에는 부제(祔祭)를 지냈다. 다음해에는 첫번째 기일인 6월 13일에 이르러 대상을 치르고 이어서 신주를 감실에

---

22) 『순조실록』 권 32 순조 32년 6월 13일(무자).

봉안하면서 장례를 끝냈다.

공주가 결혼생활을 시작한 기간은 9년간에 불과했는데, 그 시기에 다른 자식은 없었고, 때문에 그녀가 죽었을 때 김병삼(金炳三)이 입양되어 후사가 되었다고 한다. 그의 무덤은 다른 형제들 곁에 있는 양주 종암부유지원(鐘巖負酉之原)에 마련되었다. 반면에 그녀의 장례를 치른 뒤 37년이 지나서야 동녕위인 김현근이 죽었고, 2년 뒤에야 그는 공주의 무덤에 합장되었다고 한다.

그런데, 공주나 옹주의 죽음은 기록상으로 볼 때 어린 나이였거나 또한 나이가 먹어서 사망할 때보다는 젊은 시절에 일어날 경우 좀 더 많은 슬픔을 가져오는 것 같다. 영조는 화평공주가 22살이라는 꽃다운 나이에 사망하자 가슴이 메어지는 듯 슬픔에 겨워하고 있다.

> 상이 태묘에 전배(展拜)하고 환궁할 때 지나다가 화평옹주의 상(喪)에 들른다 하니, 대신과 약원(藥院)에서 간쟁하였다. 상이 수레를 탈 때 눈물을 흘리고 가슴을 치면서 말하기를, "경 등이 필히 간쟁하려 한다면 모름지기 원직(院直)하게 하겠다." 하자, 대신이 감히 간쟁하지 못하고 물러났다. 금성위 박명원(朴明源)이 땅에 엎드려 죄줄 것을 청하니, 임금이 노하여 꾸짖기를, "네가 나를 부옹(婦翁)으로 여긴다면 어찌 감히 그럴 수 있겠는가?" 하였다. 대가(大駕)가 옹주의 집으로 들어갔는데, 초경(初更)에 이르러 정원·옥당·내국과 시임 대신·원임 대신이 품계(稟啓)하자 환궁하였다.[23)]

위의 기사에서는 슬픔에 젖어 있는 영조의 모습을 볼 수 있겠다. 죽은 화평옹주의 상에 가려고 했을 때 대신과 약원에서 이를 가로 막았는

---

23) 『영조실록』 권 68 영조 24년 7월 3일(을유).

데, 이때 눈물을 흘리며 헤쳐 나가려 하고 있는 것이다.

그런데 공주의 상장 관련 기록이 상당히 드문 상황에서 법전에 마련된 몇 가지 규정이 지켜졌는지 살펴보아야 할 것이다. 『경국대전』에 규정된 '공주는 예장(禮葬)하며 졸서(卒逝)한 지 3개월 만에 장례를 치른다'는 내용은 대체로 3개월 내외기간에 예장했기 때문에 준수되었음을 알 수 있다.

『경국대전』의 또 다른 규정은 '종친이나 대신이 죽으면 왕에게 보고하고 조회하지 않는다.'는 것인데, 이 부분은 좀 애매한 면이 있다. 이미 태종의 딸인 정선공주(貞善公主)나 세종의 딸인 정소공주(貞昭公主) 등이 죽었을 때 3일 동안에 조회를 보지 않았다. 그러다가 1482년(성종 13)에 덕종의 딸이었던 명숙공주(明淑公主)가 죽었을 때, 대신들이 신구의 대전에 이에 대한 규정이 없다고 하여 군신간에 논의한 끝에 3일간으로 조회를 폐하기로 하였다. 이상과 같은 결정은 죽은 사람 본인이 공주이기 때문인 것으로 보이는데, 그러나 옹주의 경우에도[24] 같은 애도의 기간이 설정되어 있었다. 이후 현종 때의 숙녕옹주(淑寧翁主)와 숙종 대에도 공주들이 죽었을 때 일반적으로 3일간의 조회는 잘 시행되지 않았다. 그래도 죽은 공주에게 3년의 녹봉을 더 주었다는 기록이 종종 나오고 있다.

한편 『국조오례의』에는 공주를 위해 거애하는 절차가 설정되어 있고, 왕과 왕세자가 공주의 집에 가서 곡하는 절차나 왕이 사자를 파견하여 조문하고 치전(致奠)하는 절차 등이 수록되어 있었다. 사실 이중에서 왕이나 왕세자가 공주의 상에 가서 거애하는 모습은 종종 확인되고

---

24) 『세조실록』권 26 세조 7년 10월 16일(임오).

있다. 이중에서 명안공주의 상사가 있자 숙종이 희정당에서 거애하는 모습을 보인 것과[25], 4일 동안 소선(素膳)을 하라고 명한 사실, 그리고 상차(喪次)에 친히 행행(幸行)할 절차를 『국조오례의』의 의식대로 명하면서 자신이 직접 명안공주의 집에 행행하여 상차에 나아가 슬픔이 다하도록 곡을 하고, 또 녹봉(祿俸)을 3년 동안 실어 보내도록 명하였던 사실은[26] 친여동생에 대한 숙종의 애틋함을 나타낸 것이라 하겠다.

  그런데 명안공주가 죽고 나서 장지(葬地)를 정하는 데에 논란이 발생하였다. 현종의 세 딸은 명선공주, 명혜공주, 명안공주 등이었는데, 모두 명성왕후 김씨의 소생으로 숙종의 친동기간이었다. 이중에 명선공주와 명혜공주는 일찍 죽고 명안공주만이 장성하였는데, 1680년(숙종 6)에 오태주(吳泰周)와 혼인하였다. 숙종은 유일한 여동생인 명안공주를 끔찍이 아꼈는데, 그러나 그녀는 21살의 나이로 요절하게 되었다. 이에 위에서 본 바와 같이 장례를 치를 때 애틋함을 나타내었고, 아울러 죽은 당일 날 장지(葬地)를 양주의 서면 염산(廉山)에 정하도록 명하였다. 그런데 염산이라는 지역은 서울에서 10리 이내인 금표(禁標) 안의 땅이므로 특별히 세조의 딸인 의숙공주(懿淑公主)를 양주 개좌동(价佐洞)에 장사하도록 한 옛일을 인용하면서 이곳에 장지를 정하도록 명을 내렸던 것이다.[27] 이에 승정원은 법에 의하여 장지를 정하자고 논쟁을 하였지만 왕이 말을 듣지 않았다. 사흘 뒤에 이르러서는 옥당(玉堂)에서 김만길(金萬吉), 황흠(黃欽), 김성적(金盛迪) 등이 차자(箚子)를 올려 서울과 가까운 염산에 장지를 정하지 말고 법에 따라 다시 장지를

---

25) 『숙종실록』 권 18 숙종 13년 5월 16일(계사).
26) 『숙종실록』 권 18 숙종 13년 5월 17일(갑오).
27) 『숙종실록』 권 18 숙종 13년 6월 16일(임술).

정하도록 하자고 청하였다.28) 그러자 숙종은 차자의 세부적인 표현이 적절치 못하다고 화를 내며 옥당의 여러 신하들을 모두 삭탈관직 하도록 명하였고, 이에 승정원의 신하들이 다시 이를 청대하여 아뢰니 모두 파직하도록 하였다.29)

그렇지만 이러한 숙종의 뜻과는 달리 신하들은 명안공주를 금표(禁標) 안에 장사하도록 윤허한 왕명과 김만길 등을 파직하도록 한 왕명을 거두도록 청했고, 결국에 계속된 대신(臺臣)의 논계(論啓)가 있자, 명안공주를 광주(廣州) 월곡(月谷)에 장사하도록 하였다.30)

---

28) 『玉吾齋集』권 5 疏箚 請寢公主葬山近定之命箚.
29) 『숙종실록』권 18 숙종 13년 6월 19일(을축).
30) 『숙종실록』권 18 숙종 13년 6월 21일(정묘).

4장

공주·옹주의 정치 참여

1. 공주·옹주의 궁중출입

왕이 자식을 낳으면 아들의 경우 중궁의 소생이면 대군(大君)이라 부르고 후궁의 소생은 군(君)이라 불렀다. 반면에 딸을 낳으면 중궁의 소생은 공주라 부르고, 후궁의 소생은 옹주라 칭하였다. 대군이나 군의 경우 왕의 대통을 잇는다는 문제 때문에 상당히 조심스럽게 접근하고 있었으나 공주(옹주)의 경우 그러지를 못하였다.

왕비나 후궁이 임신을 해서 출산을 앞두고 있다면 산실청(産室廳)이나 호산청(護産廳) 등이 설치된다. 산실청은 도제조에 영의정, 제조에 예조판서, 부제조에 도승지로 이루어진 경우가 많았고, 제조 이외에도 의관, 내의, 의약 등이 선발되어 움직였다. 반면에 호산청은 산실청 보다 규모가 작았지만 조선후기에는 후궁 소생의 아들이 왕으로 즉위하는 경우가 많아 이 또한 중요하였다. 이들 기관의 임무는 그 구성원이 왕비와 후궁의 출산에 관련된 중요한 일, 즉 진맥을 하고 약을 정하는 역할을 수행하였다. 평상시에는 임산부를 살피고 문제가 있으면 신속히 대처하였던 것이다. 그러다가 출산일이 다가오면 매일 문안을 드리다가 드디어 출산일에 아기를 순산하였다. 아기를 출산한 후 별다른 문제가 없으면 7일 정도 지날 경우 산실청(호산청)은 임무를 다하여 폐지되었다.[1]

그런데 산모가 어린애를 낳는 것은 전근대 사회에서는 늘 위험한 일로 간주되었다. 일반 사가의 경우는 말할 것도 없고 왕실에서도 이 위험은 늘 도사렸다. 1515년(중종 10)에 두 번째 계비인 장경왕후(章敬王后)가 원자를 낳은 지 5일 만에 사망한 일이나[2] 1635년(인조 13) 첫 번째 부인인 인열왕후가 아이를 낳은 지 4일 만에 죽은 것[3] 등은 모두 출산 후에 산모가 그 후유증을 이기지 못한 것이다. 출산과정에서 왕비나 후궁이 사망을 하거나 낳은 아이가 일찍 죽는 것은 다반사였다.

왕실에서 아이가 태어나면 그가 남자이던 여자이던 상관없이 가장 먼저 한 일은 유모의 선발이었다. 이 유모는 각사(各司) 노비 중에서 구하는 것이 일반적인데, 왕세자의 유모를 3일 만에 구하도록 경전에서는 규정하고 있지만 실제로는 아이가 태어나면 바로 유모를 구하였다. 사실 왕비가 새로 태어난 아기에게 젖을 먹이는 경우는 거의 없어 왕비의 역할은 출산까지로 한정되었고 육아는 유모에게 맡겨지는 것이다. 이러한 유모들 중에는 그 아이가 커서 나중에 즉위할 경우 봉보부인(奉保夫人)이라는 종 1품직에 임명되었다. 물론 공주나 옹주의 경우에는 봉작이 가해지는 경우가 없었다.

---

1) 이순구, 「아이를 낳고 기르다」, 『조선의 왕비로 살아가기』, 2012, 124~126쪽.
2) 『중종실록』 권 21 중종 10년 3월 2일(기미).
3) 『인조실록』 권 31 인조 13년 12월 9일(을유).

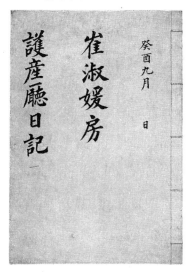
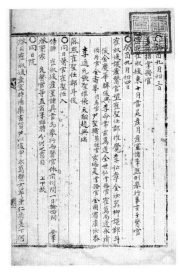

공주나 옹주는 커갈 때 별궁에서 생활하였던 것 같다. 아버지와 어머니의 주거지는 강녕전과 교태전으로 규정되었고, 그곳은 어린 아이의 침소가 아니었기 때문이었다. 그런데 조선초기에는 태어난 아이들이 궁궐 밖에서 생활한 경우가 꽤 많았다. 아이가 크면서 아프거나 하면 피병(避病)의 차원에서 궁궐 밖 사가의 집에서 생활하였기 때문이었다. 이렇게 자라난 아이가 나이 10세 정도가 될 경우 이제 혼인이라는 문제에 직면하게 된다.

공주나 옹주의 혼인 연령은 대체로 보면 10세에서 13세였던 것으로 파악된다. 중종 때 문정왕후의 딸인 의혜공주(懿惠公主)는 한경록(韓景祿)과 만 10세에 결혼하였고, 태종의 딸인 정선공주(貞善公主)는 13세에 15살인 남휘(南暉)에게 시집을 간 경우가 있었다. 그렇지만 이보다 늦게 문종의 딸인 경혜공주(敬惠公主)는 16세인 세종 32년(1450)에 정종(鄭悰)에게 혼인을 하였다. 이때에는 세종의 몸이 안 좋은 상태에서 더 늦추면 세종의 국상으로 혼인을 할 수 없었기 때문에 서둘러 혼인을 하도록 결정하였고, 혼인의 시기는 아버지 문종의 재위 기간이었다. 그런데 조선시대 가장 늦은 나이에 혼인을 한 공주는 선조의 계비인 인목대비의 딸인 정명공주(貞明公主)였다. 정명공주는 선조가 말년에 얻은 딸인데, 선조가 죽고 광해군이 즉위한 후 이어 벌어지는 왕위계승과 연관된 상황 아래 당시 살벌했던 궁궐 분위기속에서 시집을 갈 엄두를 못 냈다. 그러다가 인조반정이 일어나자 인조정권이 급하게 서둘러서 가례를 치르게 하였다. 당시 시집을 갔던 정명공주의 나이는 21세였고, 부마는 3살 연하인 홍주원(洪柱元)이었다. 이때 부마단자를 접수했을 때 공주의 나이가 너무 많아 마땅한 사람이 없었다고 한다.

결혼 할 때 공주와 부마는 시댁으로 들어간 것이 아니라 별도의 집을 새로 마련하였다. 공주와 부마의 관련 기사 중에 가장 많은 것이 이러한 유형인데, 집을 처음에 마련하는 기사 뿐 아니라 증축, 확장에 이르는 광범위한 내용을 포함하고 있다.

> 호조에서 아뢰기를, "명안공주의 집터로 합당할 만한 곳을, 본조의 낭관을 보내 측량해 보니, 모든 집을 통합하면 1,826칸이 됩니다. 일찍이 선조(先朝)에 있어서 공주의 집터는 모두 1,600칸으로 정하였습니다. 지금 이곳을 측량하니, 전례에 비해서 더해진 것이 226칸에 이릅니다. 마땅히 헤아려서 줄일 방법이 있어야 하겠습니다."하니, 명하기를, "선조의 법식으로 정한 칸수에 따라 거행하라."하였다.4)

---

4)『숙종실록』권 9 숙종 6년 7월 1일(무자).

명안공주(明安公主)는 현종의 셋째 딸로, 이미 첫째와 둘째의 딸이 일찍 죽었기 때문에 그 아들 숙종에게는 유일한 동모제(同母弟)여서 왕이 끔찍하게 아꼈다. 위의 기사에서 호조는 명안공주의 집터가 너무 넓게 책정되었다고 비판하였고, 왕이 전례대로 하라고 하였다. 이러한 공주(옹주)의 집은 처음부터 국가의 공역으로 지어졌다. 당시 도방군(到防軍)의 전체 액수를 명안공주의 집을 조성(造成)하는 곳에 보내도록 명하거나[5] 또는 이번에 번(番)을 들어온 방군(防軍) 전원을 집을 짓는 데 보내도록 한[6] 숙종의 명이 그러하였다. 따라서 이 때문에 공역(工役)이 방대해졌다는 평가가 나온 것은[7] 충분한 이유가 있었다.

특히 인조대에 정명공주에게 내린 땅은 막대한 크기였다. 임진왜란을 겪으면서 과전법이 완전히 무너져 국가에서는 절수(折受)라고 하는 황무지나 묵은 땅을 개간하도록 하는 제도를 썼는데, 정명공주에게 내려준 절수지는 대략 1만결에 가까웠다. 정명공주는 선조의 계비인 인목대비의 딸로서 인조는 인목대비에게 효성을 다한다는 입장에서 아낌없이 땅을 내렸던 것이다. 후대인 1728년(영조 4)에 박문수가 조사한 것에 의하면 정명공주의 땅은 경상도에만 8,076결이나 되었고 기타 지역에도 상당히 많이 있었다.[8] 이를 현대의 넓이로 환산하면 8,076결은 5,140만평에 이른다고 평가되었다.[9]

이렇게 공주가 부마와 결혼을 한다 하더라도 모두가 다 결혼식을 거행하고 금방 궁궐을 나가 신혼집으로 향하는 것은 아니었다. 결혼 당시

---

5) 『숙종실록』 권 11 숙종 7년 5월 23일(을해).
6) 『숙종실록』 권 13 숙종 8년 5월 21일(무진).
7) 『숙종실록』 권 10 숙종 6년 8월 3일(기미).
8) 『승정원일기』 영조 4년 7월 23일.
9) 신명호, 『조선공주실록』, 역사의 아침, 2009, 124~125쪽.

공주의 나이가 10세 전후라면 아직 합궁을 할 시기가 되지 않았고, 또 왕의 개인적인 성격에 따라 상당기간 궁에서 공주와 부마가 살았던 경우도 있었다. 예컨대 인조와 후궁인 조귀인(趙貴人)의 딸인 효명옹주(孝明翁主, 1637~1700)는 병조호란이 발생한 다음 해에 출산하였는데, 인조는 그녀를 어여삐 여겨 부마인 김세룡(金世龍)과 함께 2년 간 궁중에서 살게 했던 것이다.10) 또 영조의 경우에는 정빈 이씨의 딸 화순옹주(和順翁主)를 사랑하여 그녀가 1732년(영조 8)에 월성위인 김한신(金漢藎)과 결혼했으나 왕궁에서 계속 살다가 2년 후인 1734년(영조 10)에 이르러서야 출합을 시켰던 것이다.11)

특이한 사례는 화완옹주(和緩翁主)의 경우였다. 화완옹주는 영조의 4번째 딸로 후궁인 영빈 이씨(暎嬪李氏)의 소생인데, 사도세자와는 같은 동복이었다. 공주가 없이 옹주만 있었던 영조는 화순옹주와 더불어 화완옹주에 대한 사랑이 남달랐다. 그녀는 1749년(영조 25)에 11살의 나이로 정우량(鄭羽良)의 아들인 정치달(鄭致達)과 결혼하였다. 정치달은 일성위(日城尉)로 봉작되었지만 1757년 20세의 나이로 사망을 하였고, 옹주는 졸지에 과부가 되었다. 『영조실록』에 의하면 화완옹주는 영조의 사랑을 많이 받아 아이(딸)를 해산하자 영조가 직접 옹주의 집에 거동하였을 정도였는데,12) 이제 과부가 된 옹주를 불쌍히 여긴 영조에 의해 곧 궁궐로 들어와 살았던 것으로 보인다.13)

이같이 궁중에서 산 것은 일상적인 일이 아니었고, 대부분 혼례를 하

---

10) 『인조실록』 권 50 인조 27년 4월 19일(정미).
11) 『영조실록』 권 38 영조 10년 8월 20일(계해).
12) 『영조실록』 권 8 영조 32년 8월 3일(기해).
13) 이왕무, 「세자와 형제들」 『조선의 세자로 살아가기』 돌베개, 2013, 301쪽.

면 궁 밖의 공주(옹주)방에서 살았다. 그러나 궁궐은 이들에게 친정 이상이었고, 궁궐을 왕래하여야 자신의 존재가 확실하게 드러났다. 궁궐에서는 여러 경우, 예컨대 대비나 중전에게 헌수(獻壽)를 하거나 대비의 회갑이나 칠순을 축하하거나, 왕비가 채상단에서 뽕잎을 따는 친잠의식(親蠶儀式)을 거행할 때 등 각종 축하의 연회가 있을 때 이들 공주(옹주)를 불렀다.

> 상이 본궁(本宮)으로 거둥하여 흥녕부대부인(興寧府大夫人)을 뵙고, 드디어 서교로 거둥하여 매를 놓아 사냥하는 것을 보고 돌아오다가, 모화관에 납시어 습진(習陣)하는 것을 보고는 군사들에게 술을 내렸다. 이날 중궁도 또한 본궁에 거둥하여, 흥녕부대부인에게 헌수(獻壽)하였는데, 대부인은 서향하여 북쪽으로 가깝게 흑칠답장(黑漆踏障)에 앉고, 중궁은 동향하여 남쪽으로 가깝게 주홍답장(朱紅踏障)에 앉았으며, 동궁빈은 서쪽 가장자리의 약간 뒤에 자리하였고, 의숙공주·해양대군<예종의 휘(諱)>이 또 약간 뒤에 떨어져 자리하고는, 모든 여족(女族)이 잔치에 배종하여 모시었다.[14]

위 기사는 세조가 단종의 양위를 받아 즉위한 5개월 후의 기록인데, 여기서 흥녕부대부인은 세조의 장모, 즉 정희왕후의 모친이었다. 이날 흥녕부대부인을 위하여 중궁이 본궁에 거둥하여 자리를 마련하였다. 여기에 동궁빈과 의숙공주, 해양대군 등은 각자의 자리로 나아가 앉았는데, 이때 모든 여족(女族)이 잔치를 배종했다는 기사가 눈에 띈다.

이같이 공주는 가족의 모임에서 왕을 비롯한 왕비, 세자빈 등을 자신의 윗자리로 섬겼다. 우호적인 가족 분위기를 드러내는 것인데, 그러나

---

14) 『세조실록』 권 2 세조 원년 11월 11일(임오).

다음과 같이 다른 모습을 연출하기도 하였다.

　　비국(備局)의 여러 신하를 인견(引見)하여 군국(軍國)의 모든 일을 강론했다. 상이 이르기를, "김만중(金萬重)을 오늘 성문이 열리기를 기다렸다가 내어보내게 하였는데, 반드시 지체하며 관망하려고 즉각 나가지 않을 것이다.…내가 오늘날 개탄하며 통곡하게 된 일이 있다. 이번에 정승을 더 정하려 할 때 여러 공주들이 마침 들어왔었는데, 숙명공주(淑明公主)가 묻기를, '어느 사람으로 삼았습니까?' 하기에, 내가 말하기를, '조사석(趙師錫)으로 삼았습니다.' 하니, 숙명공주가 '그 사람이 재주 있다는 것은 듣지 못했습니다.' 하고, 숙안공주는 말하기를, '조사석이 좋은 명정(銘旌)감을 얻게 되었습니다.'라고 했었다. 조정 신하의 현명한 여부를 어찌 공주들이 상관하여 그들이 말을 이렇게 하는지 내가 진실로 한심스러웠다. …이번에 김만중의 일로 인해 갑자기 이런 분부를 내리게 된 것은 대개 공주가 장귀인(張貴人)이 자전(慈殿)의 상제가 막 끝나자마자 즉각 도로 들어와 총애를 독차지함을 근심하여 여러 차례 불평하는 말을 하게 되었다. 장씨는 요망한 여인이라 이미 깊이 감정을 가지게 되었고, 공주의 집이 또한 동평군(東平君) 이항(李杭)의 집과 불화가 있었기 때문에, 상이 김만중을 노여워함을 기회로 '그가 한 말의 근거는 두 공주에게서 나온 것입니다.'라고 틈을 타 참소하고 헐뜯으므로, 상이 그의 말을 받아들여 이런 분부가 있게 된 것이다. 공주들이 두려워하여 떨며 자신을 감당하지 못하게 되고, 조신들도 또한 골육간(骨肉間)의 변이 있게 될까 염려하면서도 단지 속으로만 서로 근심하고 한탄할 뿐이었다.[15]

　위의 기사는 1687년(숙종 13) 실록에 나와 있는 내용으로 이때는 희빈 장씨가 왕의 총애를 얻었을 때였다. 숙종은 당시에 김만중을 미워했

[15) 『숙종실록』 권 18 숙종 13년 9월 13일(무자).

는데, 희빈 장씨가 '김만중이 한 말의 근거는 두 공주에게서 나온 것입니다.'라는 식으로 참소하고 헐뜯었기 때문이었다. 여기서 숙안공주와 숙명공주는 효종의 딸로서 숙종에게는 고모뻘에 해당하였지만 당시 왕에게 정치적으로 보복을 당할까봐 두려워하였다고 한다. 사관이 '골육간(骨肉間)에 변이 있을까 염려하였다'라고 말한 것은 이 당시의 살벌한 분위기를 설명한 것이었다.

2. 공주가 참여한 의례

1) 공주(옹주)의 궁중의례

『국조오례의』에는 왕실구성원인 공주가 공식적으로 행사에 참여하는 경우를 세 가지로 구분하고 있다. 첫째는 중궁이 정월·동지에 명부의 조하를 받는 의식[中宮正至命婦朝賀儀]과 중궁이 정월·동지에 명부와 모임을 갖는 의식[中宮正至會命婦儀] 등의 의식에 참여하는 것이다. 둘째는 왕녀의 하가의식(王女下嫁儀) 즉 결혼식에서 주체가 되는 의식이다. 세 번째는 국상이 일어났을 때 공주(옹주)의 행동을 규제한 의식이다. 구체적으로 옷을 갈아입고 음식을 먹지 않는 것[易服不食], 자리를 설치하고 곡하는 의식[爲位哭], 의정부가 백관을 이끌고 향을 올리는 의식[議政府率百官進香儀] 등과 같이 것이 그 예이다.

이러한 의식은 조선후기에 이르러 몇 가지 사항이 추가되었다. 왕비에게 진연하는 의식[王妃進宴儀], 대왕대비에게 진연하는 의식[大王大妃進宴儀], 삼전에 진연하는 의식[三殿進宴儀] 등이 바로 그것이다. 『국조오례의』가 편찬된 시대에도 왕비가 있었고, 또 성종 대 대비가 3명이 존재하는 경우가 있었으나 이러한 의식이 없었는데, 조선후기 영조대에 이르러 새롭게 이 의식이 제정된 것이다.

첫 번째의 경우는 왕비가 중심이 되어 시행되는 의식을 말하는데, 이때 공주는 외명부의 수장으로서 행사에 참여하였다. 의식이 진행되는 과정에서 각자가 정해진 위치가 있는데 내명부는 동쪽에 있으며 외명부는 길 서쪽에 있는데 모두 겹줄로 섰다. 이중에서 공주의 자리는 길 동쪽, 부부인(府夫人) 이하의 자리는 길 서쪽으로 되어 있다. 물론 이것 말고도 정전의 합문(閤門)밖에서 대기하면서 자리를 잡을 때(이를 문외위(門外位) 라고 한다) 역시 동쪽과 서쪽으로 구분하여 각각의 위치가 설정되어 있었다.

〈그림 2〉『국조오례의』 권 3 가례 중궁정지명부조하의

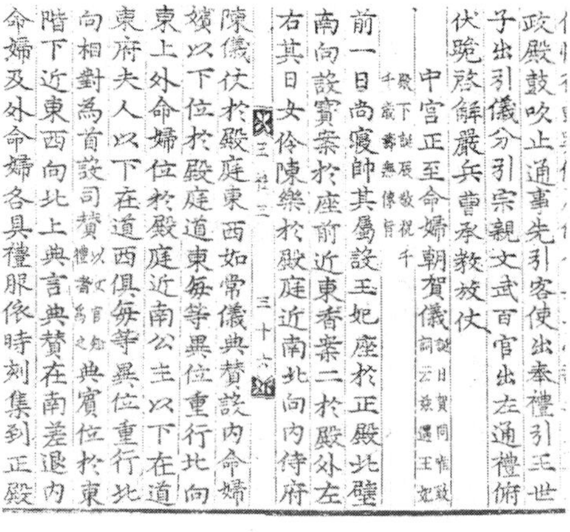
政殿鼓吹止通事先引客使出奉禮引王世
子出引儀分引宗親文武百官出左通禮俯
伏跪啓解嚴兵曹承教放仗
中宮正至命婦朝賀儀 誕日賀同惟致詞云恭遇王妃殿下誕辰敬祝千千歲壽無疆
前一日尚寢帥其屬設王妃座於正殿北壁
南向設寶案於座前近東香案二於殿外左
右其日女伶陳樂於殿庭近南北向內侍府
國朝五禮儀 卷三 三十六
陳儀仗於殿庭東西如常儀典賛設內命婦
嬪以下位於殿庭道東每等異位重行北向
東上外命婦位於殿庭近南公主以下在道
東府夫人以下在道西俱每等異位重行北
向相對為首設司賛 以女官知禮書為之 典賓位於東
階下近東西向北上典言典賛在南差退內
命婦及外命婦各具禮服依時刻集到正殿

의식이 진행되는 과정은 절을 하여 신년의 경사를 경축하는 것이 주된 것인데, 신년을 축하할 때 공주의 역할은 따로 부여되어 있다. 동쪽과 서쪽으로 내명부와 외명부가 분리된 상황에서 말을 전달하는 역할을 담당한 전언이 먼저 내명부를 대신하여 치사(致詞)를 언급하였다.

즉 "빈첩(嬪妾) 모씨(某氏) 등은 이제 새해[履新之節](동지에는 '동지의 절기[履長之節]'라고 한다)를 맞이하여, 삼가 왕비 전하께서 때와 더불어 기쁨을 같이하시길 비옵나이다."라고 한다.16) 물론 여기서 "빈첩 모씨…"라는 언급한 것은 『국조오례의』단계에서는 아직 세자빈이 어려서 이 의식에 참여할 수 없었기 때문인데, 세자빈의 연령이 찼을 때는 세자빈이 대신한다. 이에 대해 왕비는 교지를 다음과 같이 내린다. "신년을 맞는 경사[履新之慶]를 빈(嬪) 등과 더불어 함께 하노라(동지에는 '동지의 경사'라고 한다)."

이러한 상황이 끝나면 다음에 외명부가 왕비의 좌석 앞에 무릎을 꿇고 앉는데, 전언이 외명부를 대신하여 "첩(妾) 모 공주 등은 이제 새해의 절기[履新之節](동지에는 '동지의 절기[履長之節]'라고 한다)를 맞이하여, 삼가 왕비 전하(왕녀·공주가 반의 머리[班首]가 된 경우에는 전하라고 한다)께서 때와 더불어 기쁨을 같이 하시길 비옵나이다."라는 축하의 말을 한다. 이 치사가 끝나면 관리의 구령에 따라 '부복·흥·사배'라는 절하는 의식을 거행하였다. 외명부의 치사를 들은 왕비 역시 이에 대한 답례로, "신년을 맞는 경사[履新之慶]를 공주 등과 더불어 함께 하노라(동지에는 '동지의 경사'라고 한다)."라고 교지를 반포한다.

이러한 의례는 중궁이 정월·동지에 명부와 모임을 갖는 의식[中宮正至會命婦儀]에서도 비슷하게 전개된다. 의식이 준비되면 내명부의 자리를 왕비 자리의 동남쪽에 설치하고, 왕세자빈은 서남쪽에, 외명부의 자리는 왕세자빈 자리의 뒤쪽에 약간 남쪽에 둔다. 이때 공주의 자리는 북쪽에 있고, 부부인 이하의 자리는 남쪽에 둔다. 또한 절하는 자리

---

16) 『국조오례의』권 3 가례 中宮正至會命婦儀.

[拜位]를 전정(殿庭)에 설치하는데, 내명부의 자리는 동쪽, 왕세자빈의 자리는 서쪽이었다. 그리고 외명부의 자리는 왕세자빈 자리의 뒤이다.

그리고 의식이 시행되는 동안에 앞서 언급하였던 "사배(四拜)" 등의 과정에서 외명부는 내명부 및 왕세자와 동일하게 시행하지만 내명부와 왕세자빈이 각각 치사를 시행할 때 독립적인 행동을 하지 않는다. 이미 세자빈이 치사(致詞)를 올린 것에 대표성을 갖기 때문에 행동을 하지 않는 것이다. 그리고 탕을 올리거나 잔을 드는 행동을 한 후 의식은 종결된다.

조선후기에 새롭게 편입된 왕비에게 진연하는 의식 및 대왕대비에게 진연하는 의식, 삼전에 진연하는 의식은 거의 비슷한 내용으로 설정되어 있다. 다만 차이는 왕비에게 진연을 올리는 것에는 왕의 존재가 보이지 않지만, 후 2자에게는 왕이 시행의 주체가 되어 이루어진다는 것이다.

왕비에게 진연을 올릴 때 세자와 세자빈, 명부(命婦, 세자빈의 뒤 서쪽 가까이)가 그 위치에 맞도록 배치되며, 가장 중요한 의식은 두 번의 작(爵)과 9번의 잔(盞)을 올린다는 것이다. 첫 번째 작을 드리는 주체는 왕세자이고 왕세자를 대신한 관리가 "왕세자 신 모는 …삼가 천천세수(千千歲壽)를 올립니다."라고 치사를 올리는 것이었다. 그러면 왕비는 "세자와 경사를 같이 한다."라고 전지를 내린 후 작(爵)을 든다. 두 번째 작은 왕세자빈이 올리며, 이때 "왕세자빈 모씨…삼가 천천세수(千千歲壽)를 올립니다."라고 치사를 드린다. 그러면 왕비는 "세자빈과 경사를 같이 한다."라고 전지를 내린 후 작(爵)을 든다. 두 번의 작을 올린 후 별행과(別行果)를 바치고, 꽃을 나누어 주며, 탕을 바치면 9잔이 올라간다. 1잔은 역시 왕세자가, 2잔은 왕세자빈이, 3잔은 명부가, 4잔은 왕자가 올리는 방식이었다.

이상과 같이 왕비의 진연과 달리 대왕대비와 삼전에 대한 진연은 왕대비와 왕, 왕비가 참석해서 의식을 거행한다는 점이다. 이때는 왕대비, 왕과 왕비는 옷을 갈아입고 나오는데 각각의 좌석이 마련되어 있다. 공주를 비롯한 명부는 왕세자의 뒤쪽에 자리를 마련하였다. 의식의 시행 역시 왕비의 진연보다는 좀 더 복잡하게 진행되었다. 먼저 작을 들 때 그 횟수는 왕대비, 전하, 왕비, 왕세자, 왕세자빈과 같이 5작에 이르고, 각각 "…삼가 천천수수(千千歲壽)를 올립니다."라고 치사를 하면 대왕대비는 "왕대비와 경사를 같이한다."라고 교지를 내린다. 그런 다음에 1잔은 왕대비, 2잔은 전하, 3잔은 왕비 등과 같이 9잔을 각각 받고 있는 것이다. 이런 다음 과정에서 공주를 비롯한 내명부는 각각의 술잔을 드리고 있다.

다음으로 대비의 육순(六旬) 이상의 경축일 즉 대비의 진찬의례(進饌儀禮)에 축하인으로 들어가는 경우이다. 왕비와 대비에 대한 축하연은 조선전기에도 종종 있었겠지만 후기에는 그 기록이 의궤의 형태로 남아 있어 자세히 살펴볼 수 있다. 예컨대 1630년(인조 8)에 선조의 계비인 인목대비에게 장수를 기원하여 풍정(豊呈)을 올린『풍정도감의궤』, 1809년(순조 9)에 정조의 생모인 혜경궁 홍씨의 관례(冠禮) 6순을 기념하여 시행하였던『혜경궁진찬소의궤(惠慶宮進饌所儀軌)』, 1848년(헌종 14) 순조의 비인 대왕대비였던 순원왕후의 육순을 기념한『무신진찬의궤(戊申進饌儀軌)』, 1887년(고종 24년) 익종(翼宗)의 비인 신정왕후(神貞王后)의 팔순을 경축하여 베푼 진연을 그린『정해진찬의궤(丁亥進饌儀軌)』등이 그러한 사례이다. 다음의 <그림 3>와 <그림 4>는 그러한 진찬의례의 일부를 따온 것이다.

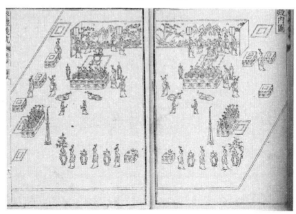

순조 27년 효명세자 대리청정시 원자출생을 기념하여
순조 내외에게 존호를 올리고 자경전에서 술잔을 올린 과정을 그린 것이다.

〈그림 4〉 무신진찬의궤

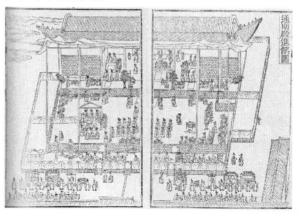

현종 14년 창경궁 통명전에서 대왕대비 순원왕후(순조비)의
육순을 기린 진찬의 전말을 수록한 것이다.

　이러한 풍정(진찬)의궤는 흥겨운 잔치를 펼치기 때문에 여러 가지의
볼거리가 많았다. 이 의식들은 여성이 주체가 되어 시행된 의식으로 의
식의 내용에서도 여성이 남성보다 월등히 숫자가 많았고, 무엇보다도

여성의 노래와 춤[歌舞]이 펼쳐진다는 사실이다. 『풍정도감의궤』에 따르면 가무는 왕으로부터 세자빈에 이르기까지 시행되는 헌작에서의 과정에서 시행된다. 악관(樂官)이 태평을 기원하는 음악을 연주하는 동안에 정재기생(呈才妓生) 6명으로 구성된 무용단이 그에 맞추어 춤을 추고 있다.

그리고 음식의 재료와 규격을 기록한 찬품(饌品)과 꽃 장식에 관한 채화(彩花) 등 여타 제사와 의례에서 볼 수 없었던 내용이 들어가 있었다. 아울러 중앙 북쪽에 위치한 대비의 위치는 잔치상으로 풍성하게 준비되었고, 바로 밑에 왕과 왕비의 배위가 따로 설치되어 있어 대비가 이날의 주인공임을 드러낸다. 아울러 대비의 바로 밑에 왕과 왕비가 좌우로 자리잡고 있는데 여기에도 마찬가지로 잔치상이 배치되어 있었다. 그 밑의 자리에는 세자와 세자빈 그리고 정명공주를 비롯한 외명부가 배치되어 있으며, 이들의 머리에는 꽃들이 꽂혀져 있었다.[17] 또한 『혜경궁진찬소의궤』에 따르면 치사에서는 왕과 왕비, 좌우명부, 의빈, 척신 등 축하의 글들이 실려져 있었고, 또 명부, 의빈 등이 혜경궁에게 재배할 때 헌가에서는 <낙양춘>을 연주하였다고 한다.[18]

또 하나의 중요한 의식은 조선시대 농상(農桑)의 의식을 펼쳤던 선잠제(先蠶祭)에서의 사례이다. 원래 '친잠(親蠶)'은 왕비가 친히 누에를 치는 행위를 말하고, '선잠'은 인간에게 처음 누에치는 법을 가르켰던 서능씨(西陵氏)를 제사하는 것이었다. 그런데 제사를 지내던 선잠단은 궁밖의 북서쪽에 따로 제단이 있었고, 궁궐에서 왕비가 채상(採桑)을 하던 장소는 창덕궁으로 양자가 서로 맞지 않았다.

---

17) 『풍정도감의궤』(인조, 1603)
18) 『혜경궁진찬소의궤』(순조, 1809)

〈그림 5〉 친잠의궤

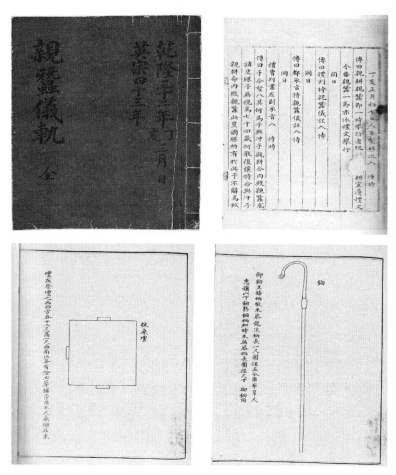

영조 43년에 계비 정순왕후 김씨가 시행한 선잠례와 친잠례의 전체과정을 적은 기록이다.

왕비의 친잠이 처음 시행된 것은 1475년(성종 6)에 친경(親耕) 즉 선 농단(先農壇)에서 왕이 제사를 지내고 적전(籍田)에서 밭을 갈고 난 이 후 농상(農桑) 일체를 내세워 왕비의 친잠이 모색된 것에 기원하였다. 그 결과 2년 후에 왕비가 내명부와 외명부를 거느리고 채상단(採桑壇)

에서 친잠의 의식을 거행하였던 것이다. 이때 왕비는 채상단에 나가 친 잠의례를 거행하였는데, 중요한 의식은 왕비가 제도에 맞추어 채상단 에서 뽕잎 5잎을 따고, 반면에 내명부가 7잎, 외명부가 9잎을 각각 땄다 는 점이다. 그리고 채상이 끝난 후 내명부가 잠실로 가서 잠모(蠶母)에 게 딴 뽕잎을 주면 잠모가 이를 받아 썰어서 다시 이것을 내명부에 주 어 누에에게 뿌렸다.[19] 이상과 보듯이 내명부와 외명부가 따는 뽕잎의 숫자가 틀렸던 것은 아직 왕이 어려 외명부에 해당하는 공주가 없었기 때문이었다.

이러한 왕비의 친잠은 조선시대에 총 8차례에 걸쳐 시행되었는데, 신하들을 보내 먼저 선잠제를 시행한 이후에 창덕궁 후원에서 왕비의 친잠을 거행하는 방식이었다. 그런데 그 날짜는 현실적으로 뽕나무가 피지 않는다는 사실에 의해 두 의식이 같이 시행된 적이 없었다. 더욱 이 왕비가 궁 밖으로 나가 선잠제를 시행한 적은 없었다.[20] 그러다가 1767년(영조 43)에 다시 친잠이 모색되었는데, 이때에는 기존의 창덕 궁에서 채상만 하던 방식에서 벗어나 새로이 경복궁 근정전 근처에 선 잠단(先蠶壇)과 채상단을 임시로 만들어 왕비가 두 가지 의식을 전부 시행하는 방식이었다. 당시 왕비(정순왕후)는 임시로 만들어진 선잠단 에서 제사를 드린 후에 채상단에서 뽕잎을 5잎을 땄고, 나이를 먹은 며 느리인 혜빈(혜경궁 홍씨)과 왕세손비가 7잎을 땄고 그 뒤에 내외명부 가 9잎을 땄던 것이다.[21] 그리고 식잠(食蠶)을 시행할 때도 앞의 성종 대에는 내명부에서 시행한 반면 영조 대의 후자에서는 혜빈과 왕세손

---

19) 한형주, 『조선초기 국가제례 연구』, 일조각, 2002, 158~159쪽.
20) 한형주, 『밭가는 영조와 누에치는 정순왕후』, 한국학중앙연구원, 2013, 65~66쪽.
21) 『친잠의궤』의주질 친잠의.

빈이 지켜보는 가운데 내명부가 시행하는 것으로 조금 바뀌었다.

이와 같이 영조대 선잠제와 채상단의 의식이 끝나면 일종의 축하의 식으로 조현(朝見) 의식과 왕비의 수견(受繭) 의식을 시행하였다. 이 두 의식에서는 당시 혜빈과 왕세손 그리고 명부가 함께 참여하고 있었다. 조현 의식에서 혜빈이 먼저 "혜빈 첩 모씨는…"하며 치사를 드리면 왕비가 "혜빈과 경사를 같이한다."라는 전교를 내린다. 다음에 왕세손빈이 "세손빈 첩 모씨는…"라고 치사를 드리면, 왕비는 "세손빈과 경사를 같이한다."라고 대답을 하였다. 그리고 세 번째로 명부가 치사를 드린다. 이때 명부 반열의 수장이 꿇어 앉아 "명부 첩 모옹주(某翁主) 등은…"하면서 치사를 드렸고, 그에 대하여 왕비는 "명부 등과 경사를 함께 한다."라고 전교하였다.22) 여기서 외명부의 수장이 영조의 옹주라는 것이 드러나는 것이며, 사실상 다른 의식에서도 만약에 공주(옹주)가 존재할 경우 그녀였음을 추측할 수 있다.

2) 공주의 국장의식(國葬儀式)

공주의 궁중출입은 풍정이나 진찬과 같이 즐거운 일에만 참석하는 것에 한정되지 않는다. 국왕과 왕비의 국상(國喪)이 일어났을 때 왕실의 일원으로써 그 행사에 참여해야 했던 것이다. 왕과 왕비가 자신의 아버지, 어머니이든, 아니면 형제간이던 상관없이 상복을 입고 3년간의 상례를 치렀다.

처음 왕이나 왕비가 사망했을 때 국상을 맞이한 내관은 건물 지붕위로 올라가 복(復)을 시행하며 '상위복(上位復)'이라고 외친다. 이때는 공

---

22)『친잠의궤』의주질 朝見儀.

주가 궁궐 내가 아니라 사가의 자기 집에 있었기 때문에(왕 혹은 왕비가 임종할 것이라는 소식은 들었다) 곧바로 궁궐로 들어온다. 이 뒤에 왕세자와 대군 이하가 모두 관(冠)과 웃옷[上服]을 벗고 머리를 풀어 헤치고 소복(素服)을 입고 흰 신[素鞋]과 굵은 베로 만든 버선[麤布襪]을 신는다. 이때 공주와 부부인 등도 함께 대군 이하와 동일한 복장을 한다.

내시는 이후 왕의 시신을 목욕시키고 명의(明衣)를 입히고, 방건(方巾)으로 얼굴을 덮고 이불로 덮는다. 그리고 습상(襲牀)을 휘장[帷] 안에 설치하고, 욕석(褥席)과 베개[枕]를 깐다. 이후 외명부의 공주(公主)와 부부인(府夫人) 이하의 자리를 내명부 자리의 뒤에 설치하는데, 이곳에서 앉아 곡(哭)을 한다.

이후의 과정에서도 마찬가지였다. 국상이 난지 3일 째에 소렴(小殮)이 시행되면 왕비가 곡을 할 경우 왕세자빈과 내명부·외명부 이하도 따라서 곡을 한다. 염(殮)을 시행하면 왕비가 자리에 나가 앉아서 곡을 하면서 극진히 애도하는데, 이때 외명부의 이하 사람들도 따라 자리에 나가 앉아서 곡을 하며 극진히 애도하였다. 전(奠)을 시행할 때도 왕비가 자리에 나가 앉을 때 왕세자빈과 내명부, 외명부의 이하 사람들도 곡을 하여 극진히 애도하였다. 이후 상복을 입을 때(이를 성복(成服)이라 부른다)에도 왕세자빈이 최복을 입으면 내명부와 외명부의 이하 사람들이 최복을 입는다. 이때부터는 본격적으로 3년 동안 장례를 치르는 것이다.

이상의 내용은 국상 초기의 상황, 즉 이후에 시행되는 3년이라는 국상의 내용 중 초기에 상복을 입는 과정까지를 설명한 것인데, 전 국상 과정을 차례대로 설명하면 『국조오례의』와 『춘관통고』에는 다음과 같이 나타난다.

<표 1> 『국조오례의』와 『춘관통고』에 수록된 국장 절차

『국조오례의』의 국장절차	『춘관통고』의 국장절차
1. 고명(顧命) 2, 초종(初終) 3. 복(復) 4. 역복불식(易服不食) 5. 계령(戒令) 6. 목욕 7.습(襲) 8. 전(奠) 9. 위위곡(爲位哭) 10. 거림(擧臨) 11. 함(含) 12. 설빙(設氷) 13. 영좌(靈座) 14. 명정(銘旌) 15. 고사묘(告社廟) 16. 소렴(小斂) 17. 전(奠) 18. 치비(治椑) 19. 대렴(大斂) 20. 전(奠) 21. 성빈(成殯) 22. 전(奠) 23. 노차(盧次) 24. 성복(成服) 25. 복제(服制) 26. 사위(嗣位) 27. 반교서(頒敎書) 28. 고부청시청습의(告訃請諡請襲衣) 29. 조석곡전급상식의(朝夕哭奠及上食儀) 30. 삭망전(朔望奠) 31. 의정부솔백관진향의(議政府率百官進香儀) 32. 치장(治葬) 33. 청시종묘의(請諡宗廟儀) 34. 상시책보의(上諡冊寶儀) 35. 내상청시종묘의(內喪請諡宗廟儀) 36. 상시책보의(上諡冊寶儀) 37. 계빈의(啓殯儀) 38. 조전의(祖奠儀) 39. 견전의(遣奠儀) 40. 발인반차(發引班次) 41. 발인의(發引儀) 42. 노제의(路祭儀) 43. 천전의(遷奠儀) 44. 입주전의(立主奠儀) 45. 반우반차(返虞班次) 46. 반우의(返虞儀) 47. 안릉전의(安陵奠儀) 48. 산릉조석상식의(山陵朝夕上食儀) 49. 혼전우제의(魂殿虞祭儀) 50. 졸곡제의(卒哭祭儀) 51. 혼전조석상식의(魂殿朝夕上食儀) 52. 혼전사시급납친향의(魂殿四時及臘親享儀) 53. 혼전속절급삭망친향의(魂殿俗節及朔望親享儀) 54. 사시급납속절삭망향산릉의(四時及臘俗節朔望享山陵儀) 55. 친향산릉의(親享山陵儀) 56. 영사시제급조부의(迎賜諡祭及弔賻儀) 57. 사부의(賜賻儀) 58. 사시의(賜諡儀) 59. 분황의(焚黃儀) 60. 사제의(賜祭儀) 61. 연제의(練祭儀) 62. 상제의(祥祭儀) 63. 담제의(禫祭儀) 64. 부묘의(祔廟儀) 65. 제위판의(題位版儀) 66. 부문소전의(祔文昭殿儀)	1. 고명(顧命) 2, 초종(初終) 3. 천시(遷屍) 4. 복(復) 5. 복후전(復後奠) 6. 계령(戒令) 7. 목욕 8.습(襲) 9. 습전(襲奠) 10. 거림(擧臨) 11. 설빙(設氷) 12. 영좌(靈座) 13. 명정(銘旌) 14. 고사묘(告社廟) 15. 소렴(小斂) 16. 치비(治椑) 17. 대렴(大斂) 18. 성복(成服) 19. 복제(服制) 20. 진위전(進慰箋) 21. 왕비사친복제(王妃私親服制) 22. 조석곡전급상식의(朝夕哭奠及上食儀) 23. 삭망전(朔望奠) 24. 진향(進香) 25. 치장(治葬) 26. 재궁가칠(梓宮加漆) 27. 재궁서상자(梓宮書上字) 28. 재궁결과(梓宮結裹) 29. 상시책보(上諡冊寶) 30. 계빈(啓殯) 31. 조조(朝祖) 32. 견전(遣奠) 33. 발인반차(發靷班次) 34. 발인(發靷) 35. 발인봉사(發靷奉辭) 36. 천전(遷奠) 37. 입주전(立主奠) 38. 반우(返虞) 39. 산릉조석상식(山陵朝夕上食) 40. 우제(虞祭) 41. 졸곡(卒哭) 42. 혼전조석상식(魂殿朝夕上食) 43. 혼전사시급납친향(魂殿四時及臘親享) 44. 혼전속절급삭망제(魂殿俗節及朔望祭) 45. 소상(小祥) 46. 연제(練祭) 47. 대상(大祥) 48. 담제(禫祭) 49. 부묘(祔廟)

첫 번째는 성종 대에 편찬된 『국조오례의』의 의식으로 조선시대 전 기간 동안 기본적인 상례로 설정된 것이고, 후자는 정조대 편찬된 『춘관통고』에 나오는 의식을 정리한 것이다. 이 둘 사이에는 300여 년의 시차가 있어서 양자 간에는 일정정도의 차별성이 존재하였다. 전체적인 방향은 『국조오례의』 국장 의식 중의 일부가 『춘관통고』에서 생략되는 방식이었다. 『국조오례의』에 설정되어 있던 국왕의 즉위의식인

사위(嗣位)가 『춘관통고』에서는 보이지 않고, 왕실의 혼전인 문소전 (文昭殿)이 임진왜란으로 소실된 후 복구하지 않았기 때문에 이와 관련 된 의식 역시 사라졌다. 그렇지만 『국조오례의』에 여러 차례 시행된 것 으로 나타난 전(奠)의 단계가 없어진 것은 『춘관통고』에서는 별도의 의식 설정이 생략되었을 뿐 시행되지 않은 것은 아니었다.

3. 궁중 암투속의 옹주들

공주나 옹주는 일반적으로 편안하게 일생을 보낸 경우가 많지만 그 렇지 않은 경우도 있었다. 그것은 어머니인 중전 및 후궁이 궁중의 암 투속에서 상대편을 제거하려는 술수를 썼다가 도리어 이에 연류되는 경우가 있기 때문인데, 특히 중전보다는 후궁에게서 그러한 경향을 찾 아보기 쉽다. 어머니가 정치적으로 제거되었을 때 그 자식은 따라서 처 벌을 받았지만 그러나 죽음에는 이르지 않았다. 이하에서는 그 실례를 찾아보도록 하겠다.

1) 혜순옹주와 혜정옹주

해순옹주와 혜정옹주는 중종의 딸이자 후궁인 경빈(敬嬪) 박씨의 딸 이다. 원래 중종반정이 발생했을 때 중종에게는 왕비인 신씨(慎氏)가 있었다. 신씨의 아버지는 신수근(愼守勤)이었는데, 그는 연산군의 왕비 였던 신씨의 오빠였다. 따라서 연산군의 왕비인 신씨와 중종의 왕비인 신씨는 혈연적으로 이모·조카 사이였다. 1506년 9월 2일 중종반정이 일어났을 때 신수근은 박원종 일파가 보낸 이심(李蓀), 신윤무(辛允武)

등에게 죽임을 당하였고, 중종의 부인인 신씨는 9월 3일에 중전에 책봉되었으나 곧이어 9월 9일에 축출되었다. 반역자의 딸이 왕비로 있을 수 없었기 때문이었다.[23] 이에 따라 반정 직후에 갑자기 중궁책봉 문제가 크게 대두되었다. 중종은 졸지에 왕비를 내쫓고 새로운 왕비를 들여야만 했던 것이다.

당시 정현왕후(중종의 모친)는 네 명의 후보자를 두고 고민하였다. 두 명은 공신의 딸이고 두 명은 미천한 집안 출신자들이었다. 공신의 딸 두 명 중에는 윤여필(尹汝弼)의 딸이 더 합당하였다. 공신중의 핵심 인물인 박원종(朴元宗)이 윤여필의 딸에게는 외삼촌이었고 그의 큰 누이인 월산대군의 부인 승평부대부인(昇平府夫人)이 양육했기 때문이다. 그렇지만 인물로 볼 때면 박수림(朴秀林)의 딸이 탁월하였다. 박수림은 상주지역의 정병(正兵) 출신이지만 그 딸은 1505년(연산군 11)에 전국의 미녀들을 대상으로 채홍사(採紅使)를 선발했을 때 미모로 잘 알려져 있었다고 한다. 이러한 고민속에서 결국 정현왕후는 왕비의 대상자를 윤여필의 딸로 결정하였다. 아무래도 인물보다는 공신의 후손이 낫다는 생각에서였다.

왕비가 결정되자 나머지 3명은 후궁인 숙의(淑儀)로서 궁중생활을 시작하였다. 이때 중종은 이혼한 전처인 신씨를 버리고 새로운 왕비인 윤씨를 받아들였으나 사실 장경왕후 윤씨에 대해서는 별로 정이 없었다. 게다가 윤씨는 특별한 미인도 아니었다. 대신 중종이 관심을 가졌던 사람은 후궁이었던 박수림의 딸이었다. 중종의 박수림의 딸에 대한 애정은 대단하였다. 박수림의 딸은 1509년(중종 4년) 9월 15일에 첫 아

---

23)『중종실록』권 1 중종 1년 9월 3일(기묘) 및 을유..

들 복성군(福城君)을 낳았을 뿐 아니라[24] 이어서 혜순옹주와 혜정옹주를 낳았던 것이다. 그러나 왕비인 윤씨는 1515년(중종 10) 2월 25일에 이르러서야 뒷날 인종이 되는 아들을 출산하였다.[25] 게다가 아들을 낳은 지 6일 만에[26] 산후병으로 사망하였다.

중전이 죽은 지 2년 4개월이 지나 문정왕후(文定王后)가 새로운 왕비로 선출되었다.[27] 그런데 이때 중종은 다른 생각이 있었다. 후궁들 중에서 경빈 박씨를 선출하여 새 왕비로 간택하려고 했던 것이다. 그러나 이 시도는 정광필이 강경하게 반대하여 결국 왕비를 뽑기로 하였다.

사신은 논한다. 이보다 앞서 곤위(坤位)가 아직 결정되지 아니하였을 때에 숙의(淑儀) 박씨가 후궁 가운데에서 총애가 으뜸이었으므로, 장경(章敬)의 예를 따라 스스로 중위(中位)에 오르고자 하였었다. 상도 이것을 들어려 하였으나 대신의 뜻이 어떤지를 모르겠으므로, 정광필·김응기·신용개 등에게 간곡한 말로 물어서 그 뜻을 시험하였다. 그랬더니 김응기는 가부(可否)를 말하지 않고 신용개는 약간 허락하였으나, 정광필만이 분연히 허락하지 않으며 아뢰기를 "정위(正位)는 마땅히 숙덕(淑德)이 있는 명문에서 다시 구해야 할 것이요 미천한 출신을 올려서는 안 됩니다." 라고 하였고, 진서산(眞西山)의 『대학연의(大學衍義)』의 제가(齊家)하는 요체와 범조우(范祖禹)가 후비 간택을 논한 일을 진간(進諫)하니, 박씨의 뜻은 마침내 저지되고 상의 뜻도 새 왕비를 맞기로 결정되었다. 사림(士林)에서 이 말을 듣고 서로 이르기를 '정광필의 이번 일은 송나라 한기(韓琦)·범중엄(范仲淹)이라 해도 더 낫지 못하였을 것이다.' 하였다.[28]

---

24) 『중종실록』 권 9 중종 4년 9월 15일(갑진).
25) 『중종실록』 권 21 중종 10년 2월 25일(계축).
26) 『중종실록』 권 21 중종 10년 3월 2일(기미).
27) 『중종실록』 권 28 중종 12년 7월 19일(계사).

결국 이 사건은 경빈 박씨가 왕비로 선출되려는 야망을 일시에 무너뜨렸다. 그렇지만 아들인 복성군이 중종의 사랑을 받았고 나이가 세자보다 여섯 살이나 많았기 때문에 세자의 자리를 넘본다는 의혹이 끊임없이 제기되었다.

1527년(중종 22)에 이른바 '작서(灼鼠)의 변(變)'이 발생하였다. 이 사건은 1527년 2월 25일(세자의 생일)에 누군가가 쥐의 사지를 찢어 불을 질러서 세자의 침실 창문에 걸어 논 사건이었다. 그리고 3월 1일 대전의 곡란(曲欄) 위에 발이 끊기고 불에 지져진 쥐가 버려져 있었던 것이다. 이 사건은 세자가 태어난 날이 을해년(乙亥年)으로 쥐의 띠였기 때문에 세자를 저주한 것이 틀림이 없었다. 사건이 발생한 지 거의 한 달이 지나 좌의정 이유청·우의정 심정·우찬성 이항 등이 왕과의 면담을 요청하여 이 사건은 알려졌다.[29] 당시 왕은 깜짝 놀라며 즉시 추문하도록 명하였다.

추문에 걸린 사람은 경빈의 노비인 범덕(凡德), 안씨의 방자 잉읍화이(仍邑火伊), 김씨의 방자 가지가이(加知加伊), 시녀 향이(香伊)의 방자 가응지(加應之), 돈일(頓逸)의 방자 생심(生心), 효덕(孝德)의 방자 석비(石非), 천이금(千伊今)의 방자 이비(李非) 등 7인이었다. 그러나 추문의 결과는 그 내용이 같았고, 누구의 행위인지 모를 뿐만이 아니라 쥐를 지진 일도 전혀 없었다는 것이다. 이에 또 다시 경빈의 노비인 사비(四非)·춘월(春月)·덕복(德福) 등을 조사했지만 결과는 마찬가지였다.[30]

그렇지만 자복을 받지 못하였고, 그 시종들 역시 죽을 결심을 하고

---

28) 『중종실록』 권 28 중종 12년 7월 22일(병신).
29) 『중종실록』 권 58 중종 22년 3월 22일(기해).
30) 『중종실록』 권 58 중종 22년 4월 3일(기유) 및 4월 14일(경신).

있었기 때문에 실정을 알 수 없다는 추관들의 견해가 나왔다. 그런데 이때 의심을 받고 있는 어머니 박씨의 억울한 사정을 보고 두 딸인 혜순옹주와 혜정옹주가 가만히 있지를 못하였다. 특히 큰 딸인 혜순옹주는 나무로 인형을 만들어 목을 베는 시늉을 하면서 쥐를 지진 사건을 떠드는 자들은 이렇게 하겠다고 공공연하게 떠들었다.

이어 언문(諺文)으로 의심스러운 사상(事狀)을 써서 하시(下示)하기를, "동궁에 매달려 있던 쥐에 대해서는 전일 세자궁 시녀들의 초사(招辭)와 같다. 3월 1일 경복궁 침실에 버려져 있던 쥐에 대해서는 별로 의심이 가는 사람이 없었다. 그러나 경빈(敬嬪)이 오랫동안 혼자 앉아 있었고 그의 계집종 범덕(凡德)은 뜰 밑을 두 번이나 왕래하였다. 계집종이 왕래한 일에 대해서 경빈이 스스로 변명하기 위해 '나의 계집종이 두 번이나 뜰 밑을 왕래했지만 어찌 그가 쥐를 여기에다 버렸겠는가?' 했고, 계집종이 왕래한 일은 바로 경빈이 스스로 한 말이었다. …지금 경빈이 '사람들이 모두 나를 의심한다.' 하면서 욕지거리를 하고 있다. 지난 3월 28일 신시에 경빈의 딸 혜순옹주(惠順翁主)의 계집종들이 인형(人形)을 만들어 놓고 참형(斬刑)에 처하는 형상을 하면서 '수레가 몇 대나 왔는가? 쥐 지진 일을 발설한 사람은 이렇게 죽이겠다.' 하고, 이어 온갖 욕설을 했는가 하면 저주(咀呪)하느라고 매우 떠들썩했다고 한다. 나는 그 말을 듣고 그들을 추문했더니 자복(自服)하는 사람도 있었고 자복하지 않는 사람도 있었다. 이런 술법을 하는 사람을 궁중에 머물게 하는 것은 온편치 못하기 때문에 대궐 밖으로 쫓아내고 다 추문하지 않았다. …경빈의 계집종 3인을 즉시 추문할 일로 이미 상께 아뢰었다."하였다.[31]

사실 이 사건은 경빈 박씨가 시행했다고 의심하는 분위기가 조정에

---

31) 『중종실록』 권 58 중종 22년 4월 14일(경신).

역력했는데, 거기에 더하여 두 딸인 혜순옹주와 혜정옹주의 여자 종들이 분을 못 참어 나무로 인형을 만들어 자르는 시늉을 했으니 어떠한 결과가 나왔겠는가. 결국 이 사건의 결과로 경빈 박씨[32]와 복성군은 사사(賜死)되었고, 혜순옹주와 혜정옹주는 폐서인(廢庶人) 되어 노비로 전락하였다. 더불어 혜순옹주의 남편 김인경(金仁慶)은 먼 지방으로 유배가고, 혜정공주의 남편 홍려(洪礪)는 장(杖)을 맞다가 죽었다.[33]

그런데 이 사건이 일어난 지 5년이 지나 생원 이종익(李宗翼)이라는 인물이 옥중 상소를 올려 박운(朴雲), 이행(李荇), 심정(沈貞) 등이 이 사건과 관련이 있고, 특히 김안로의 아들인 김희(金禧)가 일으킨 것이라 주장하였다.

> 연성위(延城尉) 김희(金禧)는 양송(梁松)보다도 더 간사한 인물로 죄악이 너무 심하여 하늘의 베임을 받았습니다. 전일 작서(灼鼠)의 변이 일어나자 전하와 조정이 누구의 소행임을 알지 못하여 끝까지 힐문하였으나 찾지 못하고 많은 궁중의 사람들이 원통한 죽음을 당했습니다. 이는 김희가 사심을 일으켜 요사를 부린 소치(所致)에 불과하며, 오늘에 이르러서야 그 죄를 받은 것입니다.[34]

김희(金禧)는 김안로의 둘째 아들로 장경왕후의 딸인 효혜공주(孝惠公主)와 1521년(중종 16)에 혼인하고 다음해 연성위(延城尉)로 봉해진 인물이다. 그리고 1531년(중종 26) 4월에 효혜공주가 사망하고, 10월에 김희가 각각 사망했던 것이다. 여기서 김희가 '작서의 변'에 일정한

---

32)『중종실록』권 74 중종 28년 5월 23일(을축).
33)『중종실록』권 74 중종 28년 5월 26일(무진).
34)『중종실록』권 72, 중종 27년 3월 20일(기사).

역할을 한 것은 사실이지만 어느 정도까지 했는지는 알 수가 없었다. 자료에서는 분명히 서술하지 않고 있기 때문이다.[35]

폐서인으로 살아가던 혜순옹주와 혜정공주는 14년이 지난 1541년(중종 36)에 이르러 세자의 상소로 말미암아 그 지위가 복구되었다. 당시 세자는 '작서의 변'을 언급하면서 경빈과 복성군이 죽은 일은 어쩔 수 없지만 옹주들은 아직 서인으로 살아가고 있다며 이들을 용서해 주길 바랐던 것이다.[36] 이 주청은 그대로 수용되어 이후부터 혜순옹주와 혜정공주의 지위는 복구되었으나 더 이상의 기록은 없었다.

2) 효명옹주

효명옹주는 인조와 후궁 조씨의 딸이다. 1657년(인조 15)에 태어났는데, 이해는 전년도 12월에 발생하였던 병자호란(丙子胡亂)이 조선 측의 항복으로 1월 30일에 끝났던 시기이다. 인조는 삼전도(三田渡)에서 청의 태종에게 삼배고두(三拜叩頭)라는 치욕적인 항복의식을 치루고 당시 장남인 소현세자와 차남인 봉림대군이 청나라에 인질로 끌려가던 때였다.

1635년(인조 13) 12월 중전이었던 인열왕후 한씨가 여섯 번째 아들을 낳고 4일 만에 사망하였다.[37] 아들 중 밑의 세 명은 일찍 죽고 세자와 봉림대군, 인평대군만이 남아있던 상황이었다. 인조는 국상을 치렀지만 다음해 겨울에 발생한 병자호란으로 새로운 왕비를 뽑을 겨를이

---

35) '작서의 변'에 대한 추이는 김돈, 「중종대 '灼鼠의 變'과 정치적 음모의 성격」, 『한국사연구』 119, 2002 참고.
36) 『중종실록』 권 96 중종 36년 11월 9일(신묘).
37) 『인조실록』 권 31 인조 13년 12월 9일(을유).

없었다. 이 상황에서 인조는 후궁에 깊이 빠져들었는데, 그 대상이 바로 조씨였다. 조씨는 원래 조기(趙琦)와 김두남(金斗南)의 첩과의 사이에서 낳은 딸이었는데, 1630년(인조 8)에 궁중에 들어왔다.[38]

1637년(인조 15) 2월에 인조는 창덕궁으로 환궁한 후 조씨를 정식으로 들인 것 같다. 그리고 그 결과로 그해 겨울 조씨가 애를 출산하였는데 바로 효명옹주였다. 효명옹주는 인조가 43살의 늦은 나이에 본 고명딸이었다. 따라서 그 기쁨은 더 말할 나위가 없었고, 어린 아이가 자라는데 하자가 없도록 신경을 썼다.

1637년 12월 22일 왕은 금혼령을 발표하였다. 그리고 다음해 10월 26일에 이르러 삼간택을 통하여 조창원(趙昌遠)의 딸을 새로운 왕비로 결정하였고, 12월 3일에 친영례(親迎禮)가 시행되었다.[39] 이가 바로 장렬왕후(莊烈王后) 조씨이다. 이때 인조의 나이는 44세였고, 장렬왕후는 15세였다.

그런데 인조는 12월 22일 금혼령을 발표한 지 5일 후에 조씨를 숙원(淑媛)으로 임명하여 그녀를 내명부의 품계로 들어오게 하였다.[40] 그리고 1년 뒤에는 그녀를 소원(昭媛)으로 삼았다.[41] 인조의 입장에서는 왕비를 뽑는 과정에서 조씨의 내명부 직책을 올려주는 것은 그녀에 대한 애정을 과시하려는 것으로 판단된다. 실제로 인조가 살아생전에 조씨는 왕비인 장렬왕후와의 사이에서 인조를 둘러싼 애정행각을 벌였고, 그 결과 승자는 당연히 조씨였다. 왕비는 자식을 한 명도 낳지 못하였지

---

38)『인조실록』권 23 인조 8년 7월 2일(기묘).
39)『인조실록』권 37 인조 16년 12월 3일(신묘).
40)『승정원일기』62책 인조 15년 12월 27일(신유).
41)『승정원일기』67책 인조 16년 12월 21일(기유).

만 반면에 조씨는 1639년(인조 17) 10월 17일에 큰 아들인 숭선군(崇善君)을 낳았고, 2년 뒤에는 둘째 아들인 낙선군(樂善君)을 낳았던 것이다.

1639년 여름부터 인조는 이상한 증상으로 고생을 하였다. 손가락 사이에서 땀이 차올라 그것이 온 몸에 흔적을 크게 남기는 증세였다. 이 증세는 날씨가 춥고 더움에 따라서 증상이 서로 다르게 나타났는데, 이를 어의들이 '음사(陰邪)'로 규정했던 것이다. 병명의 '음사' 규정은 과거에 인목대비 김씨와 정명공주를 의심하여 많은 문제점을 남겼다. 이때 숙원조씨는 저주의 대상을 살핀다면서 맹인(盲人) 한충건(韓忠建), 요무(妖巫) 앵무(鸚鵡) 등과 함께 안팎으로 선동하여 저주한 물건 등을 발굴했는데 이때 발견된 흉물이 수십 개에 이르렀다.

국청이 아뢰기를, "내시(內侍)가 기록해 놓은 별지(別紙) 2통을 보건대, 발견된 저주한 물건이 시어소(時御所)에 14곳, 동궁에 12곳, 인경궁에 26곳, 경덕궁에 4곳이나 됩니다. 예로부터 궁액(宮掖)들이 벌이는 무고(巫蠱)의 변고가 지금처럼 참혹한 적이 없었습니다. 이것은 한두 사람이 할 수 있는 일이 아니며 또 한두 해에 걸쳐 이루어진 일도 아닐 것입니다."라고 하였다.42)

이때 흉물이 나온 곳이 50여 개 곳에 이르렀다는 사실은 인조와 조씨로 하여금 저주가 있었다는 사실을 믿게끔 만들었다. 이 사건에서 조사를 받은 사람은 주로 과거에 인목대비의 궁녀들과 세자빈 강씨의 궁녀들이었다. 따라서 세자빈 강씨의 경우 바로 저주사건을 조씨가 조작하여 세자와 자신을 몰아내려는 공작이었다고 생각할 수밖에 없었다.

이 저주사건이 마무리된 9월 13일 인조는 창경궁에서 창덕궁으로 궁

---

42) 『인조실록』 권 39 인조 17년 9월 2일(병진).

궐을 옮겼다. 물론 숙원조씨도 같이 창덕궁으로 옮겨갔다. 그리고 인조의 병세는 크게 좋아졌다. 병세가 호전되는 것을 보고 인조는 그 원인이 조씨가 저주물을 찾아 발굴했기 때문이라고 믿고 더욱 그녀를 사랑하게 된 것이다. 인조의 조씨에 대한 사랑은 그 직품을 올려주게 되었는데, 조씨는 1640년(인조 18) 8월 27일 정 3품 소용(昭容)이 되었고, 1645년(인조 23) 10월 2일에는 정 2품 소의(昭儀)가 되었으며, 1649년(인조 27) 2월 11일에는 종 1품의 귀인(貴人)이 되었다. 조씨의 품계가 이렇게 올라갔던 것은 1637년(인조 15)부터 시작된 인조의 사랑이 이때까지 10여 년 동안 계속되었기에 가능하였던 것이었다.

이런 상황에서 효명옹주는 인조의 끊임없는 애정을 받았다. 모두 어머니 조씨가 인조의 사랑을 받았기 때문에 가능하였다. 효명옹주에게는 2명의 남동생이 있었는데, 숭선군과 낙선군이었다. 그러나 똑똑하고 야무진 효명옹주와 달리 동생들은 그렇지가 못하였다. 특히 숭선군은 말도 못하고 행동도 느릿했는데, 따라서 어머니 조씨는 숭선군을 미워했던 것이다.

1645년(인조 23) 2월 18일 소현세자와 강빈이 청나라에서 돌아왔다.[43] 소현세자는 청의 순치제(順治帝)가 북경에서 중국천자의 즉위식을 거행한 뒤 명의 재기위험이 없어지자 12월에 서울로 출발하여 다음해 2월 18일 서울에 도착하였다. 그런데 4월 23일 세자는 학질(瘧疾)에 걸려 3일 후인 26일 갑자기 사망하였다.[44] 시신에는 약물중독의 흔적이 있고 피부가 검게 변하고 칠규(七竅)에서 출혈의 흔적이 있었다고 한다. 세자가 죽은 후 인조는 명백한 과실이 지적된 의관을 처벌하지

---

43) 『인조실록』 권 46 인조 23년 2월 18일(신미).
44) 『인조실록』 권 46 인조 23년 4월 26일(무인).

않고, 또 슬퍼하지도 않았다. 게다가 상례도 정해진 기간에 비하여 상당히 소홀히 치렀다.

세자가 사망하자 전 필선 안시현(安時賢)이 소현세자의 아들인 원손을 세손으로 책봉할 것을 청하였지만[45] 인조는 세자의 졸곡제가 끝난 4일 만에 돌연 봉림대군의 책립을 통고하였다. 이가 곧 효종이다. 과부가 된 강씨는 인조와 조귀인에게 깊은 원한을 품었다. 세자가 죽은 것은 아들을 의심했던 인조가 독살을 한 것이고, 또 원손까지 폐하고 봉림대군을 세자로 삼은 것은 후환을 없애기 위한 것이라며 하소연하고 다녔다.

이렇게 강빈이 원망하는 마음을 바라본 인조의 의심증은 더욱 커졌다. 게다가 세자가 북경에서 구입한 비단을 없애는 과정에서 귀인 조씨가 넘어지는 사건이 일어났고, 특히 인조가 먹을 전복구이에 독을 넣었다는 사건이 일어났던 것이다. 전복구이에 독을 넣은 사건은 1646년(인조 24) 1월 3일에 일어났는데,[46] 당일에 인조는 강빈을 감금하고 강빈의 궁녀들을 대거 체포했지만 확증을 얻을 수 없었다. 그러나 인조의 의심을 피할 수 없어 3월 13일 강빈은 친정으로 쫓겨나게 되었고 결국 사약을 받아 죽었다.[47]

그런데 당시 사람들은 모든 사건이 조귀인이 인조를 꼬드겨서 발생한 것이라 생각하였다.

숙원(淑媛) 조씨(趙氏)를 소의(昭儀)로 삼았다. 세자 책봉 후에 으레

---

45) 『인조실록』 권 46 인조 23년 5월 6일(정해).
46) 『인조실록』 권 47 인조 24년 1월 3일(신해).
47) 『승정원일기』 인조 24년 3월 13일.

있는 은전이다. 이때 중전 및 장숙의(張淑儀)가 모두 사랑을 받지 못하고 소의만이 더더욱 총애를 받았으며, 또 성품이 엉큼하고 교사스러워서 뜻에 거슬리는 자를 모함하기가 일쑤이므로, 궁중에서 두려워하지 않는 사람이 없었다. 그 중에서도 소현 세자빈 강씨(姜氏)가 가장 미움을 받아 참소와 이간질이 날이 갈수록 더 심하였는데, 강문성(姜文星)이 귀양가게 되자 사람들이 모두 강씨에게 화가 미칠 날이 멀지 않았음을 알았다.[48]

여기서 조씨의 성격과 그에 대한 왕의 사랑 등이 언급되었고, 뜻에 거슬리는 자는 모함하기가 일쑤였다고 서술되어 있다. 특히 인조가 전복에 독을 탄 것을 강씨라고 주장하는 데에는 왕이 생각이 모두 다 조씨(趙氏)가 모함한 데에서 연유한 것으로 당시 사람들이 의심했다는 것을 서술하고 있다.[49]

이 당시 강씨가 역적으로 사사(賜死)를 당했기 때문에 그 자식들인 아들과 딸은 모두 역적이 되었다. 봉림대군은 세자로서 지위를 굳혔는데, 그 일등공신은 당연히 조귀인이었고, 이를 방조했던 사람은 영의정 김자점이었다. 이때 인조는 저주가 서려있는 창경궁에서 창덕궁으로 궁궐을 옮겼다. 인목대비가 살았던 인경궁을 헐고 그 재목으로 창덕궁을 수리한 것이다.

1647년(인조 25) 4월 25일 효명옹주를 시집보내기 위해 간택령을 내렸다. 그리고 간택이 진행되는 과정에서 조귀인의 장녀를 효명옹주로 책봉하였다.[50] 8월 16일 삼간택을 통해 영의정 김자점(金自點)의 손자

---

48) 『인조실록』 93책 권 46 인조 23년 10월 경신.
49) 『인조실록』 권 47 인조 24년 1월 3일(신해).
50) 『인조실록』 권 48 인조 25년 6월 24일(계사).

이자 김식(金鉽)의 아들인 김세룡(金世龍)이 낙점이 되었고, 결국 11세의 효명옹주는 13살의 김세룡에게 시집을 가게 되었다. 김세룡은 곧 낙성위(洛城尉)로 임명되었는데 당시 조귀인이 이들의 의물과 기물을 극히 풍족하고 사치스럽게 했다고 한다.[51] 효명옹주는 결혼 후 2년이 좀 못되는 기간 궁중에서 생활하다가 1649년(인조 27)에 출합하였다.

1649년(인조 27) 조씨는 종 1품의 귀인(貴人)으로 책봉되었다.[52] 후궁의 최고지위인 빈(嬪)의 다음 단계였다. 조씨와 효명옹주는 인조 생전에 왕의 편애를 바탕으로 함부로 행동하였다. 일례로 인평대군의 부인 오(吳)씨와의 자리 다툼은 그 사실을 단적으로 말하여 준다. 인평대군은 인조의 첫 번째 왕비인 인열왕후 한씨의 세 번째 아들로, 오씨는 효명옹주의 배다른 손위 올케였다. 오씨가 적서(嫡庶)의 차례로 자리를 정하고자 하니 효명옹주가 왕의 총애로 자리를 양보하지 않았고, 이 소식을 들은 인조의 명에 의하여 효명옹주가 윗자리에 앉았다. 이때부터 자연히 오씨는 효명옹주에 대해 원한을 품게 되었다고 한다.[53]

1649년(인조 27) 5월 8일 창덕궁의 대조전에서 인조가 죽었다.[54] 인조가 죽자 조소의와 효명옹주는 갑자기 끈 떨어진 연 꼴이 되었다. 효종이 즉위한 지 한 달이 지나 사헌부에서 영의정 김자점을 탐욕과 사치, 그리고 국정 논단을 이유로 탄핵을 시작하여[55] 결국 홍천현(洪川縣)으로 유배보냈다. 그런 후 효종은 조귀인과 효명옹주에 대해서도 상당히 멀리하였으니 두 사람의 불만은 커질 수밖에 없었다.

---

51) 『인조실록』 권 48 인조 25년 8월 16일(갑신).
52) 『인조실록』 권 50 인조 27년 2월 11일(경자).
53) 『연려술기술』 별집 권 1 국고전고 공주부마.
54) 『인조실록』 권 50 인조 27년 5월 8일(병인).
55) 『효종실록』 권 1 효종 즉위년 6월 16일(갑진).

그러던 1651년(효종 2) 11월 23일 저주사건이 발생하였다. 원래 귀인과 큰 아들인 숭선군의 부인, 즉 큰며느리는 사이가 좋지 않았다. 그런데 조씨가 영이(英伊)라는 김세룡의 종을 예뻐하여 숭선군의 첩으로 삼으려 하자, 큰며느리는 영이를 통하여 자신을 감시하려 한다며 이모였던 장렬왕후 조씨에게 하소연했다. 이에 장렬왕후 조씨가 영이를 불러 크게 꾸짖었는데, 영이가 변명하는 가운데 귀인과 효명옹주가 효종과 장렬왕후를 원망하며 몰래 기도하는 일을 꾸몄더라고 실토하였다. 장렬왕후는 즉시 이 사건을 조사해달라고 효종에게 청하였다.

효종은 즉시 영이, 가음춘(加音春)·앙진(仰眞) 등 귀인의 비복들을 잡아다가 문초했는데, 문초과정에서 영이가 조씨가 앵무라는 무당과 더불어 서로 통하며 괴이한 일을 꾸몄다고 실토했으며, 나머지 인원도 옹주가 뼈가루를 대내(大內)와 인평대군 집에 뿌렸다는 등의 내용을 실토하였다.56) 이 사건은 얼마 후 김식과 김세룡 등의 역모사건으로 비화하여 숭선군을 왕으로 삼으려고 시도를 했다는 것으로 확대되었다.57) 결국 12월 14일 조씨를 스스로 자결하게 하였고,58) 김세룡을 정형(正刑)에 처했다.59) 이때에 효종은 효명옹주와 숭선군을 죽이지 않았다. 아마도 나이가 어렸기 때문일 것이다.

효명옹주는 어첩(御帖)과 선원록에서도 삭제되었으며, 곧이어 진도군(珍島郡), 통천군(通川郡) 등으로 유배를 갔다. 그러다가 7년 후 서울로 돌아왔으나 '해도(海島)의 여자'로 불려 그 칭호를 복구하지 못하다

---

56) 『효종실록』 권 7 효종 2년 11월 23일(정유).
57) 『효종실록』 권 7 효종 2년 12월 13일(병진).
58) 『효종실록』 권 7 효종 2년 12월 14일(정사).
59) 『효종실록』 권 7 효종 2년 12월 16일(기미).

가 1700년(숙종 26)에 64살로 죽었다.[60] 숙종은 상에 필요한 물건들을 내려 주고, 장사에 이르러 중사(中使)를 보내어 호상(護喪)하게 하였으며, 그녀의 마패(馬牌) 문서에는 '전(前) 효명옹주(孝明翁主)'라고 써서 발인토록 하였다.

4. 정치적 격변에 휘말린 공주들

계유정란이나 중종반정, 그리고 인조반정 등과 같은 정치적 격변은 새로운 시대를 맞이하는 사건들이었지만 이 과정에서 혁명의 대상이 된 전왕의 딸들은 혹독한 시련을 겪어야만 했다. 이하에서는 여기에 해당하는 공주(옹주)들의 모습을 추적해 보려고 한다.

1) 경혜공주

경혜공주(敬惠公主)는 문종과 현덕왕후 권씨의 큰 딸이다. 단종의 친누이로 1435년(세종 17)에 출생하였다. 그녀의 어머니인 현덕왕후 권씨는 당시 동궁으로 있던 문종의 세자빈이 아니라 후궁이었고, 따라서 그녀는 후궁의 소생으로 태어난 것이었다.

원래 문종은 세 차례의 결혼을 하였다. 첫 번째는 1427년(세종 9) 나이 14세 때 휘빈 김씨와 한 것이었다.[61] 이때의 문종은 나이가 어리기도 하였고 기본적으로 여색 자체에 대해 별 관심이 없었다. 그런데 세자빈 김씨는 문종의 관심을 끌려고 압승술(壓勝術)이라는 요상한 술법

---

60) 『숙종실록』 권 34 숙종 26년 9월 16일(을사).
61) 『세종실록』 권 36 세종 9년 4월 9일(정묘).

을 사용하였는데, 이것이 세종에게 들켜 바로 쫓겨났다.[62] 이때 세자와 세자빈 사이에는 자식이 없었다. 3개월 후 순빈(純嬪) 봉씨(奉氏)가 2번째 세자빈으로 책봉되었다. 그러나 세자는 여전히 여자에 관심이 없었고, 재혼한 지 2년이 지나서도 자식이 없었다.

1431년(세종 13) 3월 15일에 왕은 권씨, 정씨, 홍씨를 모두 승휘(承徽)로 삼아 동궁의 후궁으로 삼았다.[63] 이 후궁들을 맞이한 후 문종의 여자에 대한 관심이 달라졌다. 이중에서 문종은 권씨와 홍씨를 좋아했는데, 그 결과 1433년(세종 15)에 권승휘가 딸을 낳게 되었다. 그런데 이 딸은 요절하였고, 2년 후인 1435년(세종 17)에 둘째 딸이 태어났으니 이 어린애가 바로 경혜공주(당시에는 동궁의 후궁 딸인 현주였음)였다. 이때의 문종의 나이가 22세였고, 권승휘는 18세였다. 그런데 권승휘는 언제인지 모르지만 승휘에서 종 2품직인 양원으로 승진하였다. 같이 입궐한 정씨와 홍씨는 그대로 종 4품인 승휘였던 것을 볼 때 아마도 애를 낳고 나서 품계가 올라간 듯하다.

그러던 중 1432년(세종 18)에 재혼을 한 두 번째 세자빈 순빈(純嬪) 봉씨가 폐출되는 사건이 일어났다. 세자빈 봉씨는 결혼한 후 세자가 자신을 박대하고 권승휘를 총애하자 질투심이 일어났고, 권승휘가 연이어 출산을 하자 남편에 대한 원망과 권승휘에 대한 질투심, 시아버지인 세종에 대한 야속함이 있었다. 이 과정에서 그녀는 동성애를 통해 자신의 욕구불만을 해소하고자 하였다. 그 대상은 지밀(至密) 궁녀인 소쌍(召雙)이었는데, 문제는 1년간 지속되던 동성애의 행위가 왕인 세종의 귀에 들어갔던 것이다.

---

62) 『세종실록』 권 45 세종 11년 7월 20일(갑자).
63) 『세종실록』 권 51 세종 13년 3월 15일(기묘).

이 앞서는 봉씨가 새벽에 일어나면 항상 시중드는 여종들로 하여금 이불과 베개를 거두게 했는데, 자기가 소쌍과 함께 동침하고 자리를 같이 한 이후로는, 다시는 시중드는 여종을 시키지 아니하고 자기가 이불과 베개를 거두었으며, 또 몰래 그 여종에게 그 이불을 세탁하게 하였다. 이러한 일들이 궁중에서 자못 떠들썩한 까닭으로, 내가 중궁과 더불어 소쌍(召雙)을 불러서 그 진상을 물으니, 소쌍이 말하기를, "지난해 동짓날에 빈께서 저를 불러 내전으로 들어오게 하셨는데, 다른 여종들은 모두 지게문 밖에 있었습니다. 저에게 같이 자기를 요구하므로 저는 이를 사양했으나, 빈께서 윽박지르므로 마지못하여 옷을 한 반쯤 벗고 병풍 속에 들어갔더니, 빈께서 저의 나머지 옷을 다 빼앗고 강제로 들어와 눕게 하여, 남자의 교합하는 형상과 같이 서로 희롱하였습니다." 하였다.[64]

위의 기록은 세종이 봉씨를 세자빈에서 폐출시키기 위한 명분을 내세운 것인데, 그에 따르면 세자빈 봉씨가 소쌍과 합방을 한 것은 작년 동지달 즈음이고 그동안 이불과 베개를 처리하는 과정이 자못 시끄러웠다고 한다. 이러한 일들이 발각되자 세종은 봉씨를 폐출하고 새로운 세자빈을 찾아 나섰다.

새로운 세자빈 선출은 세종에게 고민이 되었다. 처녀 간택을 통하여 뽑는 것이 정상적인 절차였지만 문종의 태도로 보았을 때 이것은 여의치 않았고, 또 후궁 중에서 선출하자니 문제가 많을 것 같았다. 그러나 결과적으로 후궁 즉 권양원과 홍승위 사이에서 새로운 빈을 선출하기로 하였고, 여기서 자식이 있었던 권양원 쪽으로 기울어지게 되었다. 권양원은 이미 딸이 하나이고 더 자식을 낳을 가능성이 있었지만 홍승위는 5년 동안 자식이 없었기 때문이었다.

---

64) 『세종실록』 권 75 세종 18년 10월 26일(무자).

권양원이 세자빈으로 책봉되자[65] 문종의 딸은 평창군주(平昌郡主)로 봉해져 후궁에서 세자빈의 거처인 동궁으로 옮겨졌다. 이곳에서 그녀는 어린 시절을 보냈던 것이다. 그런데 7살이 되던 해 어머니 권씨가 아들을 낳다가 아이를 출산한 후 다음날 죽고 만 것이다. 이때 태어난 아들이 바로 단종이었다. 평창군주는 어머니가 사망한 후 피액(避厄)을 위하여 조유례(趙由禮)의 집으로 갔다.

1450년(세종 32) 1월 24일 평창군주는 죽은 정충경(鄭忠敬)의 아들인 정종(鄭悰)과 결혼을 하였다.[66] 이때 그녀의 나이 16세였다. 보통 왕실의 여자들이 11~12세에 결혼한 것과 비교해 볼 때 나이가 많았지만 10년 동안 재혼을 하지 않은 아버지 문종과 계속 몸이 안 좋았던 할아버지 세종을 생각할 때면 그다지 늦은 것이 아니었다. 그로부터 한 달이 되기 전인 2월 17일에 세종이 승하하였다.

1450년(문종 즉위) 7월 6일 정종은 종 1품인 숭덕대부(崇德大夫)로 임명되었는데, 아마 이때 평창군주도 경혜공주로 바뀌어 임명된 듯하다. 문종은 원년(1451) 3월부터 경혜공주를 위해 경복궁과 창덕궁 사이에 위치한 양덕방(陽德坊)에 새로운 살림집을 지어 주고자 하였는데, 당시 이 집을 위해 민가 40채가 철거되었다고 한다.[67] 이러한 과정을 거쳐 경혜공주는 출합했던 것으로 보인다.

그런데 다음해 5월 14일 문종이 세상을 떠났다. 경혜공주로서는 바로 아버지의 3년상을 치러야 하는 상황이었다. 당시 경혜공주는 18세였고, 동생인 단종은 12살이었다. 단종은 아버지 문종의 사망 후 왕위

---

65) 『세종실록』 권 76 세종 19년 2월 28일(무자).
66) 『세종실록』 권 127 세종 32년 1월 24일(경자).
67) 『문종실록』 권 7 문종 1년 4월 3일(신미).

를 이었으나 황보인(皇甫仁), 김종서(金宗瑞) 등의 대신들이 권력을 행사하고 있었고, 수양대군(首陽大君)과 안평대군(安平大君)을 위시한 삼촌들의 세력이 있었다.

1453년(단종 원) 10월 10일 수양대군 일파가 황보인, 김종서를 기습하는 계유정난(癸酉靖亂)이 일어났다.[68] 수양대군은 집권 후 영의정부사와 판이·병조사를 겸직하여 이조와 병조의 인사권을 장악하였으며 군사권을 장악하였다. 군국(軍國)의 대권을 한 손에 쥔 그는 자기 심복을 요직에 배치, 국정을 마음대로 처리하였다. 그러다가 1455년(단종 3) 수양대군의 동생 금성대군(錦城大君)이 몇몇 종친과 함께 무사들과 결탁해 당여를 키운다는 죄명을 받고 삭녕(朔寧)으로 유배를 갔다. 이때 세종의 후궁인 혜빈 양씨와 한남군(漢南君) 등이 더불어 처벌되었는데, 정종도 그 명단에 들어 있었다. 사실상 세조에게 껄끄러운 대상이었던 정종은 영월(寧越)로 귀양을 가게 되었는데, 그날이 바로 세조가 단종에게 양위를 받아 즉위한 날이었고,[69] 단종은 이때 상왕으로 남았다.

정종이 유배를 가자 경혜공주는 바로 자리에 누었다. 이 소식이 전해지자 세조는 정종의 유배지를 경기도 양근(楊根)으로 옮겨주었고, 다시 단종의 정종 석방요구를 받은 세조의 조처에 따라 서울로 들어가게 만들었다. 그러다가 8월에 이르러 정종은 다시 수원으로 유배지를 옮겼고 경혜공주가 정종과 같이 움직일 수 있도록 조처하였다.[70]

그런데 1456년(세조 2) 6월 1일에 이른바 사육신(死六臣) 사건이 발생하였다. 이때 명나라 사신인 윤봉(尹鳳)의 환영연 자리에서 운검(雲

---

68) 『단종실록』 권 8 단종 1년 10월 10일(계사).
69) 『세조실록』 권 1 세조 1년 윤 6월 11일(을묘).
70) 『세조실록』 권 2 세조 1년 8월 13일(병진).

劒)으로 책봉된 유응부(兪應孚)와 성승(成勝)이 세조를 베고 단종의 복
위를 계획하였던 것이다. 그렇지만 이상한 느낌을 받은 한명회가 거사
당일 별운검(別雲劒)을 폐지하고 왕과 세자가 불참하도록 함으로써 거
사는 일시에 연기되었다. 이때 참여자였던 김질(金質)이 장인인 정창손
(鄭昌孫)에게 고변하고 놀란 정창손이 세조에게 이 거사가 알려주었
다.71) 결국 이 거사로 상왕은 노산군(魯山君)으로 강봉되어 영월로 유
배를 갔고, 정종 역시 가혹한 처벌을 피하지 못하였다.

유배중인 영양위 정종은 전라도 광주(光州)로 유배지가 바뀌었고, 경
혜공주는 광주를 따라가게 되었다. 광주의 유배지에서는 혹독한 감시
체제가 유지되었고, 이것은 단종이 영월에서 스스로 목매어 죽은 1457
년(세조 3) 10월72) 이후에는 더욱 심해졌다. 그런데 이러한 생활을 정
종은 참아내지 못하였다. 전라도 도관찰사 함우치(咸禹治)가 정종이 외
인과 교통하며 담을 넘어 잡인들과 통한 것을 여러 번 발각하였는데,
이를 막지 못한 광주목사 유곡(柳轂)과 정종을 서울로 압송해 오자고
치계하였던 것이다.73) 서울로 압송된 정종은 가혹한 고문을 받게 되었
고 결국 능지(凌遲)를 당하고 말았다.74)

친동생의 사망과 남편인 정종의 능지처사(凌遲處死)라는 형벌을 겪
으면서 경혜공주는 제정신이 아니었다. 거기다 자신과 어린 자식은 순
천(順天)의 관노비(官奴婢)로 연좌되었던 것이다. 『연려술기술(燃藜室
記述)』에는 당시의 상황을 다음과 같이 언급하였다.

---

71) 『세조실록』권 4 세조 2년 6월 2일(경자).
72) 『세조실록』권 9 세조 3년 10월 21일(신해).
73) 『세조실록』권 25 세조 7년 7월 26일(갑자).
74) 『세조실록』권 26 세조 7년 10월 20일(병술).

공(정종)이 적소에 있다가 사사(賜死)된 뒤에, 공주가 순천 관비가
되었다. 부사 여자신(呂自新)은 무인인데, 장차 공주에게 관비의 사역
을 시키려 하니, 공주가 곧 대청에 들어가 교의(交椅)를 놓고 앉아서
말하기를, "나는 왕의 딸이다. 죄가 있어 귀양은 왔지마는, 수령이 어
찌 감히 나에게 관비의 사역을 시킨단 말이냐." 하므로 마침내 부리지
못하였다.75)

이때 아들 정미수(鄭眉壽)는 나이 세 살이었고, 경혜공주 자신은 딸
아이를 임신을 하고 있었다. 이 상황에서 여자신이 자신에게 관노의 역
을 부과하자 경혜공주가 관노를 못하겠다고 거부하였던 것이다. 당시
경혜공주를 죽일 경우 세조의 부담은 컸을 것이고, 이미 부마인 정종을
죽인 후라서 그나마 모질게 못하였다.

세조는 경혜공주를 한양으로 불러 올렸다.76) 그리고 다음 달 초에 정
종의 족친을 연좌하지 말도록 명하였다.77) 특히 중궁이었던 정희왕후
가 경혜공주를 박대하면 안 된다고 강조하자, 세조 역시 자신의 마음과
같다며 그녀에게 가사(家舍)와 전민(田民)의 공늠(公廩)을 주었다.78) 그
리고 이후부터는 과전에 따라 녹을 준다든지 또는 정종의 자녀를 연좌
시키지 말도록 하면서 전부 죄안에서 풀어주었다.

아들인 정미수는 궁중 안에서 살아온 것으로 되어 있다. 그리고 경혜
공주는 딸을 낳고 정업원(淨業院)에 들어가 생활하였다. 그렇지만 아들
이 성장함에 따라 하는 수 없이 경혜공주는 세조를 만날 수밖에 없었

---

75)『연려실기술』권 4 단종조고사본말 정난에 죽은 여러 신하 정종.
76)『세조실록』권 26 세조 7년 10월 23일(기축).
77)『세조실록』권 26 세조 7년 11월 4일(경자).
78)『세조실록』권 26 세조 7년 12월 14일(경진).

다. 1465년(세조 11) 4월 1일 경혜공주는 아들 정미수를 데리고 왕을 만나러 궁궐에 들어갔다. 이때 세조가 경혜공주를 보고 불쌍히 여기여 눈물을 뿌리면서 예종에게 전지를 써서 연좌(緣坐)시키지 말도록 했다는 이야기는 이때 세조의 미움이 끝났음을 의미한다.

1473년(성종 4) 12월 30일에 경혜공주는 39세의 나이로 세상을 떠났다.[79] 그리고 이보다 앞서 아들 정미수는 15세의 나이로 종 7품인 돈녕부(敦寧府) 직장(直長)으로 관직을 시작하였다.[80] 경혜공주에게 상당히 긍정적이었던 대왕대비 윤씨가 그에게 관직을 준 것이다. 경혜공주는 피비린내 나는 궁중의 암투에서 친동생과 남편을 잃으며 살아갔지만 자신의 아들을 입사시키면서 자신의 생명을 다하였던 것이다. 후대에 이르러서도 정조는 사릉(思陵)에 행행하면서 정미수(鄭眉壽)의 묘에 관원을 보내어 전작(奠酌)하기를 장릉(莊陵)에 배식(配食)하는 규례대로 하고, 아울러 영양위 정종의 묘에 제단을 세우고, 경혜공주의 묘소에도 일체의 치제를 시행하도록 조처했으며, 여량부원군(礪良府院君)의 후손과 영양위의 사손(祀孫)을 뽑아 쓰도록 명하였다.[81]

이승소(李承召, 1422~1488)가 쓴 신도비명은 경혜공주의 삶을 함축적으로 보여준다.

> 경혜공주는 문종 공순대왕의 따님이다. 어머니 권씨(權氏)는 바로 현덕왕후(顯德王后)이며 …선덕 신해년(1431)에 궁궐로 선발되어 들어가 문종을 저궁(儲宮)에서 모시었으며, 을묘년(1435)에 공주를 낳았다. 공주는 경오년(1450)에 정종(鄭悰)에게 시집갔는데, 정종은…형조

---

79) 『성종실록』 권 37 성종 4년 12월 30일(병술).
80) 『성종실록』 권 29 성종 4년 4월 8일(무진).
81) 『국조보감』 권 73 정조 15년 9월.

참관 정충경(鄭忠敬)의 아들이다. 경태 을해년(1455)에 정종이 죄를 지어 광주(光州)에 유배되자, 공주가 따라가 있으면서 온갖 곤욕을 다 치렀는데, 일반 사람들도 감당해 내지 못할 바였다. 그런데도 조금도 원망하거나 불평하는 기색이 없이 아침저녁으로 아녀자로서 도리를 다하면서 더욱더 경건하게 해이하지 않았다. 정종이 마침내 죽음에 이르자 공주는 애통해하기를 예법대로 다하였으며, 어린아이들을 잘 어루만져 길렀다.…천순 신사년(1461)에 세조께서 중관을 보내어 경사(京師)로 소환하고는 특별히 노비 50구(口)를 하사하고 종신토록 1품관의 녹봉을 지급하라고 명하였다.…대왕대비께서 더욱더 사랑을 쏟아 때때로 대궐 안으로 불러들여 여러 날 동안 밖으로 나가지 못하게 하였다. 계사년(1473) 동 12월에 병에 걸리자 상께서 내의를 보내어 진찰하게 하였으며, 아울러 약(藥)을 하사하여 치료하게 하였으나 효험을 보지 못하였다. 28일 아무 갑자(甲子)에 집에서 졸(卒)하니, 향년은 40세였다.…공주는 1남 1녀를 두었는데, 아들은 정미수(鄭眉壽)로 지금 돈녕부 참봉으로 있으며, 딸은 어리다.[82]

2) 휘순공주(徽順公主)

휘순공주는 연산군의 첫 번째 공주였다. 그녀의 생년월은 기록이 없어서 잘 알 수가 없다. 그녀가 기록에 보이는 것은 1503년(연산군 9)에 구수영(具壽永)의 아들 문경(文璟)에게 시집을 갔다는 것에서부터 나타난다. 1502년(연산군 8)부터 시집간 딸이 살아갈 집을 새로이 짓도록 했는데, 그 공사를 선공감제조(繕工監提調)로 하여금 감독하게 하였고, 만약에 무너지는 경우에는 그 죄를 다스리는 절목을 마련하도록 하였다.[83] 그러다가 다음해 휘순공주가 막상 시집을 가니 집 근처의 수십

---

82)『삼탄집』권 14 敬惠公主墓誌
83)『연산군일기』권 43 연산군 8년 4월 13일(갑인).

채를 구입하여 더 헐도록 하였다. 그리고 그 다음해에 평시서(平市署)가 휘순공주의 집을 압박하는 형상을 이루게 되자, 이 평시서를 공주에게 주도록 하고 대신 다른 곳으로 옮기도록 조처함으로써84) 논란이 일어나게 되었다. 또한 1505년(연산군 11)에는 죄인인 임희재(任熙載)의 집과 호현방(好賢坊)의 윤필상(尹弼商) 첩의 집을 거두어 휘순 공주에게 내리라고 하였다.85)

그런데 휘순공주와 연결되어 시아버지가 된 구수영의 인물평이 좋지 못하였다. 구수영이란 사람은 원래 영응대군(永膺大君)의 사위인데, 아들 문경(文璟)이 공주와 결혼하게 됨으로써 은택이 중첩되어 특별히 1품인 숭정대부지돈녕부사(崇政大夫知敦寧府事)가 되었다. 그런데 이 인사는 구수영이 왕에게 아첨하고 남몰래 미희(美姬)를 바쳐 총애(寵愛)를 굳혀서 받은 것으로 파악되어 여러 번의 탄핵이 있었으나86) 결국 연산군은 들어주지 않았다.

또한 물품에 있어서도 공주의 가례에 쓸 체자(髢子) 150개를 각 고을에서 준비하도록 했고, 쌀 800석을 주혼자(主婚者)의 집에 보내게 하였으며,87) 시강(侍講)한 자리에서 합덕(合德)의 제언(堤堰)을 주고자 했으나 신하들의 반발이 심해지자 해당관청에서 알아보도록 하였다. 아울러 공주의 집 노비들에게 호역(戶役)을 면제시켜 주었으며, 집의 상량(上樑)에 보시할 면포(綿布) 80필과 생초(生綃) 1필을 내려주었다.88) 출합(出閣) 할 때에는 따로 수주(水紬) 50필을 내려주도록 했으며, 휘순공

---

84) 『연산군일기』 권 49 연산군 9년 3월 6일(계유) 및 권 55 연산군 10년 8월 20일(정축).
85) 『연산군일기』 권 57 연산군 11년 1월 5일(신묘).
86) 『연산군일기』 권 43 연산군 8년 3월 12일(갑신), 3월 14일(병술), 3월 25일(정유).
87) 『연산군일기』 권 42 연산군 8년 1월 14일(정해), 15일(무자).
88) 『연산군일기』 권 44 연산군 8년 5월 2일(계유), 5월 12일(계미), 6월 10일(경술).

주가 결혼하는 9년 3월까지 쌀을 내리거나 노비를 내리는 조처가 여러 번 있었다.[89]

이상과 같이 결혼을 즈음하여 휘순공주는 연산군이 하사한 막대한 물품과 관심으로 그 주목을 받았으나 1506년(연산군 12)에 일어난 반정으로 그 상황이 바뀌었다. 반정의 결과 연산군은 사망하고, 그의 아들인 세자 이황은 사사(賜死)를 당하였다. 반면에 시아버지인 구수영은 반정 2등 공신으로 책봉되었고 휘순공주는 남편 구문경에게 절연(絶緣)을 당하게 되었던 것이다.

구수영(具壽永)은 당초 반정군이 연산군의 폭정에 거의(擧義)했다는 말을 듣고, 즉시 훈련원에 달려가 제장들을 보았다. 여러 장수들이 서로 돌아보며 놀랬지만, 벌써와 몸 바치기를 허하였으므로, 마침내 훈적(勳籍)에 참여할 수 있었다. 그리고 그 덕으로 반정 2등공신이 되었던 것이다.[90] 그럼으로써 공주의 시아버지라는 위치로 인한 불이익을 최소화할 수 있었다. 그런 다음 아들 구문경이 폐서인이 되자 휘순공주가 받은 집과 전민(田民)을 전부 속공 당하였다.[91] 이때 구수영은 이를 모면하는 방법으로 구문경과 휘순공주의 혼인을 절혼(絶婚)하였다. 이때는 혼란한 상황이라 폐왕의 사위인 구문경과 휘순공주를 절연(絶緣)시키자는 구수영의 말에 중종이 따랐던 것이다.[92]

그러나 이러한 조처는 몇 년 후 다시 복구되었다. 대신들의 의논에 비록 반정의 초기에 양자를 이혼시켰지만 지금은 인심이 안정되었으

89) 『연산군일기』 권 46 연산군 8년 7월 26일(병신), 10월 14일(계축), 12월 21일(기미).
90) 『중종실록』 권 1 중종 1년 9월 2일(무인), 8일(갑신).
91) 『중종실록』 권 1 중종 1년 9월 11일(정해).
92) 『중종실록』 권 1 중종 1년 9월 25일(신축).

니 필부필부(匹夫匹婦)의 원한도 불쌍히 여겨야 되니 구문경 부부를 다시 결합하도록 하자고 청하여 결국 왕의 윤허를 얻었다. 그리고 가사(家舍)를 관에서 몰수했으니 빈집을 사급(賜給)해 주고 만약 빈집이 없으면 그 값의 면포를 주도록 하였다.[93]

3) 정명공주

정명공주(貞明公主)는 선조의 계비인 인목왕후가 낳은 딸이다. 선조의 첫 번째 부인은 박응순(朴應順)의 딸인 의인왕후 박씨로 그 소생이 없었고 임진왜란이 끝난 후인 1600년에 사망하였다. 선조는 3년 상이 끝난 재위 35년(1602)에 51세의 나이로 19살인 인목왕후를 계비로 맞아들였다.

당시 정치적 상황은 상당히 좋지 못하였다. 1592년(선조 25)에 발생한 임진왜란의 전운은 전국의 휘돌아갔고, 초반에 한양을 포기하고 의주까지 파천하였던 선조는 전쟁 패전의 책임을 지고 왕위에서 물러나라는 압박을 받았다. 반면에 전쟁 초에 세자로 책봉되었던 광해군은 여러 전선을 누비면서 의병들을 독려하는 활약을 펼쳤다. 이 과정에서 사람들은 선조가 아닌 세자 광해군에게 시선이 몰렸고 양자 사이에는 갈등이 깊어졌다.

7년에 걸친 전쟁이 끝나자 선조는 광해군에 대한 열등감이 커져 그를 미워하기에 이르렀고, 반면에 광해군은 점차 자신의 입지에 불안함을 느꼈다. 이런 상황에 1602년(선조 34) 선조가 재혼을 하게 되자 광해군은 새로운 왕비가 아들을 낳아 자신을 대신하여 왕위에 이를까 두려

---

93) 『중종실록』 권 7 중종 3년 10월 7일(신미), 10일(갑술).

워하였다. 1603년(선조 35) 5월 19일에 정릉동 행궁에서 인목왕후가 첫 번째 아이를 낳았는데, 그 아이가 바로 정명공주였다. 이때의 상황을 실록에서는 "중전이 해산하여 공주를 낳았다."[94]라고 간단하게 서술하였으나 여기에는 많은 정치적 상황이 내재되어 있었다.

> 만력 임인년(1602)에 왕비마마가 태기가 있다는 이야기가 있었다. 세자 광해군의 장인인 유자신(柳自新)은 그 소식을 듣고 왕비마마를 놀라게 하여 낙태시키려고 하였다. 유자신은 대궐에 돌팔매질도 하게 하고 대궐 사람들을 꾀어 궁녀들의 측간에 구멍을 뚫고 나무로 쑤셔대게 하기도 하고…계묘년(1603)에 왕비마마께서 공주를 낳으셨는데 해산소식이 잘못되어 대군 아기씨가 태어났다고 전해졌다. 그러자 유자신은 한마디 말도 않다가 다시 공주마마가 태어났다는 소식을 듣고서야 간신히 축하예물을 올렸다. 그가 얼마나 왕비마마를 미워했는지 알 만하다.[95]

당시 세자의 장인인 유자신(柳自新)이 인목왕후의 임신 및 출산과정에 있어서의 상념은 세자에게도 마찬가지였을 것이다. 인목왕후를 낙태시키려는 갖가지의 행동은 좀 과장된 것으로 보이지만 마음속에 쌓여 있는 왕비에 대한 미움은 사실일 것이다.

정명공주의 출생은 광해군 측 인물들에게 불행을 알리는 것이었으나 선조와 인목왕후에게는 축복의 시간이었다. 정명공주가 태어난 지 1년 후에 다시 인목왕후는 아이를 낳았는데, 이번에도 딸로 사산아였다. 그렇지만 다시 1년 반 뒤에 아이를 낳았는데 이번에는 고대하던 아들이

---

94) 『선조실록』 권 162 선조 36년 5월 19일(갑술).
95) 이왕무, 「세자와 형제들」, 『조선의 세자로 살아가기』, 돌베개, 2013, 295쪽, 재인용.

었다. 이번에 낳은 아들은 광해군으로 하여금 불안감을 가중시켰다.

1608년(선조 41) 2월 1일 선조의 죽음으로 그 상황은 완전히 바뀌게 되었다. 선조가 죽은 다음날인 2월 2일에 광해군은 즉위식을 행하고 왕위에 올랐다 원래 조선의 왕위는 선왕이 죽고 나면 대략 5일 뒤 대렴(大斂)이 끝난 후에 세자에게 넘어갔으나 이때는 불안한 마음의 광해군이 재빨리 다음날 시행한 것이다. 아마도 왕위계승이 잘못되어 타인에게 옮겨갈지도 모른다는 마음에서 그랬을 것이다.

광해군이 즉위했을 때.96) 정명공주의 나이 6세, 영창대군의 나이는 3살에 불과하였다. 이때는 광해군과 대비의 거처가 정릉동 행궁이었으나 선조의 졸곡(卒哭)이 끝나자 광해군이 갑자기 동궁(東宮)으로 거처를 옮기면서 왕과 대비의 거처가 달라졌다. 시간이 지나갈수록 광해군의 대비에 대한 대우가 점차 소홀해졌다. 처음에는 하루에 세 번씩 문안을 드리다가 점차 초하루와 보름으로 줄어들었고 그나마 그것도 점차 줄어들었다. 또 문안을 드리러 와도 그냥 형식적인 대답만을 취하였고 그냥 횡하니 나가버리는 상황이었다.

광해군과 인목대비와의 갈등은 계축옥사(癸丑獄事)를 처리하는 과정에서 증폭되었다. 1613년(광해군 5) 동래 은상(銀商)을 살해한 박응서(朴應犀), 서양갑(徐羊甲) 등을 포도청에서 구금했는데, 이때 이이첨(李爾瞻) 등이 포도대장을 시켜 박응서를 회유하여, 국구(國舅)인 김제남(金悌男)을 주모자로, 영창대군을 추대하는 계획된 모반으로 고변케 하였다. 이러한 상황에서 영창대군이 폐서인(廢庶人)되어 강화도로 유배를 갔고, 다음 해에 9살의 나이로 죽었다.97) 그리고 1618년(광해군

---

96) 『광해군일기』 권 1 광해군 즉위년 2월 2일(기미).
97) 『광해군일기』 권 75 광해군 6년 2월 10일(임진).

10년) 1월 28일에 인목대비 김씨는 폐비(廢妃)가 되어 서궁(西宮)에 유폐되었다.[98]

광해군의 폐모살제(廢母殺弟)의 행동은 당시에 상당한 충격을 주었다. 비록 동생을 죽인 일의 경우 그럴 수 있다고 치더라도 어머니를 '폐비' 시킨다는 것은 폐륜에 해당하는 것이었기 때문이었다. 이때 서궁(西宮)은 인목대비가 살던 경운궁(慶運宮, 정릉동 행궁)이 창덕궁의 서쪽에 있기 때문에 붙여진 이름으로 후궁의 명칭이었다. 인목대비가 폐비되어 후궁으로 강등되자 그 자식이었던 정명공주도 강등되었다. 공주의 늠료(廩料)와 혼인은 옹주(翁主)의 예에 따르게 했으며, 나머지는 모두 서인(庶人)으로 강등시켰던 것이다.[99]

당시 정명공주의 나이 16세에 해당하였다. 사실 몇 년 전부터 혼인을 시행하려고 했지만 남동생인 영창대군의 사망을 겪으면서 그러지 못하였다. 이때부터 인조반정이 일어나는 해인 1623년(광해군 15) 3월까지 정명공주는 서궁에서 숨죽이고 살아야 했다. 이 당시 정명공주는 누구보다도 조심스럽게 살면서 자신의 환경에 적응하려고 노력하였다. 당시 절망과 원한에 사무친 인목대비의 슬하에 유일하게 남은 이가 바로 정명공주였고 그녀를 빼앗아 갈까봐 인목대비는 전전긍긍하였던 것이다.[100]

1623년(광해군 15) 3월 12일 한밤중에 인조반정이 발생하였다.[101] 반정군은 광해군을 어머니 인목대비를 '서궁'에 유폐한 불효한 놈으로

98) 『광해군일기』 권 123 광해군 10년 1월 28일(무자).
99) 『광해군일기』 권 123 광해군 10년 1월 30일(경인).
100) 신명호, 『조선공주실록』, 역사의 아침, 2009.
101) 『광해군일기』 권 187 광해군 15년 3월 12일(임인).

비난하며 그를 강화도로 유배보내 치죄하였고,[102] 반면에 서궁에 유폐되어 있던 인목대비를 창덕궁으로 이송하였다. 이때부터 인목대비는 '서궁'이 아니라 '대비'로 회복되었고, 정명공주도 서인에서 '공주'로 복권되었던 것이다. 당시 인조는 반정을 시행할 때 크게 4가지 면을 광해군의 실책으로 강조하였다. 첫째는 폐모살제(廢母殺弟) 즉 광해군의 모후의 유폐와 형제살육을 들었고, 둘째는 명과 후금에 대한 이중 외교로 인한 대의명분이 손상된 것, 셋째는 대북정권의 전횡, 넷째는 빈번한 토목공사, 부세의 남징, 과거의 부정, 후궁의 발호 등이 광해군의 실정이었다는 것이다.

이들 중에서 셋째와 넷째의 경우 과연 광해군대의 정치가 인조대보다 더 나빴을 것이라는 점을 검토해볼 여지가 있는데, 문제는 첫 번째와 두 번째였다. 두 번째의 경우도 현대에서는 합리적인 해결을 보았다고 생각되며 당시에도 그렇게 큰 문제가 되지 않았다. 다만 첫 번째의 경우 광해군 정권의 최대 실책으로 생각되는데, 당시 서인정권에서도 이 문제를 물고 늘어졌다. 이러한 과정에서 첫 번째의 직접적인 대상인 인목대비는 당연히 극진하게 모실 수밖에 없었다.

반정이 성공하고 난 후 3일째인 3월 16일에 이미 정명공주의 부마간택에 대한 요청이 이루어졌고 이를 인조가 허락함으로써 곧바로 시행되었다. 그런데 이때 정명공주의 나이가 이미 21살이나 되었고, 따라서 그 또래의 신랑감이 극히 드물었다. 이미 상당수의 신랑감들이 장가를 간 상태였던 것이다. 결국 부마단자의 접수의 기한을 늦추고 나이도 낮추는 과정을 거쳐 9월 26일에 홍영(洪霙)의 아들인 3살 연하의 홍주원

---

102) 『광해군일기』 권 187 광해군 15년 3월 23일(계축).

(洪柱元)에게 하가(下嫁)시켰던 것이다.103) 하가의 결정 다음 날인 27일 인사이동에서 홍영에게 성균관의 정 5품직인 직강(直講)의 벼슬을 내리는 것으로 보아104) 홍영의 관직은 그다지 높지 않았던 것 같고, 홍주원에게는 숭덕대부 영안위(永安尉)로 삼았다.105)

공주의 결혼식은 화려하였고, 이후 인목대비와 인조의 극진한 비호를 받으면서 살았다. 그런데 1624년(인조 2)에 정명공주가 집수리를 하면서 그 규모를 크게 확장하게 되자 인조는 인목대비에 대한 자신의 효성을 과시하기 위해 정명공주의 집을 화려하게 만드는 데 일조하였다. 이러한 조처에 대해 승정원과 대간 등에서 반대했지만 인조의 결심은 확고부동했다. 이때 우부승지 김덕함은 다음과 같이 말하였다.

> 우부승지 김덕함(金德諴)이 계하기를,…자전께서 여러 해 동안 유폐(幽閉)되신 나머지 집안이 다 없어지고 하나 있는 대군(大君)마저 피를 흘리게 되어 복위(復位)하신 처음에 공주만 남아 있을 뿐이니 자전께서 공주를 위해 주려는 심정이 지극하실 것이고, 성상께서도 자전을 위로하시려는 마음에 무엇이든 못하실 일이 없으실 것입니다. 공주에게 집이 없다면 이 재목과 기와를 덜어서 집 한 채를 지어 공주를 편안하게 살게 하는 것도 혹 한 방도이겠으나, 지금은 국가에서 공주의 집을 지어 주고 이미 길례(吉禮)를 치렀습니다. 여기에 대해서도 제도가 넓고 크다고 식자들이 말하고 있는 형편인데, 2백 칸의 집을 지어 어디에 쓸 것이기에 이 재목과 기와를 마치 대수롭지 않은 물건처럼 내리십니까.106)

---

103) 『인조실록』 권 3 인조 원년 9월 26일(개축).
104) 『승정원일기』 2책 인조 원년 9월 27일(갑인).
105) 『인조실록』 권 3 인조 원년 9월 27일(갑인).
106) 『인조실록』 권 6 인조 2년 6월 6일(무자).

여기서 우부승지 김덕함은 왕과 대비의 이러한 조처가 나오게 된 것이 정명공주에 대한 안쓰러움에서 기인되었다고 파악했지만 현실적으로 적당히 하는 것이 타당하다고 주장하고 있다. 사실 이 문제는 공주의 과다함을 지적하는 주장도 있지만 당시에 부마였던 홍주원의 교만함과 법제를 지키지 않는 사람들의 사적인 감정이 들어가 있었던 것 같다.[107]

이러한 조처는 집터에서만 나타나는 것이 아니었다. 임진왜란 이후 공주의 혼인에는 '절수(折受)'라는 형태의 황무지 개간권을 주었는데, 정명공주에 의한 토지소유는 영조 대의 기록에 나타난 경상감사 박문수의 주장에 의하면 8,076결이나 된다고 하였다. 절수는 경상도에만 지급된 것이 아니었기 때문에 전국적으로 얼마나 되는 지를 잘 알 수 없다고 하였다.[108] 결국 정명공주는 인목대비가 살아있는 동안 지나친 배려와 비호가 계속되었던 것이다.

그러나 이 상황은 인목대비가 사망하면서 크게 변화하였다. 1632년 (인조 10) 6월 28일 인목대비가 49세의 나이로 인경궁(仁慶宮)에서 사망하였다. 그런데 인목대비의 병세를 시병(侍病)했던 인조에게 궁중에서의 저주사건이 발각되었던 것이다. 당시 궁인이었던 옥지(玉只) 등의 3, 4인이 문을 닫고 몰래 궁벽한 곳으로 가 제사를 지내며 기도했는데, 흉측한 물건을 묻은 사실을 뒤에 알았던 것이다. 만약에 기도했다면 문을 잠가놓고 남에게 숨겨서 할 필요성이 없었던 것이다. 이것은 당초에 안목왕후의 초상 때에 백서(帛書) 3폭을 발견했는데, 그 내용이 왕을 폐하고 새로 세우자는 내용이었다. 인조는 이를 친척들에게 보여주고 얼마 후에 불살라버렸는데, 혹자는 왕후가 서궁(西宮)에 유폐당했을 때

---

107)『인조실록』권 8 인조 3년 3월 2일(경술).
108) 신명호,『조선공주실록』, 역사의 아침, 2009, 126쪽.

쓴 것이라고 말하지만, 외부 사람으로는 그것이 그러한지 아닌지를 알 수 없다고 한다.109)

이 사건은 죽은 인목대비가 중심이 되어 있어 대신들 사이에서 논란이 일어났다. 그렇지만 이번 옥사를 일으켜서는 안 된다는 대다수의 주장이 나왔고, 원래 의심이 많았던 인조의 성격상 그대로 둘 수 없었지만 결국 인목대비의 궁녀들을 주모자로 윤소원(尹昭媛)과 정상궁을 처벌하는 것으로 옥사를 마무리했던 것이다.110) 이 사건이 발생했을 때 누구보다도 마음 졸이며 추이를 살폈던 사람은 정명공주였다. 여차하면 본인뿐 아니라 시가쪽 식구들 누구도 무사할 수 없는 상황이었던 것이다.

이때부터 인조는 계속 침을 맞으며 병을 치료했지만 병세에는 저주로 인한 괴질의 발생으로 볼 만한 여지가 있어서 정명공주는 상당히 고민을 해야만 했다. 그렇지만 이를 제외하고는 전반적으로 평안했고, 1649년(인조 27)까지 이 상태가 지속되었다. 그러다가 인조가 사망하자 그 이후 왕위에 올랐던 효종, 현종, 숙종은 정명공주에게 최고의 예우를 해 주었고, 그녀는 7남 1녀의 많은 자녀를 둔 채로 83세까지 살았다. 숙종 때는 정명공주의 나이가 80세가 넘었음으로 배려하지 않을 수 없다며, 특별히 잔치에 쓸 물자를 내렸던 것이다.111) 정명공주의 졸기는 다음과 같다.

정명 공주가 졸(卒)하였다. 공주는 선조대왕의 딸로서 인목왕후가 낳았다. 어려서 인목 왕후를 따라 서궁(西宮)에 유폐(幽閉)되었다가 인

---

109) 『인조실록』 권 27 인조 10년 10월 23일(정해).
110) 『인조실록』 권 27 인조 10년 12월 1일(갑자).
111) 『국조보감』 권 45 숙종조 5 숙종 8년 1월.

조가 반정하자 영안위(永安尉) 홍주원(洪柱元)에게 하가(下嫁)하여 자손이 번성함을 갖추어 누렸으며, 수(壽)는 대질(大耋, 80세를 이름)을 지내고서 마쳤다. 상이 매우 슬퍼하여 예장하게 하고 녹봉은 3년을 기한하여 그대로 주도록 명하였다.[112]

112)『숙종실록』권 16 숙종 11년 8월 10일(무술).

5장

공주의 가족관계와 신앙

1. 부부관계

일반적으로 공주(옹주)-부마의 부부관계는 공주 측에 유리하도록 설정되어 있었다. 처첩제가 시행되는 일반 사대부가와 달리 부마는 공주 하나만을 사랑할 수밖에 없었다. 첩(妾)도 없고 만약에 공주가 일찍 죽는 경우 부마는 공주를 위해 평생을 수절해야 하기 때문이다. 다만 부마는 열심히 공부를 해서 입신양명을 해야 되는 일반 사대부들과 달리, 공주(옹주)와의 결혼을 하면 바로 종 1품(종 2품)의 의빈에 임명되고 시간이 지나면 정 1품(종 1품)의 관직에 나가기 때문에 특별히 신경을 쓸 필요가 없다. 가정에서는 공주를 위해 노력하고, 틈틈이 궁궐에 나가 공주가 참여하는 행사를 따라서 참석하면 될 뿐이었다.

대부분의 공주가 결혼을 하면 부모의 간섭과 통제를 받지 않았다는, 다시 말해 안하무인적인 성격을 지닌 사람이 많았다는 사실에 많은 부마들은 스트레스를 받아야 했다. 정치적·권력적인 성격의 아들과 달리 딸은 궁궐에서도 아버지인 왕의 사랑을 받았고, 이것이 사가에서 그대로 이어져 '엄처' 관계를 유지하는 것이 일반적이기 때문이었다.

공주─부마의 이러한 관계에 대해 상당히 부정적인 입장을 가진 부마들이 있다. 지위만 높을 뿐 정치적인 권력을 직접적으로 행사하지 못하는 의빈의 지위, 첩들을 거느리지 못하고 1명의 공주만 상대하는 입장, 특히 자신의 능력으로 고위직에 올라 천하에 호령하는 모습들은 상상의 나래에 불과하였다. 그러면 과연 법제적인 것과 같이 부마는 공주만을 위하여 살아야만 하는가. 이를 위해 여기서는 일상적인 부부관계와 그것을 넘어선 부마들과 공주들의 모습을 살펴보도록 하겠다.

1) 관계가 좋았던 공주와 부마

우선 긍정적인 평가를 받은 공주와 부마부터 살펴보자. 태종과 원경왕후의 세 번째 딸인 경안공주(慶安公主)의 부마였던 길창군(吉昌君) 권규(權跬)는 젊은 29살의 나이로 1421년(세종 3)에 사망하였는데, 그에 대한 졸기가 실록에 실려 있다.

> 길창군 권규가 졸하였다. 규는 권근(權近)의 아들이다. 12살에 상왕의 딸 경안공주에게 장가들어 숭정대부(崇政大夫)에 오르고 길천군에 봉해졌다.…상이 즉위한 뒤 사랑과 대우가 특별히 달랐는데, 이때에 병으로 죽으니, 나이가 29세이다.…규는 성격이 온후하고 자신을 겸손하게 가지며, 생활을 매우 검소하게 하고, 사랑과 공경으로 어머니를 섬겼다. 자기 집에 드나드는 사람이 쌀을 훔친 것을 청지기가 붙잡아서 아뢰니, 규는 가난한 선비라 하면서 그대로 그에게 주었다. 조정의 사대부들이 그가 죽었다는 말을 듣고 애석히 여기지 않는 이가 없었다.…예조에서 아뢰기를, "부마는 다른 대신과 견줄 바가 아닙니다. 지금 길창군 규의 상사에 대해서 규정에 의해 예장을 지내는 이외에,

빈소를 드리고 염(斂)을 갖추는 기구를 모두 관가에서 준비하되, 홑저고리와 겹저고리 모두 세벌씩, 저고리 깃 한벌, 홑저고리 깃 두벌, 시체를 묶는 데 쓰는 흰 모시 3필, 명정감으로 붉은 명주 10척, 혼백 감 1 필을 마련하고, 장례는 중등으로 하게 하소서."하니, 그대로 따랐다. 이것은 규의 집이 워낙 가난하여, 저축된 것이 없었기 때문이었다.[1]

위의 내용을 살펴보면 권규가 살아있을 때의 일상적인 태도는 상당히 긍정적으로 묘사되어 있었다. 권규는 온순하고 생활에 검소했으며 부모를 잘 섬긴 사람으로 묘사되었는데, 당시 조정의 사대부들은 그의 죽음을 대단히 안타깝게 여겼다고 한다. 그런데 그의 집이 가난하여 죽어서는 관에서 그 장례용품을 대줄 정도라고 평가하고 있다.

사실 아버지가 권근(權近)이라는 명문가의 일원이고, 게다가 공주와 결혼했음에도 불구하고 이런 표현을 쓴 것은 다른 사람들보다는 좀 검박하다는 표현을 과장한 것으로 보여진다. 어머니에게 효도했다는 평가는 일반 사대부들 중에서도 긍정적인 면모를 보이는 듯한데, 경안공주라는 태종의 딸이 과연 어떻게 이에 대해 반응을 했는지는 잘 알 수 없다.

공주-부마의 관계가 금슬이 좋았던 경우는 화순옹주(和順翁主)가 대표적이라 볼 수 있다. 화순옹주는 영조의 큰 딸로 정빈(靖嬪) 이씨의 소생이었는데, 영조가 즉위하면서 옹주로 책봉되었다.[2] 그녀의 남편은 월성위(月城尉) 김한신(金漢藎)으로 1732년(영조 8)에 하가(下嫁)를 하였다.[3] 김한신은 김흥경(金興慶)의 아들인데, 김흥경의 본성이 근실 검약하여 벼슬이 삼공에 이르렀지만 아들이 옹주에게 장가를 든 이후 더

1) 『세종실록』 권 11 세종 3년 4월 3일(을미).
2) 『영조실록』 권 3 영조 원년 2월 18일(병술).
3) 『영조실록』 권 32 영조 8년 11월 29일(임자).

욱 조심하여 도민(都民)들이 그 집안에 부마가 있는 줄도 모를 지경이라며 사람들의 칭송이 자자했다.4)

이러한 아버지의 심성을 본받아 김한신은 상당히 청렴하였다. 1758년(영조 34)의 기록에 의하면 그는 부귀로 생장하였으나 화려한 것을 좋아하지 않았다고 한다.

> 월성위 김한신이 졸(卒)하였다.…사신은 말한다. "김한신은 고(故) 상신 김흥경의 아들로서 천가(天家)에 빈생(賓甥)이 되었는데, 부귀로 생장하였으나 분화(芬華)함을 좋아하지 아니하여 의복이 한사(寒士)와 같았으며, 출입에 초거(軺車)를 타지 아니하고 항상 말을 타며 많은 무리를 물리치고 홀로 다니니, 가로의 사람들이 간혹 도위가 된 것을 알지 못하였다. 성품이 효우하고 공근하여 교만하고 귀한 뜻이 절대로 없으며, 노예를 엄하게 단속하여 여리(閭里)에 횡포하고 방자함이 없도록 하였다. 위로는 진신(搢紳)으로부터 아래로는 여대(輿儓)에 이르기까지 모두 그 아름다움을 일컬었는데, 이때에 이르러 병으로 졸하였다. 상이 슬퍼함을 그치지 아니하고, 비봉(庀賵)을 모두 우대하는 법으로 썼다. 아는 이나 모르는 이가 모두 말하기를, '어진 도위가 죽었다.'고 하였다."5)

이같이 청렴한 부마 김한신에게 화순옹주는 참 잘 어울리는 짝이었다. 그녀는 남편과 더불어 검약을 숭상하여 복식의 화려함과 사치함에 신경쓰지 않았다고 한다. 게다가 도위와 더불어 서로 경계하여 함께 깨끗하게 삼감으로써 몸가짐을 단정히 하여 사람들에게 '어진 도위와 착한 옹주'라는 인상을 갖게 했다. 그런데 위에 나온 바와 같이 김한신은

---

4) 『영조실록』 권 71 영조 26년 3월 26일(기사).
5) 『영조실록』 권 91 영조 34년 1월 4일(신묘).

영조 34년에 39살의 나이로 사망하게 되었다.

그런데 이때 화순옹주는 월성위 김한신을 따라 죽겠다고 곡기를 끊었던 것이다. 이 사실을 안 영조는 기가 막혀 어찌할 줄을 몰랐다. 이미 도위가 죽던 날 자신의 첫 번째 왕비인 인원왕후(仁元王后)가 사망하는 불상사가 있었다. 처와 사위가 죽었는데, 이제 큰딸마저 죽으려고 하는 것이었다. 영조는 바로 당일에 화순옹주의 집으로 가서 그녀에게 곡식을 권하는 말을 하였고, 이에 옹주는 한번 음식을 들이켰다가 곧 토하게 되었다. 이에 왕은 그 뜻을 돌이킬 수 없음을 알고는 슬퍼하고 탄식하면서 돌아왔다.[6]

그 뒤 화순옹주는 1월 17일에 사망하였다. 남편이 죽은 지 일주일이 지나서였고, 곡기를 끊은 지 14일만이었다. 당시 사관은 이러한 화순공주의 죽음을 칭송하여 다음과 같은 평을 남겼다.

> 사신은 말한다. "부인의 도는 정(貞) 하나일 뿐이다. 세상에 붕성지통(崩城之痛)을 당한 자가 누구나 목숨을 끊어 따라가서 그 소원을 이루려고 하지 아니하겠는가마는, 죽고 사는 것이 또한 큰 지라, 하루아침에 목숨을 결단하여 집에 돌아가는 것처럼 보는 이는 대개 적다. 그러나 정부·열녀 마음의 상처가 크고 슬픔이 심한 즈음을 당하여, 그자리에서 자인(自引)하는 것은 혹시 쉽게 할 수 있지만, 어찌 열흘이 지나도록 음식을 끊고 한 번 죽음을 맹세하여 마침내 능히 성취하였으니, 그 절조가 옹주와 같은 이가 있겠는가?…이는 진실로 여항의 필부도 어려운 바인데, 이제 왕실의 귀주(貴主)에게서 보게 되니 더욱 우뚝하지 아니한가? 아! 지극한 행실과 순수한 덕은 진실로 우리 성후(聖后)께서 전수하신 심법이므로, 귀주가 평일에 귀에 젖고 눈에 밴 것

---

6) 『영조실록』 권 91 영조 34년 1월 8일(을미).

을 또한 남편에게 옮겼던 것이다. 아! 정렬하도다. 아! 아름답도다."[7]

　남편을 따라 죽는 것은 슬픔에 겨워서 나온 행동이었지만 실제로 죽는 것은 쉽지 않았는데 특히 제왕의 딸이 그러한 행동을 했다는 것은 어려운 일이었다. 사신(史臣)은 화순옹주의 행동을 극히 성스러운 것으로 보았다. 특히 조선왕조에서 남편을 따라 죽은 공주(옹주)는 오직 화순옹주 하나밖에 없었다.

　이날 좌의정 김상로(金尙魯)는 영조에게 옹주의 정려(旌閭)를 청하였다. 그러나 영조는 화순옹주는 자식으로서 아비의 말을 따르지 아니하고 굶어서 죽어 효(孝)에는 모자람이 있다고 언급하며, 특히 자신이 군왕으로서 자식을 정려할 수 없다고 말하였다.

2) 사이가 나빴던 공주와 부마

　이상과 같이 사이가 좋았던 공주와 부마의 사례와 달리 사이가 좋지 않은 공주와 부마가 있었다. 예종의 큰 딸인 의숙공주(懿淑公主)와 그 부마인 풍천위(豊川尉) 임광재(任光載)의 경우가 그러하다. 의숙공주는 예종과 장순왕후(章順王后) 한씨의 외동딸로 태어나 1475년(성종 6)에 임광재와 혼인을 했다. 임광재는 임원준(任元濬)의 손자이자 임사홍(任士洪)의 아들인데, 어린 시절부터 문장을 좋아했다고 한다.

　1492년(성종 23) 3월 임광재는 여기(女妓)인 청루월(青樓月)과 여러 곳에서 모여 마시고 기탄없이 방자(放恣)하였으며 결국 사랑에 빠지게까지 되었다. 이러한 사실을 공주가 어머니인 대비에게 호소하였고 결

---

7) 『영조실록』 권 91 영조 34년 1월 17일(갑진).

국 왕이 알게 되었다. 성종은 부마는 모두 공주나 옹주 때문에 영광된 지위에 이르는 것인데, 지금 임광재가 공주를 소박하고 창기인 청루월을 사랑하니 이는 별감이 잘못 인도한 것이라며 별감 서도치와 청루월을 국문하라고 명하였다.8) 며칠 후 이들 중 청루월은 장(杖) 100을 옷을 벗겨서 형을 치루는 거의수형(去衣受刑)하도록 하고, 용천의 관비로 영속시켰다.9)

그렇지만 이 이상의 죄를 임광재에게 묻지는 않은 것 같다. 두 달 후 임광재는 풍천위로 승진되었고,10) 그 뒤에는 말 한필을 하사받았기 때문이다.11) 이후에도 성종은 임광재를 총애하였다. 여러 번 물품을 내려주고 수시로 그의 집을 방문하였기 때문이다. 하지만 이러한 사건을 뒤덮을 또 다른 일이 벌어졌다.

1494년(성종 25)에 현숙공주의 비(婢) 청옥(靑玉)이 왕대비에게 공주의 유모 대이(大伊)와 보모 소비(小非) 등 6명이 공주를 독살하려 도모했다고 고변하였다. 이를 들은 성종은 즉시 그들을 잡아 문초했는데 여기에 관련된 자가 40여 인에 이르고 목숨을 잃은 자가 10여 인에 이르렀다.12) 사관에 의하면 이 사건은 부당한 것으로, 공주의 무고(誣告)로 나타난 것이라고 하였다.

그런데 이 사건을 수색하는 과정에서 임광재의 여색을 탐하는 형태가 모습을 드러냈다. 1494년(성종 25)의 기록에 의하면 임광재의 방탕함이 그대로 드러나고 있었다.

---

8)『성종실록』권 263 성종 23년 3월 2일(임신).
9)『성종실록』권 263 성종 23년 3월 9일(기묘).
10)『성종실록』권 265 성종 23년 5월 19일(무자).
11)『성종실록』권 266 성종 23년 6월 10일(기유).
12)『성종실록』권 290 성종 25년 5월 26일(계축).

장원서별좌(掌苑署別坐) 한우창(韓禹昌)의 비(婢)는 이름을 가섭(迦葉)이라 하였는데, 아름답고 요염하였다. 임광재가 장원서 제조가 되어 보고서는 기뻐하여, 함께 사통(私通)하려 하였으나 가섭이 따르지 않으니, 임광재가 두 사람으로 하여금 양쪽을 끼도록 하여 옷으로 그 입을 막고서 강간(強奸)하였다. 임광재는 또 술에 취해 인가에 투숙한 적이 있었는데, 주온(主媼)으로 하여금 물을 가져오게 하고는 더불어 사간(私奸)하려고 하였으나, 그 여인이 굳게 거절하니, 서로 판자를 차서 소리가 밖에서도 들렸다.13)

이러한 임광제의 행태로 성종은 확실하게 사건의 전모를 알았고, 여러 문초의 과정에서 임광재가 단순히 기생과 정을 통한 것이 아니라 양인을 첩으로 삼았던 사실을 발견하였다. 물론 임광재는 자신에게는 양첩이 없다며 항변하였지만 이에 대해 성종은 '내가 부마인데 어찌 고신(栲訊)할 수 있겠느냐?'며 생각하고 굳이 숨기려는 것으로 인식하였다.14) 따라서 임광재가 양가의 딸을 첩(妾)으로 삼았으니, 그 양첩을 끝까지 추고하도록 명하였다.

다음날 성종은 임광재가 진천의 양가(良家) 딸을 첩(妾)으로 삼고, 여주농사(驪州農舍)로 내려갈 때에는 불러다 본다는 재보가 있자 그를 추적해 보라고 하였다. 그렇지만 그 전모를 알기가 여의치 않자 각도 관찰사에게 임광재의 양처를 숨기는 자는 전가사변(全家徙邊: 범죄자와 그 가족을 평안도와 함경도로 이주시키는 형벌)을 시키고 알리는 자에게는 상을 주겠다는 것을 포고하도록 하였다. 특히 고하지 않는 자는 양천을 막론하고 전가사변(全家徙邊) 시키겠다는 뜻을 확실히 하도록

13)『성종실록』권 291 성종 25년 6월 15일(임신).
14)『성종실록』권 291 성종 25년 6월 21일(무인).

하였다. 결국 임광재 노비들의 말에 의하여 존금(存今)이라는 존재가 드러났고 이 존금이 임광재와 사통하고 있었다는 사실을 알아냈다. 임광재가 필단(匹段)과 사라(紗羅) 등을 폐백으로 하여 존금의 집에 보냈다는 것이 드러난 것이다.[15)

이를 근거로 성종은 7월 15일 의금부에 글을 내려 조목조목 임광재의 죄명을 나열하고, 임광재로 하여금 이들 죄를 시인하게 하였다.[16) 결국 이러한 죄의 결과로 존금은 경상도 · 전라도로 영구히 부처(付處)하여 돌아올 수 없도록 하였고, 임광재는 어서(御書)로 직첩을 거두어 평해(平海)에 유배보냈다.

사실 이 당시 사관은 공주의 투기가 심하고 사나워 비복(婢僕)이 임광재를 우연히 가까이하면 반드시 손수 장(杖)을 잡고 쳤으며, 임광재를 원망하여 해(害)하기를 도모하였다고 한다. 그런데 유온(乳媼:유모)과 보모(保母)가 항상 그러지 말 것을 직언하니 공주는 노여움이 쌓이어 죽일 것을 도모했다는 것이다. 구체적으로 유온(乳媼)이 약(藥)을 넣어 자기를 죽이려고 한다고 무고(誣告)하여 옥(獄)으로 내려 국문으로 다스리게 함으로서 장사(杖死)케 하였던 것이다.[17) 더구나 사간원 정언 김삼준(金三俊)은 임광재가 유배지로 가는데 공주가 면견(面見)하지 않은 것은 부부간의 예법에 없는 일이라고 비판하고 있었다.[18) 이것은 임광재의 행동이 비록 올바른 것이 아니지만 그에 대한 현숙공주의 태도가 잘못되었다는 것을 탓하는 것이었다.

15)『성종실록』권 291 성종 25년 6월 28일(을유).
16)『성종실록』권 292 성종 25년 7월 15일(신축).
17)『성종실록』권 292 성종 25년 7월 19일(을사).
18)『성종실록』권 292 성종 25년 7월 25일(신해).

임광재는 유배를 가는 도중 병으로 고생하였다. 한 번도 고생을 해보지 못한 탓에 그만 병이 들었던 것이다. 그러던 몇 개월 후 연산군이 즉위하면서 임광재의 복귀를 명하였지만 얼마 후인 1495년(연산군 원)에 결국 사망을 하고 말았다.[19]

태종의 넷째 딸인 정선공주(貞善公主)의 부마인 남휘(南暉)도 이러한 관점에서 찾아볼 수 있다. 정선공주는 1404년(태종 4)에 정비인 원경왕후와의 사이에서 태어났다. 태종의 나이 38살, 원경왕후는 40살에 애를 낳았던 것이다. 정선공주의 나이가 13세에 이르자 간택을 통하여 남재(南在)의 손자인 남휘(南暉)에게 시집보냈는데,[20] 그는 아버지가 없는 과부의 아들이었다. 태종은 남휘에게 의산군(宜山君)이라는 칭호를 주었다.

정선공주는 남휘에게 하가한 후 16세쯤 되어 첫 아들인 빈(份)을 낳았다. 1419년(세종 원)에는 할아버지인 남재가 죽자, 세종이 직접 남휘의 집에 가서 사제(賜祭)를 하였고,[21] 상왕인 태종과 대비가 남재의 집에 이어하였다.[22] 그리고 대비가 남휘의 집에 가서 어머니인 송씨에게 헌수를 했던 기록이 실록에 남아 있다.[23] 즉 이때까지는 그렇게 부부의 사이가 나빴던 것 같지는 않았다.

그런데 1420년(세종 2) 7월 10일에 대비인 원경왕후가 사망을 했다.[24] 그리고 다시 2년 후인 1422년(세종 4) 5월 10일에 태종이 사망하였다.[25] 원경왕후와 태종의 사망은 정선공주로 하여금 남휘와 정상적

19) 『연산군일기』 권 4 연산군 원년 4월 11일(갑자).
20) 『태종실록』 권 31 태종 16년 2월 2일(을축).
21) 『세종실록』 권 6 세종 원년 12월 14일(갑신)
22) 『세종실록』 권 6 세종 원년 12월 20일(경인).
23) 『세종실록』 권 7 세종 원년 1월 15일(갑인).
24) 『세종실록』 권 8 세종 2년 7월 10일(병자).

인 부부관계를 갖지 못하게 만들었다. 정선공주가 어머니와 아버지의 국상을 세종의 뜻에 맞추어 유교적인 상제로 치렀기 때문이다. 사실 남 휘는 평소에도 불교에 심취하였고, 말년에는 사사로이 금은을 가지고 불상을 제조하여 많은 탄핵을 받았던 인물이었다.[26] 그런 이에게 100 일 탈상을 넘어 유교적인 3년 상은 상당히 힘들었을 것이다. 17세에서 20세에 이르는 시기에 공주의 부부는 대체적으로 부부관계를 원만하게 유지하지 못하였다.

정선공주는 21살이 되던 1424년(세종 6) 1월 25일에 세상을 떠났다. 그녀에게는 어린 아들과 딸이 각각 1명씩 있을 뿐이었다. 그런데 정선공주는 상당히 조신했던 것으로 보인다. 죽었을 때 윤회(尹淮)가 쓴 묘지명에는 "공주는 나면서부터 어질고 아름다웠으며, 덕과 용모가 아름다웠다. 이미 출가하여 남편을 순하게 받들며 시어머니 섬기기를 예로 하였고, 치가(治家)함에 부지런하고 검박하게 하여 조금도 귀한 세력이라 자긍하지 아니 하였다."[27] 라고 하는 기사에서 나타난다. 보통의 공주와는 다른 모습이었다. 그런데 공주가 죽은 지 6개월 후 남휘가 윤자당의 첩 윤이(閏伊)를 간통한 사건이 드러났다.

의산군 남휘가 죽은 칠원부원군 윤자당(尹子當)의 첩 좌군비 윤이(閏伊)를 간통하다가, 어느 날 윤이가 4촌 누이의 집으로 돌아가니, 휘가 질투하고 또 노해서 그 집으로 쫓아가서 누이되는 여자와 그의 남편을 구타하여 거의 운명하기에 이르게 하였다. 상이 듣고 휘를 불러 꾸짖기를, "종실에 관련 있는 자는 마땅히 스스로 생각하기를, '내가

---

25) 『세종실록』 권 16 세종 4년 5월 10일(병인).
26) 『문종실록』 권 12 문종 2년 3월 20일(계축), 21일(갑인), 22일(을묘).
27) 『세종실록』 권 23 세종 6년 3월 6일(임오).

무슨 공덕이 있어 이런 부귀를 누리나.' 하고 더욱 경계하고 근신하여 편안하고 영화로움을 보전할 것인데, 너는 무술년에 조정의 관원을 구타하여, 헌부에서 소를 올려 죄주기를 청하였으나, 내가 관대하게 용서하고 말하지 못하게 하였고, 또 임인년에 공주가 병이 나서, 내가 진념(軫念)하여 사람을 보내어 문병하게 하였는데도, 너는 병증세가 어떠한지 알지도 못하고 내시를 데리고 쌍륙(雙六)만 치고 있어, 조금도 가장된 도리가 없었다. 또 윤자당의 비첩(婢妾) 윤이는 남편의 거상을 입고 있는 지 백 일도 못된 것을 첩으로 삼았으니, 비록 상가(常家)의 처첩이라도 그렇지 못할 것인데 하물며 늙은 공신의 첩이란 말이냐. 이제 또 죄도 없는 사람을 구타하여 거의 죽을 지경에 이르게 하였으니 어찌 그렇게도 광패함이 심하냐. 네가 집으로 돌아가서 내 명령이 있지 않으면 비록 이웃이나 동네라도 출입하지 못한다."하고, 인하여 구사(丘史)를 거두게 하였다.28)

실록은 부마의 사소한 일은 기록하지 않기 때문에 남휘의 일은 전부 기록되지 못하였다. 그런데 세종은 즉위년에 조정 관원을 구타한 죄, 1422년(세종 4)에 공주의 병이 심하였을 때 무슨 병인지도 모르고 내시와 쌍륙(雙六)이라는 도박을 행한 죄, 지금 윤자당의 비첩 윤이를 남편이 죽은 지 백일이 안 되어 첩으로 삼은 죄, 죄 없는 사람을 거의 죽도록 구타한 죄 등등을 일일이 지적하면서 남휘를 야단치며 그 구사를 거두게 하였다. 그러나 그것뿐 부마라는 사실에 입각하여 더 이상 죄를 묻지 않았다. 그리고 이해가 가기 전 남휘에게 구사(丘史)를 돌려주도록 명하였다.29)

---

28) 『세종실록』권 25 세종 6년 7월 18일(신묘).
29) 『세종실록』권 26 세종 6년 12월 28일(기사).

2. 시댁 식구들과의 관계

조선초기의 『경국대전』이나 조선후기의 『대전회통』을 보면 공주와 옹주의 부마는 처음 혼인을 하였을 때 위(尉)로 제수되며 각각의 품계는 종 1품과 종 2품으로 규정되었다. 그리고 공주와 옹주의 자식들은 처음 관직을 제수할 때 종 7품직이나 종 8품직으로 임명되었다. 그런데 이러한 혜택은 처음 초직에 해당될 뿐이고 나머지 사항에 대해서는 규제가 없었다. 이들은 공주나 옹주로 인해 그 직위가 급속하게 올라갔던 것이다.

1460년(세조 6)에 왕은 세종의 딸이자 자신의 누이인 정의공주(貞懿公主)에게 쌀 1백 석을 내려 주고, 아들과 사위의 직질(職秩)을 더하게 하였다.[30] 그리고 나서 1466년(세조 12)에 그 아들 안빈세(安貧世)를 정 3품 당상관인 동부승지로 임명하였다. 그는 정의공주의 아들 중에서 글을 조금 알고 있었는데, 이때에 와서 정의공주의 병이 위급하다며 7계급을 뛰어 올려 제수하였던 것이다.[31] 다음해에도 공주가 병이 있었는데 안빈세가 승지의 임무로 매우 바빴기 때문에 특별히 그 직을 올려 공조판서로 제수하였다.[32]

1625년(인조 3)에는 정명공주(貞明公主)의 아들인 홍영(洪霙)을 예조참판으로 삼았다. 공주는 자전(慈殿−인목대비)이 낳은 딸이므로 인조가 자전을 위로하려고 이렇게 제수한 것이다. 이때 헌부는 홍영이 본래 인망이 없는 자라고 탄핵하였고 사사로운 은사로 잘못 제수할 수 없다

---

30) 『세조실록』 권 21 세조 6년 9월 29일(임인).
31) 『세조실록』 권 40 세조 12년 10월 24일(임술)
32) 『세조실록』 권 41 세조 13년 3월 1일(병인).

는 것으로 여러 번 개정하기를 청하였지만 인조는 말을 듣지 않았다고 한다.[33] 이와 같이 공주의 자식은 자신의 어머니로 인하여 관직상의 혜택을 보았던 것이다.

그런데 왕들은 공주나 옹주가 시집을 간 후 시부모를 뵈올 때 교만할 수가 있다는 사실을 염두에 두었다. 성종은 딸인 혜숙옹주(惠淑翁主)를 신종호(申從濩)의 아들에게 하가시키면서 다음과 같이 언급하였다.

> 우승지 신종호(申從濩)에게 전교하기를, "옹주가 하가(下嫁)한 후에 시부모님을 뵙는 예가 있는데, 예전의 성현이 예를 만들 때 어찌 의도가 없었겠는가? 가도(家道)는 마땅히 근엄하게 할 바이다. 옹주가 궁궐 안에서 생장하여 더러 귀한 것을 믿고 교만한 폐단이 있을 것이다. 반드시 어렸을 때부터 예를 알아야 하니, 습관이 몸에 배어 성품이 된 후에야 부도(婦道)를 지킬 수 있을 것이다. 경은 존귀하게 대우하여 그 예를 폐하지 말도록 하라." 하였다. 장차 혜숙옹주를 고원위(高原尉) 신항(申沆)에게 하가시키려 하였기 때문에 이러한 전교가 있었는데, 신항은 바로 신종호의 아들이다.[34]

사실 옹주는 어렸을 때부터 궁중에서 자랐고 아버지와 어머니 등 일부의 사람을 제외하고는 자신보다 높은 사람이 없었다. 하가를 할 때 그 집안의 시부모나 남편의 경우도 마찬가지였다. 따라서 옹주를 뵐 때 존귀하게 대접하되, 반대로 며느리로서의 위치는 분명히 알도록 해야 한다는 것이 성종의 뜻이었다.

이러한 방식은 중종 때에도 마찬가지였다. 딸인 효혜공주(孝惠公主)

---

33) 『인조실록』권 21 인조 7년 10월 30일(신사).
34) 『성종실록』권 239 성종 21년 4월 15일(정유).

를 김안로(金安老)의 아들인 김희(金禧)에게 하가시킬 때 성종대에 신종호를 불러 말했던 사례를 언급하며 '공주가 떠받는 속에서만 생장하여 시부모 존대하는 도리를 모를 것이니 엄격하게 대하되, 순수하게 교훈으로 순조롭게 할 것'을 언급하였다.[35] 이러한 아버지인 부왕의 의도대로 공주들이 시부모에게 공순했는지의 여부는 잘 알 수 없다. 공주는 신방을 시부모의 집에 차리지 않고 공주방 혹은 옹주방이라고 하여 별도로 설립하였고, 그 속에서 시부모가 얼마나 자주 왕래했는지를 알기가 쉽지 않기 때문이다.

다만 1426년(세종 6) 정선공주의 묘지명에 이르기를 '정선 공주는 우리 태종의 비(妃)이신 원경왕태후(元敬王太后)의 막내따님이니…공주는 나면서부터 어질고 아름다웠으며, 덕과 용모가 아름다웠다. 이미 출가하여 남편을 순하게 받들며 시어머니 섬기기를 예로 하였고, 치가(治家)함에 부지런하고 검박하게 하여 조금도 귀한 세력이라 자긍(自矜)하지 아니 하였다.'라고 쓴 것을 보면 정선공주는 시어머니 즉 남휘(南暉)의 어머니에게 상당히 예를 다하여 섬긴 것으로 파악된다.

이러한 면은 개인 문집인 『계곡집(谿谷集)』의 정숙옹주(貞淑翁主) 묘지명에도 자세히 설명되어 있다. 정숙옹주는 선조의 넷째 딸로 어머니는 인빈 김씨인데, 신흠(申欽)의 아들 신익성(申翊聖)에게 하가를 했다. 그녀는 시부모를 근실하게 모시고 인족들에게도 친근하게 대하였다고 한다. 선조가 죽고 광해군이 즉위한 이후 계축년(광해군 5년)에 영창대군을 죽이고 이후 대비를 폐하려고 할 때 거기에 연류되었던 시아버지 신흠을 구명하려고 노력하였고, 유배간 시아버지를 위해 고생을 하였

---

35) 『중종실록』 권 43 중종 16년 11월 11일(기미).

다고 평가되었다.36) 물론 이것은 개인 문집의 묘지명이기 때문에 약간의 과장은 필수적이지만 정숙옹주의 경우 그렇지 않은 것 같다.

공주의 시부모에게 대한 행동은 일반인들과는 좀 다르게 설명되어 있었다. 그런데 시집에서 막상 공주(옹주)를 받아 들였을 때 그녀를 예대(禮待)하는 것은 당연하지만 반대로 그녀를 헤아리는 마음은 일반적인 사대부와는 달랐을 것 같다.

> 19년(1524) 갑신에 김안로를 먼 곳에 귀양 보냈다가 병술년(1526)에 풍덕으로 옮겼다. 김안로(金安老)는 천성이 간사한데다가 글재주까지 있어 낮은 벼슬에 있을 때부터 간특한 사람으로 지목당했다. 그 아들 희(禧)가 효혜공주(孝惠公主)(장경왕후의 첫째 딸, 인종의 누이)에게 장가들어 연성위(延城尉)에 봉해지자 안로는 갑자기 벼슬이 뛰어 올랐다. 갑신년에 이조 판서로서 권세를 독차지하여 정사를 어지럽히니 의정부와 육조 및 심정·이행·이항·김극핍 등이 그를 탄핵하여 먼 곳으로 내쫓았으나 뒤에 공주(公主)로 인해서 풍덕(豊德)으로 옮겼다.37)

김희는 중종의 첫째 딸인 효혜공주에게 장가든 부마였고, 그 아버지는 김안로였다. 김안로는 효혜공주를 며느리로 맞아들인 후 벼슬이 갑자기 뛰어오르고 권력을 잡았는데, 나중에 실각을 했을 때도 다시 공주로 인하여 풍덕으로 유배지를 옮겼다는 이야기이다. 그러한 것은 중종이 딸인 효혜공주를 극진히 사랑했기 때문에 나온 것이다. 그런데 1531년(중종 26)에 이르러 나이 이제 20살에 불구한 효혜공주가 죽었다.

---

36) 『계곡집』 권 10 묘지 정숙옹주묘지명.
37) 『연려실기술』 권 9 중종조 고사본말.

효혜공주(孝惠公主)가 졸(卒)하였다. 3일간 조시(朝市)를 정지하였
다. 사신은 논한다. 공주는 바로 장경왕후의 소출로, 연성위 김희(金
禧)에게 하가(下嫁)하였다. 김희는 안로(安老)의 아들이다. 안로는 늘
공주를 기화(奇貨)로 여겨 왔었는데 이때에 이르러 기대가 무너졌다.[38]

위의 기사는 효혜공주가 죽은 뒤에 나온 사평이다. 그리고 그 아들인
김희는 공주가 죽은 지 6개월 후에 사망하였다.[39] 당시 김희의 아버지
인 김안로는 며느리인 효혜공주가 들어오자 이를 기화(奇貨)로 삼고 제
멋대로 사치 방종을 하였는데, 그러다가 효혜공주가 죽자 그 기대가 무
너졌다는 것이 사평(史評)의 요체이다.

이같이 공주를 기화로 삼는 경우가 있었지만 반대로 공주로 인해 집
안이 부귀해졌을 때 이를 경계한 경우가 있었는데, 정유성(鄭維城)이
그 예이다. 정유성은 1653년(효종 4)에 손자인 제현(齊賢)이 효종의 4번
째 딸인 숙휘공주(淑徽公主)에게 장가들어 인평위(寅平尉)에 봉해지자
더욱 두려워하고 삼갔다. 국가에서 숙휘공주를 위해 지어준 저택이 제
도를 넘어 과분한 것을 보고는 집의 칸수(間數)를 줄여 줄 것을 간곡히
청하였고, 평소에도 사치하는 것을 통렬히 경계하였다. 이 때문에 공주
가 공을 뵐 적에는 반드시 좋은 옷과 화려한 장식을 하지 않았고, 인평
위 또한 부마(駙馬)의 습성이 없었다고 한다.[40]

정유성은 일찍이 왕에게 울면서 청하기를 공주의 제택(第宅)이 정해
진 제도가 있으니 이를 따르자고 하였으나 왕이 이를 응하지 않았고,
또 제택이 이루어지자, 공주에게 "복(福)이 지나치면 재앙이 반드시 생

38)『중종실록』권 70 중종 26년 4월 20일(갑술).
39)『중종실록』권 71 중종 26년 10월 10일(경인).
40)『도곡집』권 18 묘지명 議政府右議政忠貞鄭公墓誌銘 幷序.

기는 법입니다. 우리 집은 대대로 청빈하였는데, 지금 은사(恩賜)를 받은 것이 너무 지나치면 재앙이 반드시 이를 것이니, 원컨대 더 절약하시오."라고 말하였던 것이다. 뒤에 인평위가 21살의 나이로 죽자 정유성이 가서 보았는데, 실내에 왕이 하사한 복물(服物)이 놓여 있는 것을 보고는 나와서 탄식하기를, "그 아이가 죽기에 마땅하다."라고 말하였다.[41]

이같이 공주로 인한 부귀를 탄식한 경우도 있었지만 공주가 관리의 죄를 사면해 달라는 청탁성의 요구를 단호히 거부한 이완(李浣)의 사례도 있다.

> 공이 수어사로 있을 때 한 관리가 죄를 범하여 장차 죽게 되었는데, 그의 누이가 인선대비전(仁宣大妃殿)의 시녀였으므로 대비가 불쌍히 여겨 숙경공주(淑敬公主)를 시켜 공에게 청하여 그 죄를 가볍게 해 달라 하였다. 공주는 곧 공의 누이의 손자 흥평위(興平尉) 원몽린(元夢麟)의 아내였다. 이에 공은 "관리의 죄가 중해서 용서할 수 없으니, 내 비록 친히 대비의 명령을 받았더라도 마땅히 뜻에 맞추어 법을 굽힐 수 없는데, 하물며 샛길로 전해온 말에 있어서이겠는가. 공주는 다시는 이 같은 청을 하지 마시오." 하니, 대비가 듣고 부끄러워하고 뉘우쳤으며, 현종이 더욱 공경하고 두려워하였다.[42]

이 일화는 이완이 수어사로 있을 때 있었던 일이다. 죄를 범하여 죽게 된 관리의 누이가 인선대비를 통하여 살려줄 것을 애원했고, 이에 인선대비가 숙경공주에게 말을 해 이완에게 청탁한 사실을 언급한 것이다. 이때 이완은 비록 대비의 명령을 받은 것이라도 뜻을 굽힐 수 없

---

41) 『송자대전』 권 158 우의정 정공 신도비명.
42) 『연려실기술』 권 31 현종조 고사본말 이완.

는데, 하물며 샛길로 공주의 말을 듣고 따를 수 없다고 반박하자 대비가 이를 듣고 부끄러워했고 이를 뉘우쳤다고 하였다.

그런데 공주(옹주)가 부마를 잘 섬겨 정려(旌閭)를 받은 경우도 있었다. 중종 대에 공신옹주(恭愼翁主)의 경우가 그러하다.

> 전교하기를, "성종의 소의(昭儀) 엄씨·정씨를 복작(復爵)하여 예장(禮葬)하라."하였다.(엄씨·정씨는 모두 성종의 후궁이었다. 연산군은 이들이 자기 어머니를 얽어 해쳤다 하여 궁중에서 때려죽이고, 아울러 그들의 자녀를 절도(絶島)에 유배하였다. 엄씨의 딸 청녕위옹주(淸寧尉翁主)는 유사(有司)가 그 집을 적몰할 때 황급하게 청녕위의 신주를 안고 적소(謫所)에 가서 조석으로 제사지내기를 오직 경건히 하다가 석방되어 돌아올 때 신주를 앞세워 왔다. 좌의정 박원종이 경연에서 그 행실을 아뢰니, 명하여 정려(旌閭)하게 하였다.)[43]

여기서 청녕위(淸寧尉) 한경침(韓景琛)의 부인은 성종의 후궁인 엄씨의 딸인 공신옹주이다. 한경침은 일찍 죽은 것으로 파악되는데, 1504년(연산군 10)에 이르러 연산군은 자기 어머니의 폐비와 사사사건(賜死事件)이 연관이 있다고 하여 엄씨를 때려죽이고 자식들의 경우 절도로 유배를 보냈다. 이때 공신옹주는 남편의 신주를 가지고 몰래 유배지로 가서 가시나무 울타리 속에 숨겨 두고 아침저녁으로 반드시 제사지냈는데, 끓인 죽이나 풀 열매에 이르기까지 반드시 천신(薦新)한 뒤에 먹었다고 한다.[44] 공신옹주의 사연은 반정 뒤에 알려져 1507년(중종 2)에 정문(旌門)이 세워졌고, 그의 행실은 『삼강행실속록(三綱行實續錄)』에

---

43) 『중종실록』 권 1 중종 원년 10월 27일(임신).
44) 『중종실록』 권 3 중종 2년 6월 6일(무인).

추록되어 사람들이 보도록 조처하였다.[45]

이같이 공주의 정려와 『삼강행실속록』에의 추록은 본인의 기본 심성과 평상시 남편과의 사랑이 있어야만 가능하였다. 그런데 이러한 것과는 반대로 공주가 죽은 경우 이를 기화로 새로 장가를 든 사례 또한 있었다. 세조 대 익대공신(翊戴功臣) 2등과 성종 대 좌리공신(佐理功臣) 1등으로 책봉된 정현조(鄭顯祖)가 바로 그 사람이다. 그는 세조의 딸인 의숙공주와 혼인하였지만 공주가 죽은 이후에 사족인 이씨의 딸과 결혼하여 아내로 삼았는데, 이때는 법적으로 처가 아닌 첩으로 논정하였다. 1510년(중종 5년)에 다시 이씨가 상언을 하여 허통해줄 것을 청하였지만 결국 왕은 이를 허통시키지 않았다.[46] 중종 초반기의 어지러운 상황에서 공신이 된 부마가 양인의 여자를 얻었지만 국가에서는 이를 처가 아닌 첩으로 인정했다는 것이다.

이와는 달리 자신의 노비를 첩으로 삼은 경우도 있었다. 효정옹주(孝靜翁主)는 중종의 넷째 딸인데 조의정(趙義貞)에게 시집을 갔다. 효정옹주는 천성이 착했던 것 같고, 반면에 조의정은 그렇지 못하였다. 효정옹주가 아이를 낳고 해산병으로 죽자, 중종이 그의 시비였던 풍가이(豊加伊) 사건을 들어 옹주를 염빈(殮殯)한 바로 뒤에 조의정을 하옥하라고 명하였다. 원래 효정옹주는 풍가이를 예뻐했고, 여러해 전에 부마의 첩을 삼도록 하였다. 그러나 이 사실이 왕에게 보고되자 풍가이는 함흥으로 귀양가게 되었는데, 옹주가 이를 진정하다가 왕에게 꾸중을 들었던 것이다. 결국 이때에 이르러 효정옹주가 사망하니 부마 및 풍가이를 잡아 문초를 했던 것이다.[47] 이 사건에서 많은 신료들이 풍가이라

---

45) 『중종실록』 권 3 중종 2년 6월 5일(경신).
46) 『중종실록』 권 10 중종 5년 3월 21일(병자).

는 여종을 두둔하여 '장(杖) 일백 유(流) 삼천리'라는 형벌을 받도록 했으나 석방이 된 후 은대(銀代)라는 상궁이 풍가이를 다시 잡아다가 더 때려서 결국 사망하는 사건으로 끝났다.48)

그런데 반대의 경우, 즉 공주(옹주)가 바람을 피웠을 경우는 어떻게 되었을까. 이 기사는 딱 한 사례가 나타나고 있다.

> 정청(政廳)에 전교하였다. "효행이 있고 염근(廉謹)한 사람 및 상언으로 인하여 제수하거나 서용하라고 판하한 사람이 많다. 모두 살펴서 쓰도록 하라. 선후(先后)(예종 왕후 한씨이다)의 고비(考妣)(바로 한백륜(韓伯倫)과 그의 처이다.)의 봉사손(奉祀孫) 한기(韓淇)에게 우선 직을 제수하고(기가 비록 백륜의 제사를 받들고 있지만 지금 이러한 명이 있게 된 것은, 기의 동성 일가가 후궁으로 들어가 총애를 받고 있기 때문이었다.) 졸(卒)한 숙정 옹주(淑靜翁主)(중종의 후궁인 숙의 김씨의 소생이다. 능창위(綾昌尉) 구한(具澣)에게 시집갔었는데, 한이 죽자 그 사위와 간통하여 대내(大內)로부터 사약을 내려 죽였다.)의 아들 구사근(具思謹)에게는 『대전』에 의거하여 초직(初職)을 제수하라.49)

위의 내용은 간단하게 서술되어 있지만 그리 간단한 내용은 아니다. 숙정옹주는 중종의 후궁인 숙의 김씨의 소생으로 구한에게 시집을 갔는데, 구한이 사망하자 그 사위와 간통을 하였다는 것이다. 일반적으로 부마들이 첩을 삼는 것은 연대기에 자세히 나오지만 공주(옹주)가 바람을 피는 것은 나오지 않는데, 이 사건은 특별하게 쓴 것 같다.

---

47)『중종실록』권 102 중종 39년 3월 17일(을묘).
48)『중종실록』권 103 중종 39년 6월 4일(신미).
49)『명종실록』권 33 명종 21년 12월 21일(정미).

3. 궁궐 친정식구들과의 관계

공주는 친정인 궁궐에서 자신의 윗전으로 대비와 왕의 부부, 그리고 세자의 부부를 갖는다. 그리고 대군은 자신의 나이로 따져 위아래를 가린다. 물론 옹주는 이 보다는 좀 더 많은 사람들을 윗전으로 섬긴다. 즉 대군이나 공주 등이 자신보다 우월한 존재로 자리매김한 것이다.

일반적으로 왕의 몸이 안 좋을 경우 온천으로 행행할 때가 있었다. 그럴 때 왕실의 식구들을 데리고 가는데, 공주가 수종하여 따라가는 경우가 많았다.

> 상이 왕대비를 모시고 온천 행행을 했는데 이때 왕비와 네 공주도 따라갔다. 본도 도신(道臣)으로 하여금 백성들 폐막을 찾아 낱낱이 계문하게 하고, 무신년 조의 전지(田地) 조세와 기유년 조의 세폐(歲幣)도 다 징수하지 말도록 명했다.[50]

위의 기사는 현종 때에 왕이 온천을 갈 때 같이 수행하여 가는 사람의 명단을 적은 것이다. 왕대비와 왕비, 네 명의 공주가 그것이다. 이때는 1669년(현종 10)인데, 자신의 형제 5명 중에 4명을 선택하여 데려간 것이다. 물론 본문에 나온 바와 같이 본도의 도신으로 하여금 해당 지역의 작폐(作弊)를 조사하고 1668년(현종 9)과 1669년(현종 10)의 세폐를 경감해주는 정치적 조처도 아울러 시행하였다.

동기간의 우애는 결혼을 시행할 때 특히 강조되었다. 1803년(순조 3)에 숙선옹주(淑善翁主)가 3살 많은 홍현주(洪顯周)에게 하가하게 되자 국

---

50) 『국조보감』 권 40 현종조 2 현종 10년 3월.

왕은 직접 여훈(女訓) 7편과 여계(女戒) 6장을 지어 하사하였던 것이다.[51]

또 죽은 공주에 대해 남다른 애도의 시를 남기기도 하였다. 1699년(숙종 25) 숙종은 고모인 숙명공주(淑明公主)가 돌아가자 그 집에 직접 가서 포면(布綿)과 미두(米豆)를 내리면서 다음과 같은 율시 한수를 지어 애도하였다.

비 온 뒤에 봄바람 불 때	雨後春風轉
취화가 공주의 집으로 향하였네	翠華向主齋
오래 된 병은 깨끗이 나아	沈痾欣去體
다시 좋은 이야기 나누리	重見好開懷
높은 누각위 화려한 자리 펼치고	高閣瓊筵設
이름난 동산 경치도 아름답다	名園景物佳
가련하다 화락한 자리에	可憐和樂地
누가 음악을 연주하리	誰奏八音諧[52]

이 상황은 효명세자(孝明世子) 때에 더욱 애절하게 묘사되었다. 1828년(순조 28)에 왕비의 어머니인 청양부부인(靑陽府夫人) 심씨(沈氏)가 돌아가자 순원왕후 김씨는 별전에서 애통함을 표시하며 망곡(望哭)하는 의주를 써서 올렸다. 그때 세자는 명을 내려 성복일에 궁관(宮官)을 보내어 치제하게 하고, 제문(祭文)을 친히 지었다.

그러다가 얼마 안 되어 영온옹주가 죽게 되자 세자는 슬퍼함이 심해져서 눈물을 죽죽 흘렸다고 한다.

---

51) 『국조보감』 권 76 순조조 1 순조 3년.
52) 『국조보감』 권 51 숙종조 11 숙종 25년 3월.

(문조가) 동기간에 우애가 깊어서 누이들에 대해 그 귀천에 따라 차별을 두지 않았으며, 명온공주(明溫公主)와는 나이가 비슷해서 정이 더욱 두터웠다. 그러다가 나중에 출가하자 항상 못 잊어 하였다. 영온옹주(永溫翁主)는 박숙의(朴淑儀)의 소생인데, 항상 다병하므로 늘 안타까워하고 쓰다듬어 주었으며 죽었을 때는 눈물을 줄줄 흘렸다.[53]

이상과 같이 왕이나 세자들은 자신의 고모들이나 누이들, 특히 여동생에 대해 애틋한 마음이 있었다. 이러한 관계를 염두에 둘 경우 일반적으로 시행되는 양로연(養老宴)이나 대비의 회갑연 등이 있을 때 궁궐의 내명부, 외명부 등 여러 부류의 사람들이 모였지만 특히 공주와 옹주에 대한 왕의 관심이 컸던 것으로 보인다.

1440년(세종 22)에 중궁이 사정전에서 양로연을 베풀었다. 그런데 이때의 위차를 보면 다음과 같이 설정되어 있다.

중궁이 사정전에 나아가서 양로연(養老宴)을 베풀었다. 진안 대군(鎭安大君) 이방우(李芳雨)의 아내인 삼한국대부인(三韓國大夫人) 지씨(池氏), 영돈녕으로 치사(致仕)한 권홍(權弘)의 아내인 정혜옹주(貞惠翁主) 이씨(李氏) 등 18인은 전내(殿內)에 자리하고, 전서 양첨식(楊添植)의 아내인 최씨 등 19인은 낭무(廊廡)에 앉았으며, 사직 이성(李成)의 아내인 조씨 등 1백 94인은 좌우 장무(長廡)에 앉았는데, 지씨가 옥잔(玉盞)과 금배(金盃)를 바쳤다. 술자리가 한창 벌어지자, 늙은 할미 중에 일어나서 춤을 추는 사람이 있었다.[54]

여기서 보면 사정전의 자리는 전각의 안쪽과 바깥쪽으로 구분되는

---

53) 『국조보감』 권 81 문조대리 1.
54) 『세종실록』 권 90 세종 22년 9월 12일(신해).

데, 진안대군과 같이 왕의 친아들인 경우 그 부인이 앞에 앉고 정혜옹주는 그 뒤에 앉아 있었던 것이다. 그 뒤에 첨서와 사직 이하의 부인들이 자리를 하고 있었다. 대군 부인은 품계상으로 정 1품에 해당하고 옹주는 무품계로 품계가 더 높을 수 있지만 그 위치는 손위인 남편을 따라 대군의 부인이 앞섰다. 아마도 가례의 원칙을 썼던 것으로 파악된다.

이러한 경우와 달리 연향을 베풀 때에 옹주가 대군의 부인과 더불어 자리를 높이 앉으려고 다툰 경우가 있었다. 1648년(인조 26)의 일인데 『연려실기술』에는 다음과 같은 글이 실려 있다.

> 인조 무오년에 효명옹주(孝明翁主)가 나이 11세인데 혼례를 행하였다. 혼인 후 3일 만에 잔치를 베풀었는데, 인평대군(麟坪大君)의 부인 오씨(吳氏)와 여러 종실의 부녀들이 모두 참여하였다. 자리를 정하여 앉으려는데 옹주는 비록 서녀(庶女)이지만, 극히 귀한 신분이니 마땅히 오씨의 위에 앉아야 했는데, 오씨가 말하기를, "나의 자급이 비록 옹주보다 낮다 하지만, 적(嫡)·서(庶)의 차례로 앉아야 한다." 하면서, 서로 버티어 결정을 짓지 못하였다. 그 말이 왕에게까지 들리니 왕이 명하여 옹주를 윗자리에 앉게 하였는데, 그 후로부터 골육사이에 정의가 갑자기 쇠하여졌다. 혹자는 둘이 다 서로 사양하지 못한 것을 애석하게 여기고, 또 두 집의 그 뒷날의 화가 반드시 여기에서 생긴 것이라고 하였다. 효종조에 이르러서는 여러 공주들의 혼인 때에 오씨로 하여금 현재 왕의 딸들의 윗자리에 앉게 하였으니, 이는 대개 가인례(家人禮) 예절을 쓴 것이요, 한편으로는 전의 일을 징계로 삼은 것이었다.[55]

윗글을 보면 효명옹주와 인평대군의 부인 오씨가 자리를 다툼하였는데, 오씨는 "나의 자급이 낮지만 적(嫡)·서(庶)의 차례로 앉아야 한

---

55) 『연려실기술』 별집 권 1 국조전고.

다."라고 주장하였다. 일면 타당성이 있는 이야기였지만 당시 효명옹주
는 왕의 총애를 받는 입장이라 강력하게 자기가 윗자리에 앉아야 한다
고 주장하였다. 결국 왕이 개입하여 효명옹주의 손을 들어 주었지만 다
음 대(효종)에 이르러는 오씨가 윗자리에 앉음으로써 이 문제는 해결되
었다.

숙종 대에 이르러서는 선조의 친공주(親公主)로 정명공주가 살아 있
었다. 1677년(숙종 3)에 이르러 75세에 이르렀는데, 현재 왕인 숙종에
게는 정명공주가 4대 조모에 해당하였다. 따라서 숙종은 그 장수를 기
리고자 해당 관서로 하여금 국가에서 넉넉하게 물품을 내리도록 조처
하였다.56) 정명공주(貞明公主)의 생일에 국왕이 잔치를 내리도록 명을
내렸기 때문에 여러 공주들이 나가서 선유(船遊)하였다. 이것은 노인
(老人)을 대접하고 친족(親族)을 친애하는 뜻을 보였다는 것이다.57)

정명공주에 대한 대우는 그녀가 집에서 수연(壽宴)을 베푼다는 소식
을 듣고 1등의 음악을 내려 주고 잔치에 쓸 물품을 넉넉히 주라고 명한
것이라든지58) 정명공주가 80세가 되었다며 선온(宣醞)하라는 명으로
이어졌다.59) 당시 승정원에서는 "대내(大內)에서 선온(宣醞)하는 것은
밖에서 선온하는 것과 다르기는 하나, 이처럼 흉년이 들어 재물이 궁할
때에 이미 연수(宴需)를 내려주었는데 또 선온을 명하는 것은 지나침을
면하지 못한다."고 하면서 간쟁하였다. 그러나 왕은 수연(壽宴) 때의 선
온은 구례(舊例)가 있었다 하여 따르지 않았다.

---

56) 『숙종실록』 권 6 숙종 3년 2월 23일(경오).
57) 『숙종실록』 권 6 숙종 3년 6월 7일(임자).
58) 『숙종실록』 권 8 숙종 5년 8월 10일(임신).
59) 『숙종실록』 권13 숙종 8년 1월 14일(임술).

이러한 상황은 진찬을 시행할 때 술을 따르는 예법으로 이어졌다. 1828년(순조 28)에 진찬을 시행할 때 외전(外殿)의 수작처소(受爵處所)는 명정전으로 하고, 내전의 진찬처소(進饌處所)는 자경전(慈慶殿)으로 하되, 첫째 잔은 왕이 직접 올리고, 둘째 잔은 왕세자빈궁(王世子嬪宮)이 올리며, 셋째 잔은 명온공주(明溫公主)가 올리도록 하였다. 그리고 넷째 잔에서 일곱째 잔까지는 상황에 따라 맡기는 것으로 품지(稟旨)하였다. 그리고 첫째 잔을 직접 올릴 때의 치사(致詞)는 왕이 직접 지어 내렸다.[60]

이 방식은 1767년(영조 43) 친잠을 행할 때 의례의 방식에서도 동일하게 적용되었다. 1월 24일 영조는 한림소시에 입직했을 때 "혜빈과 명부의 치사(致詞)를 써서 내렸는데, 혜빈 치사의 머리말에 '혜빈 첩 모씨'라고만 칭하고, 세손빈의 머리말에 '세손빈 첩 모씨'라고 하며, 명부의 머리말에는 '첩 모 옹주'라고 쓰도록" 하였다.[61] 이에 따라 친잠의 의례가 끝나고 조현(朝見)하는 의식에서도 왕비에 대하여 혜빈이 먼저 국궁(鞠躬)·사배(四拜)·흥(興)·평신(平身)을 한 후 '혜빈 첩 모씨'로 시작되는 치사를 하면, 다음에 왕세손비가 이를 이어받아 '세손빈 첩 모씨'로 하례를 드렸다. 그런 다음에 명부의 수장 이하가 들어와 예를 시행하는데 이때 '명부 첩 모 옹주 등은' 이라는 치사를 드리게 되었다. 여기서 보듯이 명부 그중에서도 옹주가 수장으로 치사를 하는 대표자로 나선 것이다.[62]

한편 예외적으로 친어머니와 옹주가 재산 때문에 다툰 경우가 있었

---

60) 『순조실록』 권 30 순조 28년 11월 25일(신유).
61) 『친잠의궤』 전교 계사 정해 1월 24일.
62) 『친잠의궤』 의주질 조현의.

다. 사건은 1468년(세조 14) 숙선옹주(淑善翁主, 태종의 후궁)가 예전에 자신의 재산을 자녀들에게 나누어주고 장례원세계(掌隷院稅契)에게 입증하였는데, 지금 경신옹주(敬愼翁主)의 아들들이 거짓으로 꾸며 송사를 시작했고, 사평 남출(南泎)이 분명하게 판결하지 않았다고 고발한 것이었다. 이에 왕은 경신옹주의 아들인 이예충(李禮忠)·이신충(李信忠)과 그 노복(奴僕)을 가두어 버렸다.63) 이 사건은 경신옹주가 노비를 연고로 어머니 숙선옹주에게 거슬려 숙선옹주가 그녀를 '불효(不孝)'로 지목하여 상소를 올린 것이다. 이때 왕은 아들들과 노비의 일을 아는 자들을 전부 가두어 국문·처벌하였고, 경숙옹주의 토지 문권을 전부 찾아내어 숙선옹주에게 주었던 것이다.

당시의 사관은 이 사건이 원래 숙선옹주를 모시던 익녕군(益寧君)의 아내 박씨(朴氏)가 경신옹주를 꺼려서 발생한 일이라고 하였다. 경신옹주가 숙선옹주의 병세를 물으면 번번이 병들지 않았다고 하였고, 숙선옹주가 죽은 이후 경신옹주가 문병하니 이를 막았다고 한다. 또 숙선옹주가 평상시 경신옹주가 불효하다고 일컫지 않다가 병이 걸려 죽게 되었을 때 불효라 하여 그 토지와 노비를 빼앗아 박씨 등에게 주었다고 설명하였다.64)

이 사건은 1470년(성종 원)에 또다시 제기되었다. 예종(睿宗) 때에는

---

63) 『세조실록』 권 46 세조 14년 5월 16일(을해). 어머니와 딸이 전부 옹주로 나오는 경우는 자료상 상당히 드물다. 숙선옹주는 태종의 후궁인 숙빈 안씨로 세종 3년에 옹주로 책봉되었는데, 그 아버지는 검교판한성부사(檢校判漢城府事)인 안의(安義)라 한다.(『세종실록』 권 12 세종 3년 5월 11일(임신)). 선왕의 후궁을 옹주로 책봉한 것은 아마도 아직 공주·옹주의 제도가 확립되기 이전에 후궁을 옹주로 책봉한 것에 기인한 것으로 파악된다.
64) 『세조실록』 권 46 세조 14년 6월 14일(임인).

승지 등에게 명하여 의논하게 하였으나, 결단이 나지 않았는데, 이때에 이르러 내전(內殿)에서 나온 언문(諺文)에 그 당시 경신옹주가 그 어머니에게 불순하던 모양과 세조가 처결한 사유를 갖추어 실려 있었다. 이를 근거로 문제를 제기하니 당시의 대신들은 경신옹주의 송사는 세조께서 이미 대의로 결단하시고 그 문기(文記)를 어머니인 숙선옹주에게 주어 스스로 처분하게 하였으니, 경신옹주가 다시 소송할 수 없고, 관(官)에서도 수리(受理)할 수 없다고 답하였다.[65]

그런데 이와 달리 1775년(영조 51)에 발생하였던 세손의 대리청정 과정에서 세손과 대립을 이루었던 화완옹주(和緩翁主)의 이야기는 옹주와 세손이 정치적으로 대립하는 모습을 보이고 있다.

처음에 홍인한이 세손의 외당(外黨)으로서 뜻을 두어 바라는 바가 적지 않았다. 그러나 세손이 항상 그 위인이 탐욕스럽고 포악하며 지식이 없는 것을 비루하게 여겨 일찍이 얼굴빛을 좋게 하여 대한 적이 없었기 때문에 홍인한이 이로 말미암아 불만스레 원망하였다. 그런데 화완옹주(和緩翁主)의 후사로 들어간 정후겸(鄭厚謙)이 요사스럽고 위험한 인물로 그 어미와 더불어 상의 어묵(語黙)을 엿보아 이를 가탁하여 위복(威福)을 부렸다. 홍인한이 마침내 정후겸 모자에게 붙어 안팎으로 얽어 맺어 서로 의지함으로써 성세(聲勢)를 삼았다. 그리고는 세손의 영명함으로 훗날 죄가 불측한 지경에 이르게 될까 두려워 홍지해(洪趾海)·윤양후(尹養厚) 등과 더불어 사당(死黨)을 맺고 밤낮으로 유언비어를 만들어 내어 저위(儲位)를 위태롭게 하려 하였다. 대리청정에 관한 하교를 듣고 나서는 놀랍고 두려워 이렇게 온갖 방책으로 막으려 하였던 것이다.[66]

---

65) 『성종실록』 권 4 성종 원년 3월 9일(무자).
66) 『국조보감』 권 68 영조조 12 영조 51년 11월.

홍인한은 풍산(豊山) 홍씨로 좌의정에까지 이르렀으나 안으로는 정후겸(鄭厚謙)과 화완옹주, 그리고 밖으로는 홍지혜·윤양후 등과 결탁하였다. 그리하여 다른 풍산 홍씨들이 시파(時派)에 가담하여 세손을 보호하려고 노력했으나 반대로 그는 벽파(僻派)에 가담하여 세손의 즉위를 반대하였다. 그러다가 세손과의 사이가 나빠졌고 결국 정조가 즉위하자 여산(礪山)에 유배되었다가 곧이어 사사(賜死)된 인물이다. 정후겸 역시 화완옹주의 양자로 정조를 제거하려고 노력하였으나 결국 사사 당하였고, 화완옹주도 역시 서인으로 강등되었지만 왕의 의지로 결국 사약은 받지 않았다.

왕은 공주나 옹주에 대해 긍정적으로 생각했고 가급적 그들의 의견을 들어주고자 하였다. 그러나 그렇지 않은 경우도 있었는데, 1627년(인조 5)에 정혜옹주(貞惠翁主)가 궁궐에 들어와 윤훤(尹暄)의 구명운동을 펼쳤을 때 왕은 다음과 같이 반응하였다.

이때 대간들이 윤훤(尹暄)이 지방을 지키지 못한 죄를 처단할 것을 청하니, 상이 오래도록 윤허하지 않으므로 대간이 장차 정계하려는데, 마침 정혜옹주가 대궐에 들어가 구명운동을 하였다. 옹주는 윤훤의 조카인 신지(新之)의 아내이며 인조의 고모이다. 상이 말하기를, "조정의 일은 마땅히 공론에 붙여야지, 내가 어찌 감히 올리고 내리고 하겠는가. 고모가 대궐에 들어온 뒤에 만일 윤훤의 죽음을 용서해 준다면 사람들이 반드시 나를 사사롭다고 여길 것이다." 하였다. 다음날 드디어 대간의 계사를 윤허하였는데, 대개 옹주의 말이 임금을 격발시킨 것이다.[67]

---

67) 『연려실기술』권 25 인조조 고사본말 정묘호란.

윤훤(尹暄)은 정묘호란 때 부체찰사(副體察使)를 겸직하여 당시 침범해 온 후금의 군대와 싸웠다. 그러나 안주를 빼앗기고 평양에서 싸우고자 했으나 병력과 장비의 부족으로 종사관인 홍명구(洪命耉)의 건의를 받아 성천으로 후퇴했는데, 이를 본 황해병사 정호서(丁好恕)도 황주를 포기하는 등 전체적으로 전세를 불리하게 만들었다. 이로 인해 체포되어 강화도에서 효수되었는데, 그 과정에서 이 설명이 나온 것이다. 인조는 이때 이 상황에서 어떻게 할 것인가 고민하고 있었는데 정혜옹주의 청탁이 있자 화를 내며 오히려 그를 효수했던 것이다.

4. 공주의 신앙과 취미생활

조선시대 공주와 옹주의 신앙은 국교적인 성격을 가진 유교를 비롯하여 고려 이래로 강력하게 뿌리박은 불교, 그리고 민간의 무속행위가 중심이 된다. 겉으로 보기에는 제례와 상례를 비롯하여 유교적인 행사가 주를 이룬 듯 보이지만 실제로는 유교에서 벗어나 불교나 무속행위 역시 적지 않게 시행되었다.

무속행위는 궁중에서 시행되어 공주나 옹주가 결혼을 하게 되면 민간에서도 그대로 이어졌다. 1639년(인조 17) 8월 인조의 몸이 안 좋아 추었다 더웠다하는 증상이 발생하자 당시에 이를 음사(陰邪)로 진단하고 그 저주자를 찾는 일이 발생하였다. 이때 왕이 총애했던 숙원조씨는 앵무(鸚鵡)라는 무당을 불러들여 이곳저곳을 파헤쳐 창경궁 14처, 동궁 12처, 인경궁 26처, 창덕궁 4처 등 56개 처에서 저주물을 찾아내었다.[68] 이 과정에서 요무(妖巫)인 앵무(鸚鵡) 등은 안팎으로 선동하여 흉물을 발굴하였다고 한다.

인조가 며느리인 강빈을 죽인 것도 무당과의 요사한 일을 꾸몄다는
사건과 관련이 있었다. 1645년(인조 23)에 궁인 애란(愛蘭)과 관련된 사
건이 이를 말한다.

> 궁인 애란(愛蘭)은 궁중의 고사(故事)에 밝고 익숙했으므로 상 및
> 중전과 세자궁이 모두 그를 신임하였다. …그러다가 소현 세자가 죽
> 은 뒤에 어떤 요망스런 무당이 말하기를 "세자가 북경에서 올 때 금수
> (錦繡)를 많이 구입해 왔는데, 이 물건이 빌미가 되어 흉화를 당하게
> 된 것이니, 이것들을 빨리 물에 띄워버리거나 불에 태워서 신에게 사
> 죄하여야 한다. 그렇지 않으면 흉화가 또 그치지 않을 것이다."라고 말
> 하였다. 애란이 이 말을 듣고 강빈에게 고하자, 강빈은 그 말을 믿고
> 그 금수를 모조리 찾아내어 애란에게 주면서 무당의 말과 같이 하도
> 록 하였다. 그리하여 애란이 이것을 자기 방에 두고 막 그 숫자를 검사
> 하고 있던 차에, 조씨가 그 말을 듣고는 다른 일을 핑계하고 애란의 방
> 을 찾아가 마치 우연히 지나다 들른 것처럼 하고서, 애란과 함께 그 숫
> 자를 검사하는 척하다가 갑자기 일부러 방바닥에 쓰러졌다. 그리하여
> 궁중이 크게 놀라 약을 구하느라 분주하였다. 상이 놀라 그 연유를 힐
> 문하자, 시녀가 사실대로 아뢰니, 상이 크게 노하여 이르기를 "애란이
> 감히 요망한 무당과 서로 통했단 말이냐."하고는 애란을 내옥(內獄)에
> 내려 국문하고 마침내 절도에 귀양보냈다.[69]

이 사건을 보면 궁인 애란이 무당에게 점을 쳤고, 그 무당이 과거 소
현세자가 사둔 금수(錦繡)를 없애도록 예방책을 말하자 애란이 세자빈
강씨에게 말하여 그것을 없애도록 하였다. 그 과정에서 조씨가 이를 검
사하는 척 하다가 방바닥에 엎어져 왕까지 알게 했고 왕이 화가 나 애

---

68) 『인조실록』 권 39 인조 17년 9월 2일(병진).
69) 『인조실록』 권 46 인조 23년 7월 22일(신미).

란을 처단했다는 내용이다. 여기서 보면 세자빈 강씨 역시 무당의 말을 들고 화근을 없애려고 할 정도로 무속에 심취했던 것으로 보이고, 궁인인 애란과 조씨 역시 마찬가지였던 것으로 파악된다.

이러한 것은 숙종 때 이르러 명례공주방의 궁인이 대내(大內)의 명을 받들고 풍성하게 신사(神祀)를 베푸는 데까지 나갔다.

> 지평 이세재(李世載)가 상소하기를, "어제 수십의 인마(人馬)가 길에 잇닿은 것을 보고 물었더니, '명혜공주방(明惠公主房)의 궁인이 대내(大內)의 분부를 받아서, 소를 잡고 제수를 장만하여 풍양궁(豐壤宮) 터에서 이틀 동안 신사(神祀)를 베풀고 파하였다.'고 하는데, 그 비용이 지극히 풍성하고 사치합니다. 이렇게 주검이 길게 가득한 때에 천백 사람의 여러 날 양식이 될 만한 것을 마침내 요사한 무당의 주머니로 돌아가게 하니, 원근에서 지켜보고 탄식하지 않는 이가 없습니다. 대저 소를 잡아 신사하는 것은 모두 나라에서 금하는 것이므로 반드시 궁인을 시켜 범하게 하지 않았을 것이나, 이것은 전하께서 모르시는 것인데 혹 궁노들이 사사로이 가탁(假托)한 것입니까?…궁임·무녀를 가두어 중률로 다스리도록 명하셔서, 듣기에 놀랍고 의혹되는 것을 풀어 주소서."하였다. 답하기를, "신사(神祀)는 매우 괴탄한 것이니, 내가 알고 모르는 것은 거론할 일이 아니다. 무녀는 해조(該曹)를 시켜 정배하게 하고, 궁임은 종중과죄(從重科罪)하도록 하라."하였다.[70]

이 사건은 지평 이세재가 길가에 인마(人馬)가 잇달아 있는 것을 보고 그 연유를 물으니 명혜공주방의 궁인이 대내의 분부를 받아 시행하는 것이라는 말을 들었다며 상소한 내용이다. 소를 도살하는 것과 신사를 행하는 것은 모두 국가의 법률에서도 금하는 것인데 상께서 이러한

---

70)『숙종실록』권 30 숙종 22년 1월 15일(임신).

사실을 아느냐고 묻고 있는 내용이다. 숙종은 이를 듣고 '내가 알고 모르는 것을 거론할 일이 아니다'라고 답하며 해당 무녀와 궁임을 처벌하는 것으로 일을 마무리 지었다. 당시 사관은 숙종의 이러한 처사를 비판하였지만 실제로 숙종은 자기의 친 여동생인 명혜공주의 방에서 일어난 일을 적당한 선에서 끊은 것이다.

이상과 같이 무속행위는 궁중에서 시작되었고 그것이 결혼을 한 공주나 옹주에게 그대로 이어져 문젤 여겨졌지만 이와 달리 불교행사는 별로 눈치를 보지 않았다. 조선시대에는 전체적으로 볼 때 억불정책을 시행함에 따라 불교가 대대적으로 억제되었다. 태종대에 시행된 일련의 사사전(寺社田) 혁파와 전국에 242개소의 사찰만 남겨놓는 것으로 그 세속권이 박탈되었고 이후 불교신앙은 어쩔 수 없어 점진적으로 축소되어 갔던 것이다. 그렇지만 이러한 과정에서도 대비와 중전을 비롯한 왕실불교는 여전히 성행하였고, 여기서 공주를 비롯한 외명부의 경우도 마찬가지였다. 이 당시 세종의 둘째 딸인 정의공주(貞懿公主)의 원찰인 도성암(道成菴)이 삼각산 동쪽에 있었다고 『신증동국여지승람』에 수록되어 있다.[71] 도성암이 『신증동국여지승람』에 분명하게 정의공주의 원찰임을 나타낸 것은 당시 왕실 불교의 분위기를 잘 보여준다.

왕실 여인들의 호불행위(好佛行爲)는 초기에 동대문밖에 있었던 정업원(淨業院)을 중심으로 이루어졌다. 이 시기 정업원은 단종의 왕비인 정순왕후 송씨가 주지로 있었다. 단종이 폐위되고 영월로 쫓겨나 사약을 받음에 따라 정순왕후 송씨가 17세에 왕후에서 물러나고 그 뒤에 정업원의 주지로서 세속과 인연을 끊었다. 이 정업원에 문종의 딸인 경혜

---

71)『신증동국여지승람』권 3 한성부.

공주가 속세와 인연을 끊고 출가했을 가능성이 크다. 이십대 후반이었던 경혜공주는 남편인 영양위 정종을 잃고 이곳에서 생활하였다.

당시 세조의 비인 정희왕후 윤씨는 세조에게 피맺힌 업보를 끊어야 한다고 설득하였고, 이러한 주장에 대해 세조도 수긍하였다. 1461년 (세조 7) 중전이 왕에게 "영양위공주(寧陽尉公主)를 박대하는 것은 불가"라고 하자 세조는 "이것이 바로 나의 마음이요."라면서 영양위의 처에게 집과 노비, 봉급 등을 하사하였다. 은혜를 곡진하게 하려는 것이었다.[72] 이후 경혜공주가 입궁하였던 것은 1465년(세조 11) 4월 1일이었는데 아들 정미수를 대동하고 세조를 만났다. 이때 세조는 "경혜공주의 아들을 난신(亂臣)의 아들로서 논해서는 안 된다."고 언급하며 죄를 용서해 주었는데, 이를 예종이 기억해 두었다가 경혜공주의 아들을 종친의 예로 쓰도록 했던 것이다.[73]

조선초기에 숭불적인 행사에 가장 적극적인 사람은 세조비인 정희왕후(貞熹王后) 윤씨(尹氏)였다. 당시 왕릉 주위에 원찰(願刹)이 설립되었다는 사실과 긴밀한 관계가 있었다. 건원릉(태조)을 위한 개경사(開慶寺), 제릉(태조비 신의왕후)을 위한 연경사(衍慶寺), 헌릉(태종)과 영릉(세종)을 위한 보은사(報恩寺), 광릉(세조부부)을 위한 봉선사(奉先寺) 등이 바로 그것이다. 국가의 공식적인 차원에서는 숭유억불(崇儒抑佛)의 정책을 실시하였지만 불사는 개별적인 차원에서 꾸준히 진행되었던 것이다.

특히 예종 즉위 후에 세조비 정희왕후의 주도아래 세조의 원찰로 봉선사(奉先寺)가 세워지면서 이러한 상황은 더욱 강화되었다. 봉선사에

---

72) 『세조실록』 권 26 세조 7년 12월 14일(경진).
73) 『예종실록』 권 5 예종 원년 4월 12일(을축).

서 죽은 세조를 위해 흉례로서의 불재(佛齋)가 시행되었고, 훗날 세조
비 정희왕후가 죽었을 때 역시 불재가 시행된 것이다.

세조의 국상이 끝난 이후에도 이 상황은 이어져, 정희왕후(貞熹王后),
소혜왕후(昭惠王后), 장순왕후(章順王后) 등의 3대비가 광릉에 나가 제
사를 한 후 봉선사의 봉선전(奉先殿)에서 제사를 드리거나, 다례(茶禮)
를 시행하는 등 광릉 제사 후에 봉선사 예불이 연속적으로 시행된 것이
다.74) 이러한 대비들의 행동은 국왕인 성종에게도 그대로 나타났다. 성
종은 1471년(성종 2)에 광릉에서 세조를 제사한 후에 숭은전(崇恩殿-
봉선전를 말함)에 가서 다례를 행하고 봉선사에서 향폐(香幣)를 올리고
예불(禮佛)를 시행하였다.75) 그리고 광릉의 제사 후에 봉선사의 봉선전
에서 세조에게 제사를 드리거나,76) 봉선전에 나아 세조의 수용(晬容)
을 배알(拜謁)하고 다례를 행하였던 것이다.77) 능제를 거행한 후 원찰
에 들려 예불하는 모습은 종묘를 비롯한 국가제사에서는 상상할 수 없
었던 일이다.

성종은 전반적으로 불교를 억제하고 유교를 펼치는데 노력했지만
위에서 보듯이 대비가 직접 시행하는 불사를 막을 수는 없었다. 1475년
(성종 6)에 대사간 정괄 등이 상소를 올려 회암사(檜巖寺)를 내수사의
전곡으로 중수하는 것을 반대하였다. 이에 왕은 전교하여 "이 절은 세
조께서 중수(重修)하시려다 착수하지 못하고 승하하셨는데 지금 의숙
공주가 재곡(財穀)을 내어 수리하고 대비께서 이를 도와주시는 것이

---

74) 한형주, 「조선초기 왕릉제사의 정비와 운영」『역사민속학』33, 2010, 135쪽.
75)『성종실록』권 9 성종 2년 3월 1일(갑술).
76)『성종실록』권 145 성종 13년 윤8월 25일(신묘).
77)『성종실록』권 83 성종 8년 8월 22일(병진) ;『성종실록』권 232 성종 20년 9월 19
    일(갑술).

다."라고 하였고, 또 "절 전체를 수리하는 것은 아니고 다만 비가 새는 곳만을 수리하는 것 뿐이다."라고 변명하였다. 그리고 이것은 나의 뜻이 아니니 다시는 말하지 말라고 못 박았다.[78] 그렇지만 이 정토사(淨土寺)에는 의숙공주(懿淑公主)의 묘가 있다.[79]

1483년(성종 14)에 왕은 원각사는 세조께서 세우신 것인데 늘상 정희왕후가 '비록 주상이 부처를 좋아하지 않지만 내가 죽은 뒤에도 더럽혀지고 허물어지게까지 두지 마라'라는 말씀이 있었다라고 하였고,[80] 또한 다음해에는 '안암사(安巖寺)의 중창을 한 것은 귀인 권씨(權氏)의 상언을 따른 것으로 옛 터에 중창하는 것은 『대전』에 나와 있는 법이다.'라고 주장하였다. 『경국대전』의 법은 온 나라에서 시행하는 것인데, 만약에 이를 준행하지 못하면 입법한 것을 어디다 쓰겠냐고 강력하게 말한 것이다.

또 다른 사례는 명종의 어머니인 문정왕후(文定王后)의 호불행위이다. 그녀는 중종의 2비인 장경왕후(章敬王后)의 소생이었던 인종이 재위 2년만에 사망하고 친아들인 명종이 12세(1545)에 즉위하자 9년 여간 대리청정을 하였다. 그녀의 태도는 불교에 대단히 심취하여 1549년부터 당시 봉은사의 주지였던 보우를 신임하여 불교의 부흥을 꾀하였다. 1550년 12월에 그녀는 선종(禪宗)과 교종(敎宗)의 양종을 부활시킨다는 비망기를 내렸고, 이를 근거로 다음해 5월에 선종과 교종을 정식으로 부활시켰다. 그리고 1552년 4월에는 승려들의 과거시험인 승과(僧科)를 정식으로 시행하였다. 물론 이러한 불교 시행에 대해서 전국

---

78) 『성종실록』 권 53 성종 6년 3월 6일(을묘).
79) 『신증동국여지승람』 권 11 경기 양주목 불우.
80) 『성종실록』 권 157 성종 14년 8월 16일(병자).

적으로 강력한 반대 상소가 일어났다. 그렇지만 문정왕후는 이를 무시하고 그대로 강행하였다.

그런데 이러한 신앙과 별도로 취미생활로 붓글씨를 잘 쓴 공주도 있었다.[81] 선조의 후처 인목왕후의 딸 정명공주(貞明公主)가 그 사람이었다. 정명공주가 태어난 것은 1603년으로 선조가 죽기 5년 전이다. 정명공주는 선조가 사망하기 전까지 선조의 귀여움을 독차지 하면서 살았으나 1608년에 선조가 사망하고 이복 오빠인 광해군이 즉위하면서 상황이 달라졌다. 인목대비에게는 5살 먹은 정명공주와 이제 3살이 된 영창대군이 있었는데, 당시 광해군은 왕위계승이 불안하여 인목대비를 상당히 핍박을 하였다. 그러다가 1613년(광해군 5)에 이이첨(李爾瞻) 등이 반역죄를 씌워 영창대군을 폐서인시킨 뒤 죽였고, 대비의 친정아버지인 김제남도 사사(賜死)시켰다. 그리고 1617년 인목대비는 대비의 칭호를 삭제당하고 서궁(西宮)에 유폐되었다.

서궁에 유폐당한 인목대비가 분하고 슬퍼하는 가운데 특별히 할 일이 없었기 때문에 붓을 잡고 글씨를 썼는데, 이때 정명공주 역시 대자(大字)와 소자(小字)를 써서 모두 어머니인 인목대비의 마음을 위로하여 풀어드리고자 하였다. 정명공주가 글씨를 잘 썼던 것은 아버지인 선조와 어머니 인목대비를 닮아서인 것 같다.

1623년(광해군 15) 인조반정이 발생하여 광해군이 축출되면서 정명공주의 인생에는 큰 변화가 있었다. 어머니가 선조의 왕비로 복권되었고, 자신 역시 공주로 복권된 것이다. 그녀는 서궁을 떠나 창덕궁으로 옮겼고, 곧이어 혼인을 하였다. 이미 21세로 혼기가 한참 지났기 때문

---

81) 신명호, 『조선공주실록』, 역사의 아침, 2009, 113~119쪽, 참고

에 결국 3살 연하였던 홍주원과 결혼을 하였다. 이때 정명공주는 인조의 우대를 받아 서궁유폐의 고난을 보상받는 차원에서 많은 토지와 노비를 내려 받았다. 이후 정명공주는 효종, 현종, 숙종 연간을 거치면서 오랜 기간동안 장수하며 살았다. 그녀의 필적은 1701년(숙종 27) 막내아들인 무주군(茂朱君)의 부탁을 받은 남구만(南九萬)의『약천집』에서 그 사유와 필법에 대한 설명이 나와 있다. 남구만은 발문(跋文)에서 '실로 필법은 선조대왕의 필법에서 나와서 필세가 웅건(雄建)하고 혼후(渾厚)하여 규중(閨中)의 기상과 전혀 같지 않다.'라고 좋은 평가를 내리고 있었다.82)

---

82)『약천집』권 27 題跋.

6장

공주의 배우자

1. 부마를 배출한 가문들

앞에서 언급한 내용을 전제로 하여 당시 부마의 가문을 구체적으로 살펴보도록 하겠다. 부마는 상당히 훌륭한 집안출신이라는 것이 일반적인 평이었다. 그런데 태종은 다음과 같이 이와는 다른 말을 하고 있다.

상이 여러 판서에게 이르기를, "딸 하나가 있는데 나이는 아직 어리나, 국가에 일이 없는 때에 마땅한 사람에게 보내고자 하여, 대언 등에게 명하여 4, 5품 이하 사부(士夫)의 집 아들을 널리 구하여 부마를 삼으려고 하였는데, 어제 여러 대언이 세 사람을 아뢰었다.…부마가 되는 자는 빈천(貧賤)을 걱정할 것이 없다. 문벌의 자손은 교만하고 부귀한 데에 습관이 되어 패망하지 않는 것이 적다. 그러므로 내가 특별히 관직이 낮은 족속(族屬) 가운데 과부의 아들과 같은 자를 취하여 이를 삼으려는 것이다. 내가 일찍이 여러 사위를 보니, 처음에 사위를 삼을 때에 평양백(平壤伯) 조준(趙浚)은 개국 원훈이고 나라와 휴척(休戚)을 같이하였기 때문에 사적에 실린 것과 황조(皇朝)의 일을 널리 보아서

그 아들 조대림(趙大臨)으로 부마를 삼았는데, 무자년 겨울에 과연 목
적(睦賊)에게 오도(誤導)되어 하마터면 제 명에 죽지 못할 뻔하였다.
만일 내가 천륜지정(天倫至精)에 측연하여 마음을 다하여 추명(推明)
하지 않았더라면 그 후회되는 것을 이루 말할 수 있겠는가? …청평군
(淸平君)의 아비 이거이(李居易)도 또한 대죄에 과죄되었는데 아들 때
문에 고종명(考終命)할 수 있었다. 아비가 비록 죄가 있더라도 아들이
부마이면 일이 난처하기가 더 심할 수 없다. 그러므로 지금 벼슬이 낮
은 집에서 구하면 거의 교만한 버릇이 없을 것이다."라고 하였다.[1]

태종의 말은 문벌이 훌륭한 자손인 경우 교만하고, 부귀한 데에 습관
이 되어 여러 문제를 일으킬 수 있다는 것이다. 자신의 사위였던 조대
림이 조준의 아들로 목인해(睦仁海)의 사건에 연루된 것이나 이거이의
아들이 대죄에 연루된 것이 이와 같아서 과부의 자식이나 관직이 낮은
족속을 구한다는 것이다.

이것은 태종의 경험담을 바탕으로 말한 것으로 약간의 과장이 있었
고, 실제로는 명망있는 집안의 자식들을 일반적으로 부마를 삼았지만
그중 일부의 경우에는 그렇게 명망가 집안의 자식이 아닌 경우도 있다.

그런데 여기에서 주목되는 것은 공주와 옹주의 배필이 같은 집안의
형제들이나 사촌동생인 종재(從弟)에게서 이루어진 사실이 종종 나타
난다는 것이다. 이것은 조선전기에 그 실례가 많았다. 예컨대 태조의
셋째 딸인 경신궁주의 부마는 청주 이씨인 상당위 이애(李薆)였고, 이
애의 동생인 청평위 이백강(李伯剛)은 태종의 큰 딸인 정순옹주의 부마
였다. 또한 예종의 큰 딸인 현숙공주의 부마는 풍천위인 임광재(任光
載)인데, 임광재의 동생인 풍원위 임숭재(任崇載)는 성종의 셋째 딸인

---

1) 『태종실록』 권 30 태종 15년 11월 6일(기해).

휘숙옹주의 짝이 되었다. 그리고 태종의 11번째 딸인 숙녕옹주의 부마는 파성위 윤우(尹愚)였는데 그의 종제(從弟)인 파평위 윤엄(尹嚴)은 같은 태종의 13번째 딸인 숙경옹주를 짝으로 삼았고, 성종의 5번째 딸인 경순옹주의 부마는 의성위 남치원(南致元)인데, 그의 종제인 의천위 남섭원(南燮元)은 같은 성종의 10번째 딸인 휘정옹주의 부마였다. 또한 선조의 8번째 딸인 정선옹주의 부마는 길성위 권대임(權大任)인데, 그의 재종제(再從弟) 동창위 권대항(權大恒) 역시 같은 왕인 선조의 11번째 딸인 정화옹주의 부마였다. 이와 같이 10명의 사례에서는 형제사이에 공주와 옹주를 하가시키는 경우로, 태조와 태종, 선조 등은 딸들을 아버지와 아들에게 혼인을 시켜 족보를 흩트려 버렸다.

또한 이와는 달리 할아버지와 손자가 공주나 옹주에게 장가든 사람도 있었다. 세종의 셋째 딸인 정현옹주의 짝은 영천위 윤사로(尹師路)인데 손자인 영평위 윤섭(尹燮)은 성종의 6번째 딸인 정숙옹주의 부마가 되었다. 그리고 성종의 둘째 딸인 혜숙옹주의 부마는 고원위 신항(申沆)인데, 그의 손자인 영천위 신의(申檥)는 중종의 넷째 딸인 경현공주의 부마였다. 이밖에 삼촌과 조카가 옹주에게 장가든 사람이 있으니, 정종의 셋째 딸인 덕천옹주의 부마는 부사인 변상복(邊尚服)인데, 그의 조카인 유천위 변효순(邊孝順)은 태종의 9번째 딸 소선옹주의 부마였다.[2)]

---

2)『靑莊館全書』권 49 耳目口心 書二「兄弟尙主 太祖朝慶愼宮主駙馬 上黨尉李薆 弟 淸平尉伯剛 太宗祖貞順翁主駙馬也 睿宗朝顯肅公主駙馬 豊川尉任光載 弟豊原尉崇 載 成宗朝徽淑翁主駙馬也 太宗朝 淑寧公主駙馬 坡城尉尹愚 從弟坡平尹嚴淑慶翁 主駙馬也 成宗朝慶順翁主駙馬 宜城尉南致元 從弟宜川尉燮元 徽貞翁主駙馬也 宣祖 朝貞善翁主駙馬 吉城尉尉權大任 再從弟東昌尉大恒 貞和翁主駙馬也 亦有祖孫尙主者 世宗朝貞顯翁主駙馬 鈴川尉尹師路 孫鈴平尉燮 成宗朝貞淑翁主駙馬也 成宗朝惠淑翁

이와 같이 국왕은 대단한 집안에서는 조손이거나 형제이거나를 따지지를 않고 부마로 삼았다. 이하에서는 이러한 성격을 알아보기 위하여 대표적인 몇 개의 가문을 알아보도록 하겠다.

1) 조대림(趙大臨, 1387~1430)

조대림의 집안은 4대조인 조인규(趙仁規) 때부터 이름을 드러내기 시작하였다. 원나라의 정치적 간섭을 받는 고려후기에 몽고어 통역관에 대한 사회적 필요성이 증가함에 따라 선발된 인물이 바로 조인규였다. 그는 충렬왕과 충선왕 때 활약하며 정치적 입지를 굳혔는데, 특히 그의 딸이 충선왕의 비가 됨으로써 원나라, 고려 왕실과 밀접하게 관련되어 정치적 성장을 이루었다. 그러나 충선왕이 왕이 된 후 충선왕비인 계국대장공주(薊國大長公主)의 조비(趙妃)에 대한 질투사건으로 발생한 조비무고사건(趙妃誣告事件)으로 몰락하였고, 6년 후에 복권이 되었다. 그의 아들은 조서(趙瑞), 조련(趙璉), 조연수(趙延壽), 조위(趙瑋) 등인데, 모두 재상의 지위에 올라 가문을 번성하게 하였다.[3]

이들 중 조련의 아들이 조덕유(趙德裕)인데 그는 판도판서의 관직을 역임하였고, 슬하에 조후, 조린, 조정, 조순, 조준, 조견 등의 형제를 두었다. 조준(趙浚)은 어렸을 때 어머니 오씨가 자식들이 급제하지 못하는 것을 탄식하자 이를 듣고 맹세하고 분발해 배움에 힘썼다고 한다. 조선이 건국할 때 힘을 썼는데, 특히 경제와 이재에 밝아 전제개혁안

主駙馬 高原尉申沆 孫靈川尉橞 中宗朝敬顯公主駙馬也 亦有叔姪尙主者 定宗朝德川郡主駙馬 府使邊尙服 從子柔川尉孝順 太宗朝昭善翁主駙馬也」

3) 다음의 표는 『조선왕조실록』, 『민족문화대백과사전』, 『위키백과』 등을 참고하여 작성한 것이다. 이하도 마찬가지여서 별도의 주석을 달지 않는다.

(田制改革案)을 통해 조선의 경제적 기초를 마련하였다. 뒷날 태종이 1차 왕자의 난을 일으켰을 때 그는 이에 협력하여 반대파를 제거하는데 앞장섰으며, 그로 인해 태종의 신임을 받아 뒷날 관직이 영의정에 올랐다. 그의 독자인 아들 조대림은 <표 1>에 보이는 것과 같이 경정공주와 혼인하여 평녕군(平寧君)에 봉해지는 등 왕실의 총애를 받으며 권세를 누렸다.

〈표 1〉 조대림과 경정공주의 가계도

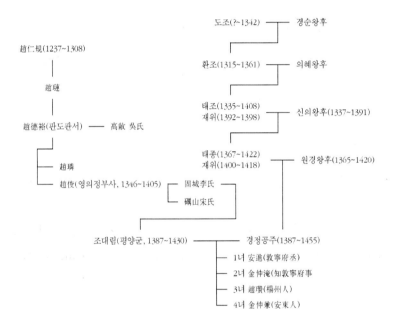

조대림은 재상이었던 아버지를 두었고 어렸을 때부터 부족함이 없이 자라다가 다시 부마가 되다보니 그 행동이 경솔하였다. 1408년(태종 8) 12월 5일 호군 목인해(睦仁海)가 조대림이 모반을 한다고 고발하는 사건이 발생하였다. 그러나 사건의 전모를 의심한 태종은 관련자를 문초하도록 하였고, 결국 이 과정에서 조대림은 장(杖)을 맞고 큰 곤욕을 치렀으나 목인해의 꾀임을 받아 도적을 잡으려고 도성(都城) 안에서 군사를 발한 것이라는 결론이 나옴으로써 태종으로부터 석방을 받았다.[4]

조대림은 당황하면 말을 어물거리며 스스로 변명하지 못하였다고 하는데, 하여튼 한순간 이 사건으로 태종으로부터 의심을 사서 곤욕을 치르게 되었던 것이다. 그러나 다음해에 조대림은 태종에 의해 다시 등용되어 병서강토총제(兵書講討摠制)가 되었고, 이후에도 병권을 담당하였다.

조대림과 경정공주는 1남 4녀를 낳았는데, 아들인 조무영은 첨지중추원사(僉知中樞院事)를 역임하였다. 조대림은 태종이 사망하고 세종이 집권한 1430년(세종 12) 44세의 나이로 사망하였다.[5]

2) 한경록(韓景祿, 1520~1589)

한경록의 경우는 다음의 <표 2>에서 보듯이 뚜렷할 정도의 명문가는 아니었다. 아버지의 관직이 춘천부사에 불과하였고 할아버지도 또한 종 9품의 장사랑(將仕郞)에 불과한 품계였기 때문이었다. 그러나 그가 부마가 될 수 있는 것은 바로 그의 5대 조가 한확(韓確)이라는 인물이었기 때문이었다.

---

4) 『태종실록』 권 16 태종 8년 12월 5일(무인).
5) 『세종실록』 권 49 세종 12년 9월 12일(경술).

〈표 2〉 한경록과 의혜공주의 가계도

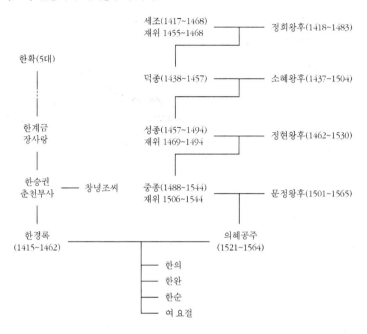

한확(韓確, 1400~1456)은 덕종의 왕비이자 월산대군과 성종의 모후인 소혜왕후(昭惠王后) 한씨와 더불어 세종의 서자 계양군(桂陽君)의 부인인 정선군부인(旌善郡夫人)의 친정아버지이다. 그는 한영정(韓永矴)의 아들로 음보로 출사하였다. 그런데 그의 넷째 여동생인 여비(麗妃) 한씨가 영락제(永樂帝)의 후궁으로 들어갔고, 다섯째 여동생이 선종(宣宗) 선덕제(宣德帝)의 후궁으로 선발되었다. 두 명의 여동생이 명나라 황제의 후궁이 되면서 그는 크게 출세하여 이후 좌의정이 되었고, 뒤에 세조의 정변에 참여하여 정난공신 1등이 되었다. 그는 조선초기 명과 조선의 외교에 큰 역할을 담당하였다.[6]

그 후 한경록의 할아버지 한계금은 문음으로 벼슬이 9품인 장사랑에 올랐고, 아버지 때 와서야 춘천부사라는 외관직을 받았고, 말년에 안변부사(安邊府使)로 임명되었을 뿐이다. 그러다가 한경록은 중종의 두 번째 딸로 문정왕후의 소생인 의혜공주와 11살의 나이에 가례를 올리게 되었다. 그렇지만 이후 그는 무절제한 행동, 즉 시정배들이나 종친들과 어울리며 창기를 간음하거나 남의 재산을 침탈하는 등 행동들을 벌여 명종 대 여러 차례 파직과 추고를 당하였고, 이후 선조대에 이르러 사망하였다. 아들은 한의, 한완, 한순이고 딸이 하나 있었다.

3) 안맹담(安孟聃, 1415~1462)

안맹담은 <표 3>에서 보듯이 본관은 죽산으로, 아버지는 함흥부윤을 역임한 안망지(安望之)이고, 할아버지는 평양부윤인 안숙로(安淑老), 증조할아버지는 우문관대제학이었던 안극인(安克仁)이었다. 안극인의 딸은 고려 공민왕의 비인 정비(定妃)이고, 안숙로의 딸은 우왕의 비인 현비(賢妃)로 책봉되었던 고려의 명문가였다. 아버지 안망지는 봉상시 주부였던 허지신(虛之信)의 딸과 혼인하여 안맹담을 낳았다.

안맹담은 14살이었던 1428년(세종 10) 세종의 둘째 딸인 정의공주(貞懿公主)와 혼인하여 부마가 되었는데, 슬하에 4남 2녀가 있었다. 혼인할 때부터 안맹담은 20여 년간 큰 문제없이 왕실가족의 일원으로 생활하였고, 세종은 안맹담과 정의공주의 집에 수차례 이어(移御)하였을 정도로 이들 부부를 아꼈다. 그리고 세종이 저자도(楮子島)를 정의공주에게 하사하였는데, 공주가 둘째 아들인 안빈세(安貧世)에게 전하였다

---

6) 한희숙, 「조선초 명 선덕제 후궁 공신부인 한씨가 조선에 끼친 영향」, 『여성과 역사』 26, 2017,

고 전해진다.[7]

　그렇지만 세종과 문종이 차례로 죽고 어린 단종이 즉위하자, 곧이어
계유정란을 맞이하게 되었다. 당시는 아찔한 시기였는데, 안맹담과 정
의공주는 단종과 세조의 어느 쪽의 손을 들어주지 않고 조심하여 무사
히 지나갔다. 그러다가 단종이 물러나고 세조가 등극하자 왕은 정의공
주를 두 살 연상의 누님뻘로 극진히 대접하였다. 세조와 정희왕후는 여
러 차례 정의공주의 집에 거동하였고, 정의공주가 온천을 갈 경우 그
지역의 수령에게 위무하도록 조처를 취하였다.

〈표 3〉 안맹담과 정의공주의 가계도

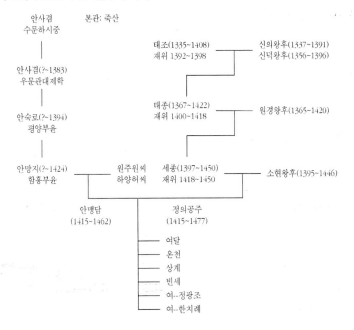

7) 『신증동국여지승람』권 3 한성부.

한편 그는 초서(草書)에 능하고 활쏘기와 말타기를 잘하였으며, 음률 (音律)에도 통달하였다고 한다. 이밖에도 의약에 밝았으며, 불교에도 상당한 관심을 가졌다. 안맹담은 1462년(세조 8) 48세의 나이로[8] 사망하였고, 정의공주는 그보다 15년을 더 살아 63세에 사망하였다. 뒷날 정의공주의 병이 위급해지자 세조는 그 아들의 자급을 7계급이나 높여주는 등 왕의 사적인 친밀감을 보여서 일생동안 별 탈이 없이 살았던 것이다. 안맹담의 슬하에는 안여달(安如㺚)을 비롯한 4형제와 2명의 딸이 있었다.

4) 홍주원(洪柱元, 1606~1672)

홍주원은 본관이 풍산으로, 아버지는 예조참판인 홍영(洪霙)이고 할아버지는 대사헌인 홍이상(洪履祥)이다. 어머니는 좌의정 이정귀(李廷龜)의 딸이었다. 그의 가계는 다음의 <표 4>와 같다. 그런데 홍주원의 후손으로는 사도세자의 비인 혜경궁(惠慶宮) 홍씨와 홍봉한(洪鳳漢), 홍인한(洪麟漢), 홍국영(洪國榮), 그리고 원빈(元嬪) 홍씨 등이 있어 조선후기의 역사에 큰 영향을 미쳤다.

홍주원은 18살이던 1623년(인조 원)에 선조와 인목대비의 딸인 21살의 정명공주와 가례를 치렀고 영안위(永安尉)로 봉해졌다. 당시 정명공주가 21살의 나이까지 가례를 치루지 못한 것은 그 어머니 인목대비가 광해군에 의해 폐출되었기 때문인데 인조반정으로 이 상황이 벗어나자 바로 혼례를 치르게 되었던 것이다. 홍주원은 이미 혼처가 정해져 있었으나 이를 무시하고 결혼식을 올려야 했다.

---

8)『세조실록』권 29 세조 8년 12월 25일(을유).

〈표 4〉 홍주원과 정명공주의 가계도

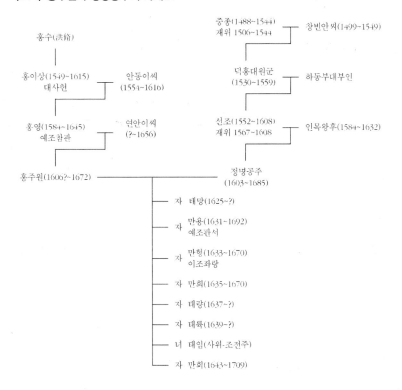

홍주원과 정명공주는 인조의 재위기간에 상당히 마음고생이 컸던 것으로 보인다. 인목대비가 살아 있을 때는 인조의 이들에 대한 대우가 상당히 좋았으나 그녀의 사망 이후에는 자신의 병세가 악화되면서 자신의 왕위계승을 부당하게 보는 사람으로 인목대비를 지적하였고 그 자식인 정명공주를 의심했던 것이다. 이런 까닭에 여러 번 인조에게 의심과 고난을 겪어야 했는데 정명공주는 어릴 때부터 잘 썼던 글씨조차 쓰지 않으며 부마와 더불어 정치적으로 무관심하게 세월을 보내면서 조심스럽게 이 위기를 넘어갔다.

인조의 사망으로 이러한 정치적 위기를 넘긴 홍주원과 정명공주는 이후 효종, 현종 연간에 편안한 마음으로 최고의 시기를 보냈다. 당시에 홍주원은 정명공주와의 사이에서 홍태망(洪台望), 홍만용(洪萬容) 등 7남 1녀라는 다복한 자식을 낳았고, 효종과 현종은 종친의 최고 어른으로서 이들을 잘 대접하였다. 정명공주는 남편이 1672(현종 13)에 사망한 뒤에 13년을 더 살아 83살이라는 조선시대 공주의 역사에서 가장 오래 산 사람이었다.

5) 홍현주(洪顯周, 1793년~1865년)

홍현주의 본관은 풍산(豊山)인데, 아버지는 우부승지인 홍인모(洪仁謨)이고, 할아버지는 병조판서인 홍낙명(洪樂命)이며, 양아버지는 영의정인 홍낙성(洪樂性)이다. <표 5>에서 보듯이 이 집안은 대대로 고위직에 올라 증조할아버지인 홍상한(洪象漢)이 예조판서였고, 고조할아버지인 홍석보(洪錫輔)가 이조참판인 이른바 명문가 출신이었다. 홍현주가 부마로 간택된 이유는 그의 조부인 홍낙성이 혜경궁(惠慶宮) 홍씨(洪氏)의 6촌 오빠라는 점이 작용하였다.

홍현주는 나이 12살에 동갑인 정조의 둘째딸 숙선옹주(淑善翁主)와 혼인하여 영명위(永明尉)에 봉하여졌다. 정조는 2명의 아들과 딸이 더 있었으나 일찍 죽고 수빈 박씨(綏嬪朴氏)의 소생인 아들 순조와 딸인 숙선옹주만 살아남아 있었다.

숙선옹주는 순조의 유일한 동복(同腹) 누이로 순조와는 사이가 상당히 좋았다. 순조는 옹주가 혼일할 때 내수사(內需司)에 명해 쌀과 무명, 포, 돈을 각각 내리도록 하였는데, 이는 특별히 숙선옹주의 경우에만 해당되니 전례를 삼지 말도록 명하였고, 신하들의 만류에도 불구하고 시집간 숙선옹주의 집에 여러 차례 나가기도 하였다.

〈표 5〉 홍현주와 숙선옹주의 가계도

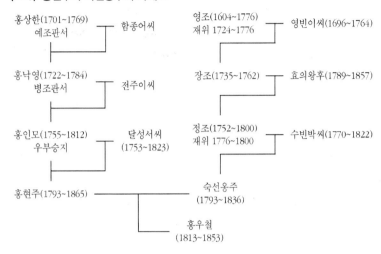

홍현주는 나이가 70살이 넘도록 장수하였는데, 문장에 뛰어나서 후손들이 그의 글들을 묶어『족수당집(足睡堂集)』,『해거재시초(海居齋詩鈔)』라는 문집을 펴냈다. 숙선옹주도 44살에 이르러 사망했는데, 슬하에 아들인 홍우철(洪祐喆) 하나밖에 없었다.

2. 부마의 활동

부마는 왕의 사위로, 적녀인 공주의 짝과 서녀인 옹주의 짝으로 구별된다. 우선 부마들의 관부인 의빈부를『대전회통』에서 살펴보자.

의빈부(儀賓府) [原] 공주와 옹주에게 장가든 자의 관부이다. 첨위(僉尉) 이상은 정수가 없다. **위(尉)** 정 1품, 위 종 1품, 공주에게 장가든 자에게 처음 제수한다. **위** 정 2품 위 종 2품, 옹주에게 장가든 자에게 처음 제수한다. **부위(副尉)** 정 3품 군주(郡主)에게 장가든 자에게 처음 제수한다. **첨위(僉尉)** 정·종 3품 현주(縣主)에게 장가든 자에게 처음 제수한다. **경력(經歷)** 종 4품, [原] 1인 [續] 감한다. **도사(都事)** 1인 종 5품[9]

위의 기사를 보면 의빈부는 정 1품부터 종 2품까지 공주와 옹주에게 장가든 사람에게 주는 위(尉)가 있고, 정 3품과 종 3품에는 군주와 현주에게 장가든 사람에게 주는 부위(副尉)가 있다. 그리고 경력과 도사의 행정 관료가 설정되어 있다. 공주의 부마는 그 나이에 상관없이 종 1품의 위를 수여하고 나이가 들어 승진을 하면 정 1품의 위가 되고, 옹주에게는 종 2품의 위를 주고 승진하면 종 1품의 위에까지 나아간다. 군주와 현주에게 결혼한 자에게도 3품에서 시작한다. 또한 첨위 이상에는 일정한 정원이 없어서 그 수가 많을수록 왕실의 번창한 것으로 파악하였다.

원래 관리에 임용되는 시기는 나이 20세가 지나야 되었지만 공주나 옹주가 시집가는 나이는 11~12살이 일반적이고 그에 따라 부마의 나이 역시 공주와 동갑이거나 1살 정도 많은 경우가 일반적이다. 따라서 12살 정도의 부마가 나오는데 이들을 종 1품 내지는 종 2품의 위(尉)를 삼는 것이다.

그런데 1869년(고종 6)에 이르러 이 규정은 크게 바뀌게 되었다. 즉 이때 의빈부작품(儀賓府爵品)의 규식(規式)을 개정하여 공주에게 장가

---

9) 『대전회통』 권 1 이전 경관직 정 1품아문 의빈부.

든 자에게는 위(尉) 정 1품을, 옹주에게 장가든 자에게도 위 정 1품을, 군주에게 장가든 자에게는 부위(副尉) 종 1품을, 현주에게 장가든 자에게는 첨위(僉尉) 종 1품을 봉하게 하였다. 즉 공주나 옹주 상관없이 의빈은 정 1품으로, 군주와 현주의 짝은 종 1품으로 각각 크게 올라갔던 것이다.[10] 이것은 왕실구성원의 직품을 크게 올려 타인과 서로 구분하기 위한 조처였다.

그러면 이들 부마는 어떠한 일을 담당하였을까. 우선 의례적인 행사에 참여하는 일이다. 『경국대전(經國大典)』이전(吏典) 조의조(朝儀條)에 의하면 이러한 의례적 행사는 몇 가지로 구별된다. 첫째로는 국가 차원의 큰 경축 행사일에 참여하는 것이다. 설날, 동짓날, 왕의 생일, 명나라 태자의 생일 등과 이 밖의 큰 경축 행사에는 왕이 세자 이하의 모든 백관들을 거느리고 대국(大國)의 대궐을 향하여 축하를 드리는 의식인 망궐례(望闕禮)를 진행한다. 그리고 설날, 동짓날, 매달 초하루와 보름, 왕의 생일, 왕비의 생일날에는 세자 이하 모든 관리들이 축하 조하(朝賀)를 드린다. 다만 매달 초하루와 보름에는 왕에게만 축하를 드리고 왕비에게는 드리지 않는다. 그리고 세자의 생일에는 조정의 모든 관리들이 축하를 드리는데, 설날과 동짓날에도 마찬가지로 세자빈에게는 드리지 않는다.

두 번째는 정사에 관련된 의례이다. 매달 5일, 11일, 21일, 25일에는 모든 조정 관리들이 정사하는 날 모임인 조참(朝參)에 참가한다. 그리고 매일 종친부·의정부·충훈부·중추부·의빈부·돈녕부·6조·한성부의 당상관들과 사헌부·사간원에서 각각 1명씩, 경연의 당상관과 당

---

10)『고종실록』권 6 고종 6년 1월 24일(병신).

하관이 각각 2명씩 차례대로 상참(常參)에 참가하며, 제의할 문제가 있으면 위에까지 올린다.

셋째는 중국의 사신과 관련된 의식이다. 대국의 사신이 머무는 객관(客館)에 가서 세자는 앞에 나아가 두 번 절하는 의식을 진행하고 모든 조종의 관리들도 두 번 절하는 의식을 진행하며 사신이 돌아갈 때에도 조정 관리들이 모화관문(慕華館門) 바깥의 길 왼쪽에 순차로 섰다가 사신이 반열의 윗머리에 이르면 조정 관리들이 일시에 두 번 절하는 의식을 진행해서 전송한다. 그리고 왕의 행례(行禮)시에는 문무 관리들이 대궐문 밖에 좌우로 갈라섰다가 왕의 연(輦)이 도착하면 몸을 구부리고, 지나가면 몸을 편 후 차례로 행차 뒤를 따라간다. 만약 밤을 지새우는 행차이면 도성문 밖에 차례로 서서 떠나보내며, 행차가 돌아올 때에 영접하는 절차도 마찬가지로 행차 뒤를 따라오다가 대궐에 도착한 후 문안드리는 의식을 진행한다. 그리고 조서(詔書)와 칙서(勅書)를 영접하거나 설날, 동짓날, 황제의 생일, 왕의 생일날에는 축하의식을 진행하는데 모든 조정 관리들이 그날보다 앞서 의식진행에 대한 연습인 습의(習儀)를 시행한다.

이러한 의례와 더불어 왕명을 받드는 경우에도 예를 표시한다. 높고 낮은 관리들이 길에서 왕이 내리는 향(香)과 축문(祝文), 교서(敎書), 유서(諭書), 술, 선패(宣牌)와 같은 것을 만나게 되면 말에서 내려 허리를 구부리는 반면, 그것을 가지고 가는 사람은 말에서 내리지 않는다. 만약 왕에게 올리는 물건을 만나게 되면 두 손을 마주잡고 서 있는 공립(拱立)의 자세를 취한다. 그리고 동반 9품, 서반 4품 이상의 벼슬을 받은 사람은 임명받은 이튿날에 왕, 왕비, 세자에게 은혜를 사례하여 절하는 의식을 진행한다. 품계가 올라갔거나 겸직을 받은 사람은 왕에게

만 절하는 의식을 진행한다. 사신으로 나가거나 휴가를 받은 사람은 갈때와 돌아왔을 때 모두 마찬가지로 한다.11)

이와는 달리 정기적으로 시행하는 연향의 경우에도 부마가 의빈부의 일원으로 참여하였다. 매해 두 차례 종친부와 의빈부에서 연회를 차려 올릴 때 의빈은 참여하며, 매해 설날이나 동짓날에 회례연(會禮宴)을 차릴 때 의식에 참여한다. 이때에는 왕비가 내전에 연회를 차리는데, 공주와 옹주를 비롯한 내외명부가 참여한다. 이러한 정기적 행사를 제외하고 시행되는 각종 행사, 예컨대, 단오, 추석, 왕의 행차와 무술연마 후, 세자의 생일, 충훈부(忠勳府)에서 올리는 연회, 충익부(忠翊府)등에서 올리는 연향 등에도 부마는 참석해야만 하였다. 이러한 행사 때의 의식절차는 『국조오례의』에 나와 있는 것을 적용하였다.12)

이것은 누구나 가지고 있는 호구단자(戶口單子)에 의해 표시된다. 호구단자에는 무슨 호(戶), 무슨 부(部), 무슨 방(坊), 제 몇 리(里)에 사는 [만약 지방이면 무슨 면, 무슨 리라 칭한다] 무슨 관직·성명·연갑(年甲)[나이와 간지干支]·본관·4조(祖)·처 무슨 씨(氏) 연갑·본관(本貫)·사조(四祖), 거느리고 사는 자녀 누구와 그 연갑, 사위의 경우에는 본관을 모두 기록한다. 노비와 고공(雇工)은 누구와 그 연갑이 무엇이다 라고 적는다. 그런데 여기서 의빈은 자기 직함과 4조 및 무슨 주(主)[공주또는 옹주]에게 장가 간 것을 기록하게 되어 있다.13)

또한 왕이 대열(大閱)을 시행할 때는 큰 종을 거듭 쳐서 오위의 군사들을 모으는데, 이때 왕이 근정전 및 여러 문[諸門]에 납시면 그 납신

---

11) 『경국대전』 권 1 이전 조의.
12) 『경국대전』 권 3 예전 연향.
13) 『대전회통』 권 3 예전 호구식.

곳을 따라 그 뜰에 집합한다. 위장(衛將) 이하의 장수가 왕명을 받고 가서 군사를 거느리면, 백관은 소속 관청에 남는 1인 이외는 갑주(甲胄)를 착용하고 무기를 갖추어 각각 조방(朝房)에 모여서 명령을 기다린다. 이때 종친부·의정부·의빈부의 당상관에게는 무기(武器)를 착용하게 하였다.14)

이상과 같은 각종 의무를 갖고 있는 의빈은 그러나 그 권리 및 특혜는 일반 사서인과는 달랐다. 이를 법전인『대전회통』을 통하여 구체적으로 살펴보자. 먼저 부마는 형법상에서도 일반 죄수들과는 다른 대우를 받는다. 먼저 죄인 중에 장형(杖刑) 이상의 죄수는 구금하는데, 여기서 의빈은 달리 대우되었다. 원래『속대전』에서는 의빈에 대한 규정이 없이 '의정은 자신이 악역(惡逆)을 범한 경우 이외는 잡혀가서 심문 당하지 아니한다.' 라고 규정하였는데, 1785년(정조 9)에 편찬된『대전통편(大典通編)』의 규정에는 '종친과 의빈의 자급이 현록대부(顯祿大夫)와 수록대부(綏祿大夫)에 이르거나 문신인 재상[文宰]이 문형(文衡)·보국(輔國)·이상(貳相)·기사(耆社)를 거친 사람인 경우에는 경죄로서는 감옥에 수감하지 아니한다.' 라고 추가하였다.15)

여기서 악역(惡逆)이라는 것은『대명률직해』에 따르면 '조부모·부모·남편의 조부모·부모 등을 구타(毆打)하거나 모살(謀殺)하는 행위 및 백숙부모(伯叔父母)·고모(姑母)·형(兄)과 자(姉)·외조부모 및 남편을 죽이는 행위'를 말하는데,16) 흔히 말하여 친속범죄에 해당하는 것을 말하며, 이러한 범죄를 제외한 죄수에게는 수금하지 못하도록 규정하

---

14)『대전회통』권 4 병전 첩종(疊鐘).
15)『대전회통』권 5 형전 수금.
16)『大明律直解』권 1 名例律 十惡.

였다. 그런데 여기서 현록대부나 수록대부로 규정한 것은 나이가 많은 공주의 부마에게만 해당되는 데, 나이가 많은 의빈에게 가급적 피해를 주지 않기 위한 것으로 보인다. 실제로 기록상에는 부마의 행동으로 사람을 죽였을 경우 그 죽은 사람의 지체를 보아 치죄여부를 확인하였고, 대부분 이를 무마하는 경우가 많았다.[17]

또 하나는 추단(推斷)의 방식이다. 추단은 죄상(罪狀)을 추문(推問)(심문)하여 처단하는 것인데, 각종 범죄에 따라 태(笞)·도(徒)·유(流)·장(杖)·사(死) 등의 5형의 죄를 묻는 것이다. 여기에서는 일반적인 범죄에 대하여 상세히 설명되어 있으며, 아울러 관리를 추고(推考)하는 데, 공죄와 사죄로 나누어 반드시 의금부에 압송하여 처리하였다. 그런데 종친·의빈·문관·음관·무관의 1품인 자는 추고(推考)할 수 없으며 역시 서면조사[緘辭]도 하지 않는다고 『대전통편』에 추가되어 있다.[18]

이런 특별한 죄의 처벌상황과는 달리 물질적인 측면, 즉 토지와 녹봉이 하사되는 특권이 있었다. 조선초기에는 과전법이 시행되어 1과부터 18과까지 관원의 등급에 따라 구분되어 지급되었고, 녹봉의 지급 또한 규정이 있었다. 그러나 이 경우에는 관원들의 경우 그 지급액이 결정되어 있으나 공주, 옹주의 경우 무품직으로 규정 자체가 없다. 다만 의빈의 경우 본직이 갖고 있는 품계, 즉 초직의 경우 종 1품 혹은 종 2품의 직을 갖고 있어서 여기에 준하여 녹봉을 지급받았을 것이다.

그런데 조선 후기에 이르러서는 사정이 달라졌다. 과전법 체제가 무

---

17) 영천위(靈川尉) 신의(申檥)의 경우 중종의 딸인 경현공주의 배우자인데, 사족 부인의 살인에까지 이르러 의금부에서 살인죄로 장일백(杖一百), 유삼천리(流三千里)로 처벌할 것을 주장하였으나 왕은 다만 고신만 박탈하는 조처를 취하였다.(『명종실록』 권 13 명종 7년 12월 28일(병자)).
18) 『대전회통』 권 5 형전 추단.

너지면서 조선에서는 황무지를 특수한 사람 즉 대군, 공주, 왕자군, 옹주 등에게 궁방전으로 지급하였는데, 신궁(新宮-현왕)의 후궁에게는 800결, 대군·공주에게는 850결, 왕자·옹주에게는 800결을 주었고, 구궁(舊宮-옛왕)의 후궁에게는 200결, 대군·공주에게는 250결, 왕자·옹주에게는 200결을 주었다. 그리고 군주(郡主)에게는 400결을 주고, 구궁의 군주이면 100결을 주었다.[19)]

한편 녹봉은 매달 주었는데, 대군·공주·왕자군·옹주 등은 제 1과와 같이 한다고 규정되어 있다. 다만 공주와 옹주는 시집가기 전에는 녹봉을 받으나 시집간 후에는 단지 부마에게만 녹봉을 주었다. 한편『대전통편(大典通編)』에서는 종친과 의빈이 부모상(父母喪)을 당하면 녹봉을 받을 수 없지만 의빈의 경우에는 공주와 옹주가 시집가기 전의 예에 따라 녹봉을 받게 된다고 규정되어 있다.[20)]

한편 부마와 결혼한 공주(옹주)는 시집으로 들어가는 것이 아니라 별도의 신혼집을 장만하는데, 이에 대해서는『경국대전』에 규정되어 있다. 서울 안의 집지을 땅은 한성부에서 신청서를 받아서 공지(空地) 및 만 2년이 되어도 집을 짓지 않은 땅을 할애해 주는데, 대군과 공주는 30부(負), 왕자군과 옹주는 25부, 1·2품은 15부, 3·4품은 10부, 5·6품은 8부, 7품 이하 및 유음자손(有蔭子孫)은 4부, 서인은 2부를 각각 주되, 삼등(三等) 전척(田尺)을 썼다.[21)] 그런데 이와 관련하여 가사의 규모는 대군이면 60칸, 왕자군과 공주이면 50칸, 옹주와 종친 및 문무관 2품 이상이면 40칸, 3품 이하면 30칸, 서인이면 10칸으로 제한한다고 되어

---

19)『대전회통』권 2 호전 제전.
20)『대전회통』권 2 호전 녹과.
21)『대전회통』권 2 호전 급조가지.

있다.22) 물론 이와 관련하여 집의 규모를 크게 해서 문제가 되는 경우가 많이 있었다.

한편 공주와 부마는 죽었을 때에도 특혜를 받았다. 원래 장례에는 국장(國葬), 예장(禮葬), 사장(私葬) 등의 구별이 있었는데, 국장은 왕, 왕비, 왕세자, 왕세자빈의 장례이며 예장은 왕비의 부모, 빈, 귀인, 대군, 왕자군 및 그 부인, 공주, 옹주, 의빈, 2품 이상의 종친, 종 1품 이상의 문무관 및 공신에 대한 장례이며, 사장은 일반 사가에서 행하는 장례이다. 예장의 경우 종친과 대신(종 1품 이상)이 죽으면 왕에게 보고하고 정무[朝會]를 일시 중지하며 시행하였다. 왕비의 부모·빈·귀인·대군·왕자군 및 그 부인·공주·옹주 및 의빈·종친 종 2품 이상, 문·무관 종 1품 이상 및 공신 등에게 예장을 하였다. 무릇 예장시에는 응당 관곽(棺槨)을 하사할 사람을 예조에서 왕에게 보고한 후 호조로 공문을 보내서 관곽을 그에게 내주도록 한다. 대군·왕자군·공주·옹주의 예장시의 관(棺)에는 옻칠을 하고 곽(槨)에는 역청(瀝靑—송지(松脂))에 기름을 섞어 끓인 물감으로 검은색 또는 농갈색의 점질(粘質)을 쓰며, 그 나머지 예장에는 관·곽에 모두 역청을 사용하였다.23)

이밖에 왕의 행차 때에 내사복시(內司僕寺)의 공마(公馬)를 타는 것이 의빈에게는 허용이 되었다. 『대전통편』의 규정에는 왕이 거둥할 때 수행하는 국구(國舅)[왕의 장인]·종친·의빈·승지·사관·옥당·왕명을 받고 전하는 선전관·별군직 등에게는 내사복시의 말을 타는 것을 허용하도록 되어 있다.24) 그리고 부마가 되어 봉작을 받았을 때에는 모

---

22) 『대전회통』 권 6 공전 잡령.
23) 『대전회통』 권 3 예전 상장.
24) 『대전회통』 권 4 병전 구목(廐牧).

두 읍호(邑號)를 쓰도록 규정되어 있다.[25]

이상과 같이 특권과 맡은 바의 의무가 지극히 높다보니 부마는 일반 관직을 담당하기가 쉽지 않았다. 12~13살 어린애일 때부터 부마로서 종 1품 혹은 종 2품의 관직을 가지고 있으니 누가 열심히 공부해서 입신양명을 하려는 생각을 갖겠는가. 그러나 조선시대에는 이들이 과거에 응시하여 합격했던 사례와 실제로 왕으로부터 실직을 부여받은 사례가 몇 차례에 걸쳐 나오고 있다.

태종조의 부마였던 운성부원군(雲城府院君) 박종우(朴從愚)는 정혜옹주(貞惠翁主)에게 장가들었는데, 호조판서, 이조판서, 의정부 좌찬성 등을 역임하였다.[26] 그리고 세종조의 부마였던 영천부원군(鈴川府院君) 윤사로(尹師路)의 경우에는 영중추(領中樞)로서 이조판서를 겸직하였고, 또 의정부 좌찬성(左贊成)을 제수받았다.[27] 또한 세조조의 부마였던 하성부원군(河城府院君) 정현조(鄭顯祖)는 특명으로 과거에 응시하여 문과에 올랐다.[28] 물론 이중에서 박종우와 윤사로의 경우 부마로서의 역할만이 아니라 단종과 세조대에 계유정란이 일어났을 때 여기에 참여하여 정난공신(靖難功臣)에 책봉된 적이 있었다. 그러나 박종우가 호조판서, 이조판서, 좌찬성 등을 역임할 때는 세종대이기 때문에 공신이라는 이름 때문에 이러한 역할을 담당했다고 파악하기는 어렵다.

한편으로 중종 대 정순옹주의 의빈인 여성군(礪城君) 송인(宋寅)은 중종조(中宗朝) 의빈으로서 전후에 몇 차례에 걸쳐 명나라 사신이 왔을

---

25) 『경국대전』 권 1 이전.
26) 『세조실록』 권 33 세조 10년 7월 8일(기미).
27) 『세조실록』 권 3 세조 2년 정월 13일(계미).
28) 『세조실록』 권 45 세조 14년 2월 15일(병오).

적에 영위사(迎慰使)가 되었는데, 대개 글로써 특선(特選)된 것이라 한
다. 또 선조대 정혜옹주의 의빈인 해숭위(海崇尉) 윤신지(尹新之)는 영
위사(迎慰使)로서 안주(安州)에 갔는데, 중국 사신을 맞이해 위로하는
것은 문원(文苑)의 영광된 선발이니 국조에 의빈(儀賓)으로서 이 임무
를 받은 자는 여성군(礪城君) 송인(宋寅)과 윤신지 뿐이었다고 한다. 이
때 윤신지의 중부(仲父)인 윤흔(尹昕)은 평양영위사(平壤迎慰使)가 되
었고, 계부(季父) 윤훤(尹暄)은 평안감사로 있었으며, 아비 윤방(尹昉)은
우의정으로서 벽제(碧蹄)에 나아가 영위하여, 일문(一門)의 관개(冠盖)
가 길에 연하였으니, 사람들이 모두 부러워하고 칭찬하였다는 일화가
『증보문헌비고』에 실려 있다.[29]

3. 재가를 시행한 부마

왕의 사위인 부마에게는 그 아들이 없을 경우에도 동종(同宗)의 지자
(支子)로서 양자를 삼게 하되 다시는 장가들지 못하게 한다는 부마재취
금지법(駙馬再娶禁止法)이 시행되었다. 이 부마재취금지법은 숙종 대
에 처음 시행된 것으로, 『속대전』에 처음으로 성문화(成文化)되었다.
그렇지만 실제로 이 규정은 조선전기부터 실시된 법률이어서 부마의
재취가 허락된 것은 아니었다. 물론 부마(駙馬)와 공주가 소생의 아들
이 없는 경우에는 동종(同宗)의 지자(支子)를 세워서 후사를 삼고 부마
가 재취(再娶)를 못하게 하였다.

처음으로 이 문제가 제기된 것은 경숙옹주의 부마인 강자순의 경우

---

29) 『증보문헌비고』 권 177 교빙고 7 부록빈접 조선.

였다. 문종의 딸인 경숙옹주는 1454년(단종 2)에 강자순에게 하가를 했다.[30] 이 기사 외에는 경숙옹주에 대한 특별한 기사가 보이지 않는다. 그런데 1482년(성종 13년) 승정원에 왕이 전지하여 "정현조와 강자순이 모두 다 사족(士族)의 딸에게 장가들었는데, 잘은 모르지만 모두 다 예를 갖추어서 장가들었는가"라면서 불러 이에 대해 물어보도록 하였다. 이때 강자순은 박종우의 사례와 같이 사족인 이길상(李吉祥)의 딸을 첩으로 삼았는데, 자기가 잘못 알아보고 시행했다며 죄를 청하였다. 이에 성종은 이들이 모두 양가(兩家)의 자식인데, 이미 첩으로써 혼인을 하였으니, 마땅히 첩으로 시행토록 하되, "금후로는 부마(駙馬) 및 조관(朝官)이 감히 사족의 딸로써 첩을 삼는 자는, 법으로써 엄하게 다스릴 것이다"라고 선언하였다.[31]

이 경우는 1510년(중종 5)에 세조의 부마였던 정현조(鄭顯祖)의 사례에서 마찬가지 양상으로 나타났다. 정현조는 세조의 사위인데, 자기의 처인 의숙공주가 일찌감치 죽고 나자 나중에 충찬위 이징의 딸을 재취(再娶)하였다. 이때 국왕인 성종은 이를 장차 첩으로써 적실을 삼으려는 행동으로 파악하고 어찌 사족의 딸로서 부마의 첩이 될 수 있겠느냐며 지금부터 사족을 꾀어서 첩을 삼는 자를 엄하게 징계토록 하라는 엄명을 내렸다.[32] 이 상황에서 이씨는 적실(嫡室)로 인정받지 못하고 첩실(妾室)이 되었다. 의숙공주(1442~1477)는 1477년(성종 8)에 사망한 세조의 공주였고, 정현조(1440~1504)는 정인지의 아들로서 문과에 급제한 특이한 인물로 의숙공주보다 30년 가까이 더 살고 있었다.[33]

---

30) 『단종실록』 권 11 단종 2년 4월 16일(정유).
31) 『성종실록』 권 141 성종 13년 5월 2일(경오).
32) 『성종실록』 권 141 성종 13년 5월 2일(경오)

그런데 이 문제는 앞선 시기에 있었던 박종우(朴從愚)의 경우와 서로 대비될 수 있는 상황이었다. 박종우의 처인 정혜옹주는 1419년(세종 원)에 처음으로 옹주로 봉해진 후 5년 후인 1424년(세종 6)에 사망을 하게 되었다. 그동안에 그녀는 박종우와 혼인했지만 그와 혼인한 지 3년 만에 사망한 것이었다. 반면에 박종우는 사망한 옹주보다 40년간을 더 살다가 1464년(세조 10)에 사망을 하게 되었다. 그런데 박종우는 1453년(단종 1)에 수양대군이 단종을 보좌하던 황보인·김종서 등을 제거하는 데 가담해서 정난공신(靖難功臣) 1등에 책록되어 운성부원군(雲城府院君)에 봉해졌던 인물이었다.

자신의 능력으로 한 시대를 풍미했던 박종우는 사족인 장씨(張氏)를 자신의 처로 삼았는데, 나중에 이르러 장씨의 자식들이 과거를 보겠다고 소송을 걸어 문제가 된 적이 있었다. 이때의 법에서는 장씨 소생의 아들은 양인(良人)의 첩자(妾子)로서 논할 것이며, 만약 장씨가 후실(後室)이 된다 하더라도 옹주(翁主)와 나란히 사당(祠堂)에 신주로 모실 수는 없다고[34] 하여 결국 장씨를 첩으로 논했던 것이었다. 이러한 상태는 성종 초반 대에 이르러 다시 장씨가 소송을 걸어 자신을 첩으로 논한 것이 억울하다고 주장하자, 이조에서는 공주가 죽은 후에 부마는 개취할 수 없다고 반대하였지만 그러나 성종은 이미 조종조에 허통하였으니 예전대로 하자고 명을 내렸다.[35] 결국 이에 따라 성종은 장씨를 박종우의 적처로 인정하였던 것이다.

그런데 이러한 경우보다 좀 더 논쟁이 일어났던 사례가 있었다. 부마

---

33) 『중종실록』 권 10 중종 5년 3월 21일(병자).
34) 『세조실록』 권 20 세조 6년 5월 19일(갑오).
35) 『성종실록』 권 39 성종 5년 2월 1일(병진).

가 결혼식을 올리기 전에 결혼식을 앞두고 공주가 갑자기 죽었을 경우, 이미 국왕의 명에 의하여 부마로 칭해진 경우는 어떻게 될 것인가. 이런 경우는 일반적인 현상은 아니었지만 실제로 조선시대에 있었던 사례이다. 1671년(현종 12)에 명선공주가 결혼식 전에 사망하는 사고가 있었다.

현종 계축년 8월에 명선공주의 부마를 세 차례 간택한 후, 공주가 천연두를 앓아 갑자기 죽었다. 상이 명하여 부마 맹만택(孟萬澤)의 작호(爵號)를 그대로 두게 하고, 또 궁중으로 들어와서 상사(喪事)를 보게 하였다.…이때, 옥당에서도 차자를 올리기를, "듣자오니, 어저께 대신의 헌의로 인하여 신안위(新安尉) 맹만택의 작호를 그대로 두라는 명이 있었다 하옵는데 가만히 생각하오니, 이것은 전하께서 끝내 차마 할 수 없는 심정이 있어서 그렇게 하신 것인가 생각됩니다.…옛일을 인용하자니 너무 현격한 차이가 있고, 현실을 좇자니 장애되는 일이 많습니다. 왜냐하면 옛 사람들은 초상에 있어서 비록 친구간이라도 단문(袒免)하고 조상하기도 하며, 시마(緦麻)·재최(齊衰) 등의 상복으로 조상하는 사람이 있기도 하였습니다. 장차 장가들려던 여자에게 재최복을 입는 것은 그 죽음을 조문하기 위하여 그러한 복을 입는 것이요, 아내가 되었기 때문이 아니며, 장사 지낸 후에 벗는 것은 죽음을 조상하는 뜻을 후하게 하는 것이요, 다른 의미가 있는 것은 아니옵니다. 오늘의 일로 말씀하면 재최복으로 가서 조상한 것은 옳지만, 작호를 그대로 남겨 두는 것은 단연 불가합니다. 작호는 곧 의빈을 말하는 것으로서, 작호를 두면 부부간이며 작호를 거두면 타인이 되는 것이니, 어찌 구차하게 시행할 수 있겠습니까.[36]

맹만택(孟萬澤)은 맹주서(孟胄瑞, 1622~?)의 아들인데 장차 왕의 딸

---

36) 『연려실기술』별집 1권 국조전고 공주부마 현종조의 사실.

인 명선공주(明善公主)에게 장가가기로 되어 있었으나 공주가 미처 시집을 가기도 전에 죽어버렸다. 이미 왕이 맹만택에게 주었던 신안위(新安尉)라는 작호를 파하지 못하고 그대로 두었는데 대간을 비롯한 신하들이 육례(六禮)를 행하지 않았기 때문에 작호 거두기를 청했던 것이고, 여러 번 아뢰어서야 왕이 따랐던 것이다.[37] 위 내용에서는 작호를 그대로 둘 경우 의빈이 되어 다시 장가를 갈 수 없고 다시 장가를 들었을 경우에는 의빈의 작호를 놓아야 한다는 것이다.

이러한 상황은 몇 년의 시간이 흐른 뒤에 다시 정재륜(鄭載崙)의 항의로 재현되었다. 동평위(東平尉) 정재륜은 효종의 딸인 숙정공주(淑靜公主, 1645~1668)의 부마로, 일찍이 공주가 죽고 아들도 또한 일찍 죽었다. 이에 정재륜은 1681년(숙종 7)에 상소하여 반성위(班城尉)인 강자순(姜子順)과 하성위인 정현조의 예(例)를 끌어대어 다시 장가들도록 해달라고 빌었다. 또 선조(先朝) 때에 맹만택(孟萬澤)이 위호(尉號)를 보존시켜 그로 하여금 장가들게 한 뜻을 의빈이 두 번 장가들게 하는 증거로 삼으려고 끌어대었다.[38]

○ 숙종 신유년에 동평위(東平尉) 정재륜(鄭載崙)이 공주가 세상을 떠나고, 아들이 요사(夭死)하자 상소하여 반성위(班城尉) 강자순(姜子順)과 하성위(河城尉) 정현조(鄭顯祖)의 예를 들어 재취의 허용을 청원하였다. 또 선왕조에서 맹만택(孟萬澤)의 위호(尉號)를 그대로 두고도 다시 장가가게 하려던 뜻을 인용하여 의빈(儀賓)의 재취할 수 있는 증거로 삼으니, 왕이 특별히 윤허하였는데, 대신(臺臣)이 그 불가함을 말하여 드디어 그 명을 잠재우고, 이내 의빈은 재취할 수 없는 법을 정하였다.[39]

---

37) 『현종실록』 권 20 현종 12년 12월 27일(갑진).
38) 『숙종실록』 권 12 숙종 7년 7월 12일(계해).

처음에 숙종은 "선왕의 하교 및 강자순·정현조 두 사람의 일은 정녕(丁寧)할 뿐 아니라, 두 번 장가들게 할 수 있는 분명한 증거가 되기에, 이에 청을 허락한다."고 하여 답신을 내렸다. 그러자 대간은 만약 재취를 허락할 경우 부마의 호를 깎은 연후에 천천히 시행할 것이며, 강자순, 정현조, 맹만택 등은 후일의 경계가 될 만한 인물들이라고 주장하였다. 하물며 정재륜은 원래 아들이 없는 것이 아니라 이미 장가를 들어 낳았으니 후사를 세워서 공주의 제사를 받들게 하는 것이 마땅하다는 주장을 내세웠다. 게다가 예조는 부마가 두 번을 장가갈 수 없고, 강자순·정현조의 일은 비록 한때 임시의 허락[權許]에서 나온 것으로 끌어서 증거로 삼을 수 없다고 하였다. 예조는 이제부터 부마로서 아들이 없는 자는 동종(同宗)의 지자(支子)로 후사를 세우고, 아들이 이미 죽었으면 그 아들을 위해 후사를 세울 것을 법으로 정하는 것이 어떠하겠느냐고 청하여 그 방향으로 숙종의 뜻을 바꾸게 만들었다.[40] 이로써 숙종대에 이루어진 부마를 재가시키지 않는다는 결정은 몇 백년동안 관례로 지켜왔던 관념을 그대로 확정시키는 방향으로 최종 마무리 지어졌던 것이었다.

4. 공주와 부마의 양자

공주(옹주)가 결혼 생활을 했을 때 부마는 첩을 얻지 못하고 살아간다. 그런데 공주가 일찍 죽거나 혹은 자식을 보지 못하고 죽을 경우 부

---

39) 『국조보감』 권 44 숙종조 4 숙종 7년.
40) 『승정원일기』 283책 숙종 7년 7월 12일(계해).

마는 재취금지법(再娶禁止法)에 의해 새로 장가를 가지 못하고 그대로 살다 죽어야 했다. 이같이 자식이 없는 것을 방지하기 위하여 동종(同宗)의 지자(支子)를 양자로 삼아 후대를 삼았고, 이후 공주와 부마의 제사를 이었던 것이다. 어떻게 양자를 들이고 나중에 그들에게 제사를 이어갔는지 몇 개의 사례를 통해 검토해 보자.

1) 정화옹주

선조의 11번째 딸인 정화옹주(貞和翁主)는 1630년(인조 8)에 동창위(東昌尉) 권대항(權大恒)과 결혼하였다. 정화옹주의 생년은 1604년으로 1610년의 권대항과의 나이 차이는 6살이었다. 이는 정상적으로 볼 수 있는 상황은 아닌데, 이에 대해서는 『인조실록』에 다음과 같은 기록이 있다.

> 상이 하교하여 말하기를, "정화옹주(貞和貞主)가 연이어 병(病)이 있는 까닭으로 길례(吉禮)를 시행하지 못하였다. 그 병이 쾌히 낫지는 않았으나 왕녀로서 배필이 없을 수 없으니, 해조로 하여금 부마를 간택하도록 하라." 하였다. 옹주는 선조의 따님으로, 어릴 때부터 벙어리로 지각이 없었는데, 권대항에게 하가(下嫁)하였다.[41]

위의 기록에 의하면 인조는 자신에게 고모뻘이 되는 정화옹주가 26살이 되도록 결혼하지 못한 것에 스트레스를 받았던 것 같다. 그것은 정화옹주가 병이 계속 있었기 때문이라고 말하는 것을 보면 알 수 있는데, 그러나 왕의 딸로서 배필이 없을 수 없으니 바로 간택하여 부마를

---

41) 『인조실록』 권 21 인조 7년 10월 2일(계축).

결정하도록 명하였다. 이 기사 다음에 옹주가 어릴 때부터 벙어리로 지각이 없었다는 사관의 말이 나온다.

사실 광해군대의 기록을 보면 그녀는 궁궐이 아닌 궁 밖에 나와서 살고 있었는데, 1617년(광해군 9)에 그 집을 더 짓도록 하라는 왕명을 내렸다.[42] 이때 옹주의 나이가 13살이었던 것을 보면 아마도 이때 광해군은 짝을 지어 주려고 했던 것 같다. 그렇지만 결국 혼인을 못하고 있다가 인조대인 1630년대에 이르러서야 20살의 권대항과 혼인을 하게 된 것이다.[43]

『조선왕조실록』과『승정원일기』에 기록된 것을 보면 부마인 권대항에 대해서는 그다지 우호적으로 묘사하지 않았다. 20대에는 부마로서 욕심을 부려 왕의 물건을 내려주는 색리(色吏)를 패다가 대간의 여러 번 탄핵을 받았고, 30살 남짓이 되었을 때는 성절겸동지사(聖節兼冬至使)나 평양영위사(平壤迎慰使)의 임무를 맡았지만 제대로 임무를 수행하지 못하여 또다시 대간의 탄핵을 받았던 기록이 나타난다. 그런데 이러한 것들은 기본적인 심술이 고약하다는 입장이어서 왕의 경우 국가 차원에서 문제가 되는 것이 아니라 처벌을 강행하지 않았다.

정화옹주는 63세에 사망하였고, 권대항은 57세에 사망하여 장수를 했다고 할 수 있는데, 두 사람은 모두 같은 해에 죽었다. 그들에게는 공주의 지병 때문에 자식이 없었는데, 형의 아들인 권덕휘(權德徽)로 후사를 삼았다.[44] 권덕휘는 뒤에 정실에게서 아들 넷과 딸 넷을 낳았고

---

42)『광해군일기』(정초본) 권 113 광해군 9년 3월 22일(정해) 「傳曰 慶平君貞和翁主家 有加造處 則次知內官言聽 墻外空垈多入加造事 言于繕修都監」
43)『승정원일기』30책 인조 8년 4월 18일(정묘).
44)『記言別集』권 25 丘墓文 東昌尉權公神道碑銘.

측실에게 아들과 딸 둘을 낳았다.

2) 정정옹주

정정옹주(貞正翁主)는 선조의 8번째 딸로, 부마는 진안위(晉安尉)인 유적(柳頔)이다. 동갑의 나이로, 1606년(선조 39)에 유적과 혼인할 날 짜를 정할 때 시아버지가 될 유시행(柳時行)이 죽음으로써 3년 상을 치 러야 했고, 이어 선조가 사망함으로써 다시 3년 상을 치렀는데, 결국 둘 은 1610년(광해군 2)에야 혼인을 하였다.

정정공주와 유적은 혼인을 한 후 별탈없이 잘 지냈다. 그러다가 광해 군이 왕위에 오르고 선조의 계비인 인목대비를 견제하면서 문제가 발 생하였다. 1618년(광해군 10) 1월에 인목대비가 폐비되어 서궁(西宮)에 유폐되는 사건이 일어나면서 이들에게도 불행이 찾아온 것이었다. 이 때 우의정 한효순 등이 백관을 인솔하고 정청(庭請)하여 폐모론(廢母論) 을 주장하였는데, 유적은 여기에 참여하지 않았던 것이다. 이때 정청에 나아가 참여한 당상이 245명이고, 시종일관 참여하지 않은 사람이 38 명이었는데,[45] 유적은 병을 핑계로 문을 닫아걸고 정청의 반열에 나아 가지 않았다. 당시 양사에서는 정청에 참여하지 않은 백관, 종실에 대해 멀리 유배를 보내 역적을 토벌하는 형전을 행할 것을 주장하면서 여러 달에 걸쳐 탄핵을 하였지만 광해군은 이들의 주장을 따르지 않았다.[46]

그러나 유적은 이러한 정치적 탄핵에 상당한 부담을 느끼게 되었고,

---

45) 『광해군일기』(정초본) 권 124 광해군 10년 2월 9일(기해).

46) 『광해군일기』(정초본) 권 125 광해군 10년 3월 12일(신미), 권 126 광해 10년 4월 8 일(정유) 등.

결국 다음해 8월에 25살의 나이로 사망하였다.

> 진안위 유적(柳頔)이 죽었다.(폐모(廢母)를 주청하는 정청(庭請)에
> 참여하지 않았으므로 시론(時論)이 바르다고 하였다. 일찍 죽었고 자
> 식이 없었다.)[47]

유적의 신도비명에는 그가 화려한 지위에 올랐지만 이와 상관없이 예법을 실시하여 스스로 모범을 보였다고 한다.[48] 물론 신도비의 내용을 그대로 믿을 수는 없지만 인목대비(仁穆大妃) 유폐 사건이 일어났을 때 왕실의 친척에게까지 그 화가 닥쳐올 기세였지만 유적은 그 명예와 절개를 온전히 세웠고, 사람들이 훌륭하게 여겼다.

정정옹주는 남편이 죽자 같이 따라 죽을 것을 결심하였지만 모친인 정빈 홍씨가 밤낮으로 열심히 지키는 바람에 목숨을 보전할 수 있었다. 이듬해 시어머니 이씨가 세상을 떠났는데, 옹주는 정성을 다해 장례와 제사에 힘썼다. 그러다가 1623년(광해군 15) 인조반정이 성공하자 인조는 옹주가 자신의 존속이라 하여 평소에 만날 때 가족에 대한 예를 갖추었다.

자식이 없으므로 시동생인 유영(柳穎)이 자식 유명전(柳命全)을 낳자 옹주가 곧장 데려다 후사로 삼았다. 양자로 갈 때 유적이 이미 세상을 떠난 뒤였으므로 유명전은 옹주가 데려다 양자로 삼은 것이다. 유명전은 어려서부터 몸이 허약하여 병을 많이 앓았으나 책 읽기를 좋아하여 과거에 급제하였다. 그는 승문원정자(承文院正字)를 지냈는데, 3년 만

---

47) 『광해군일기』(정초본) 권 143 광해군 11년 8월 17일(정묘).
48) 『星湖全集』 권 58 碑銘 晉安尉柳公神道碑銘 幷序.

에 세상을 떠나고 말았다. 아비 잃은 어린 손자가 있어 옹주가 그의 머리를 쓰다듬으며 "네가 성인이 되는 것을 보지 못하니, 죽어도 눈을 감지 못하겠다." 하였다. 1666년에 서울의 명례방(明禮坊) 사택에서 72세로 세상을 떠나 유적의 묘소에 합장되었다.[49]

3) 화완옹주

화완옹주는 영조의 9번째 딸로 영빈 이씨의 소생이다. 1749년(영조 25)에 12살의 나이로 일성위(日城尉) 정치달(鄭致達)과 혼인하였다. 그런데 정치달은 20살의 나이인 1757년(영조 33)에 사망함으로써 옹주는 과부가 되었다. 영조는 12명의 옹주를 두어 다복했지만 실제로는 상당수가 일찍 죽었고 그나마 남은 딸들 중에서 화완옹주가 영조의 가장 사랑을 받은 딸이어서 정치달이 사망하자 다시 궁궐로 들어와 살도록 하였다.

영조는 과부가 된 화완옹주에게 양자를 들였으니 시댁의 일가였던 정후겸(鄭厚謙)이었다. 정후겸은 본래 인천에서 어업에 종사하던 서인(庶人) 출신이었으나 9살 즈음에 화완옹주의 양자가 되었다. 그렇지만 이미 화완옹주가 궁궐로 들어갔기 때문에 같이 살지는 못하였다. 그는 16살이 되던 1764년(영조 40)에 장원서 봉사가 되었다가, 18세에 대과에 합격하여 영조의 총애를 받았다. 이후에 홍문관 부교리와 사헌부 지평, 승정원 승지를 거쳐 병조참판과 호조참판, 공조참판 등을 역임하였는데, 그의 나이는 겨우 20대였다. 그는 젊어서 과부가 된 화순옹주와 죽이 잘 맞았고, 궁궐에 사는 화순옹주를 통해 궁내의 사정에 상당히 밝았다.

---

49) 『星湖全集』권 60 墓碣銘 承文院副正字柳公墓碣銘 幷序.

1775년(영조 51)에 영조는 병이 해마다 더 많아져서 조용히 조섭을 하고자 세손에게 대리청정을 하겠다고 선언하였다.[50] 이때에는 왕이 나이가 너무 많아서 대리청정을 할 수 있는 상황이었지만 이미 사도세자에게 대리청정을 했던 기억이 남아있는 지라 함부로 결정할 수 없었다. 그런데 당시 좌의정이었던 홍인한은 이를 반대하며 "동궁께서는 노론과 소론을 알 필요가 없고, 이조 판서와 병조 판서에 누가 합당한지를 알 필요가 없으며, 더욱이 조정의 일에 대해 알 필요가 없습니다."라는 불필지지설(不必知之說)을 주장하였다. 이때 화완옹주와 정후겸 등은 홍인한과 마찬가지로 대리청정을 극력 반대를 하면서, 동궁이 미행(微行)한다든가 혹은 동궁이 술 마시기를 좋아한다는 등 유언비어를 날조하였다.[51] 그러나 이때 행 부사직인 서명선(徐命善)이 상소하여 영조는 대리청정을 반대했다는 죄목으로 영의정 한익모(韓翼謩)와 좌의정 홍인한(洪麟漢)을 교체하고, 자신의 대리청정의 명령이 진정임을 확인시켰다.[52]

영조는 세손의 대리청정을 명한지 석 달 정도 후에 사망하였고, 세손이 정조로서 즉위하였다. 정조는 즉위 직후 과거에 자기의 즉위를 반대했던 세력을 제거하고자 했는데, 먼저 홍인한을 여산으로 귀양보내고, 정후겸을 함경도 경원지역으로 유배 보냈다가 3개월 후에 사약을 내렸다.[53] 그리고 그 어머니인 화완옹주는 절도(絶島)에 안치하도록 했지만 차마 죽이지는 못하였다. 바로 선왕의 덕을 훼손시킬 수 없었기 때문이

---

50) 『영조실록』권 125 영조 51년 11월 20일(계사).
51) 『영조실록』권 125 영조 51년 11월 30일(계묘).
52) 『영조실록』권 126 영조 51년 12월 6일(기유).
53) 『정조실록』권 1 정조 즉위년 3월 25일(병신).

었다. 강화도 교동에서 살아가던 화완옹주는 10년 쯤 후에 정조의 화완옹주에 대한 정치적 고려로 죄를 용서해주는 배려를 받았고, 결국 옹주로서 일생을 마칠 수 있었다.

5. 부마의 삶 – 부마의 유형

1) 긍정적인 부마의 삶

일반적으로 부마는 집안이 좋고 평안한 가운데서 둘째 이하의 자식으로 태어나 간택된다. 부마로 선출되는 시기는 나이로 볼 때 11~13살로서 배우자인 공주와 동갑이거나 1, 2살 정도 높거나 낮은 나이이다. 이렇게 공주와 혼인을 할 경우 결혼과 동시에 10세 남짓 정도의 나이에 1품이나 2품의 고관이 되다보니 그렇게 크게 입신양명을 할 필요성을 느끼지 않는다. 일반적으로 죽을 때까지 도달할 수 있을지 의문되는 고관의 자리에 어린애가 임명되는데다가 또 그 지위는 특별한 하자가 없을 경우에 평생토록 유지되기 때문이다.

그런데 일부의 부마들은 열심히 공부하여 과거에 붙는 경우가 생겼다. 이 경우의 부마는 그 할아버지와 아버지가 문과에 급제한 경우가 일반적이고, 또 만약 그렇지 않더라도 공부를 통해 다른 직책을 구하는 경우가 있었다. 일반적인 부마는 '~위(尉)' 라는 명칭으로 설명되지만 여기에다가 6조의 장관이나 차관으로 임명되는 경우가 있고, 또 그가 무예에 소질이 있을 경우 무관직에 임명되기도 한다. 이하에서는 이러한 사례들에 해당하는 부마를 찾아서 그 내용을 살펴보고자 한다.

(1) 김세민(1401~1486)

김세민(金世敏)의 본관은 경주(慶州)이고, 아버지는 개성유수 겸(謙)이며, 정종의 둘째 딸인 숙신옹주(淑愼翁主)와 결혼하여 부마가 되었다. 김세민에 대한 기록은 그의 나이 18세에 정종이 사망하자 유교(遺敎)에 따라 참최복(斬衰服)을 입은 것이 처음이었다.54) 그러다가 24세에 다시 기록이 나오는데, 이때는 왕실의 지친인 이원생이 인신(印信)을 위조한 사건에 걸려 유배를 가게 되었다. 처음에 이원생이 어느 사람과 더불어 노비를 송사하다가 전해져 내려오는 문서가 분명하지 않자 태조가 정종에게 준 노비문건을 위조하여 남의 노비를 빼앗으려고 하였다. 이때 김세민은 이원생의 매서(妹婿)로서 고소장에 이름을 같이 썼다가 걸렸던 것이다.55) 물론 이 사건은 몇 달 동안 처리가 계속 지연되었고 결국 세종에 의하여 무마되면서 그의 직첩과 과전을 돌려주도록 하였다.56)

김세민이 처음으로 부마의 직책이 아닌 일반 벼슬을 받았던 것은 그의 나이 33살인 1434년(세종 16) 공조우참의로 임명되면서 부터였다. 그 후부터 형조참의, 한성부윤, 경기도관찰사, 형조참판을 거쳐 병조판서에까지 임명되었다.57) 이때는 세종대 후반기로 대체적으로 볼 때 그의 능력이 관료의 직책을 감당하기에 적당하였기 때문인 것으로 파악되며, 이때까지 큰 문제는 보이지 않았다.

---

54) 『세종실록』 권 5 세종 1년 9월 28일(경오).
55) 『세종실록』 권 28 세종 7년 3월 28일(무술), 『세종실록』 권 28 세종 7년 4월 3일(임인).
56) 『세종실록』 권 29 세종 7년 8월 20일(병술).
57) 『세종실록』 권 118 세종 29년 11월 1일(경인).

그런데 병조판서 재직시에 문제가 발생하였다. 병조정랑이었던 이현로(李賢老)가 최순(崔淳), 김자려(金自麗) 등에게 청탁을 받아 그들을 8품으로 올려 주었는데, 여기에 연루되어 비난을 받았던 것이다. 이때 김세민은 옥중에서 이들의 일이 발각되었을 때에 다만 착오가 난 것으로 의심하였을 뿐 그 내용을 잘 알지 못했다고 변명하였다. 그렇지만 이에 대해 당상관으로서 관직을 제수할 즈음에 상세히 살피지 못하여 이런 일이 발생하였다는 비난을 받았다.58) 이 사건은 결국 김세민이 그 내용을 모를 리 없다는 비난이 있었지만 전반적으로 김세민이 주권(主權)을 도둑질당한 것으로 결론이 났다. 이 사건으로 김세민은 사천(泗川)에 귀양을 가고 다시 경상도 양산(梁山)으로 옮겨가서 부처(付處)되었다.59) 그러나 다음해인 1450년(세종 32) 김세민은 유배에서 방환되었고 고신을 돌려받았다.60)

이후 그의 관품은 복구되어 사헌부 대사헌, 판돈녕부사(判敦寧府事)로 승직되었다가 1486년(성종 17)에 사망하였다. 이때에 그의 나이 86세로 장수하였는데, 아마도 성격적인 면이 상당히 작용하였던 것 같다.

> (그의) 시호(諡號)는 양평(良平)이다. 온량(溫良)하여 좋아하고 즐기는 것이 양(良)이고, 다스리는 데 과실이 없는 것이 평(平)이다. 김세민은 천성이 온량하고 용모가 단정(端正)하였으며, 마음이 침착하고 품위가 있으면서 담백하였다. 일찍이 스스로 말하기를, '나는 어렸을 때

---

58) 『세종실록』권 122 세종 30년 12월 24일(병자), 『세종실록』권 123 세종 31년 1월 18일(기해).
59) 『세종실록』권 124 세종 31년 4월 5일(갑인).
60) 『세종실록』권 127 세종 32년 1월 26일(임인), 『문종실록』권 5 문종 1년 1월 13일(계축).

부터 노인이 된 지금까지 일찍이 조금이라도 노하거나 슬퍼하는 마음
이 없었기 때문에 장수할 수 있었다.'고 하였다. 그는 관직에 있을 때
청렴하고 공평하여 가혹한 바가 없었으며, 충실하게 근무하기로는 가
장 뛰어났다. 7조(朝)를 두루 섬겼고 70년 동안 벼슬하였다.[61]

위의 내용을 보면 김세민은 '천성이 온량하여 평생토록 노하거나 슬
퍼하는 일이 없어서 장수할 수 있었다'라고 자평할 정도로 허허무탈한
사람이었다. 86세에 이르면서 그의 잘못이라면 병조판서 재직시에 있
었던 인사 관련 사건이었는데, 여기서도 아랫사람을 제대로 통제하지
못한 것이라는 허물이었는데, 이 부분에서도 그의 성격을 드러낸다 하
겠다.

(2) 신항(1477~1507)

신항(申沆)의 본관은 고령(高靈)으로 아버지는 예조참판 신종호(申從
濩)이며, 증조 할아버지는 고령부원군 신숙주(申叔舟)였다. 성종의 후
궁인 숙의 홍씨의 첫째 딸인 혜숙옹주(惠淑翁主)와 결혼하여[62] 고원위
(高原尉)에 봉해졌다.

신항은 어렸을 때부터 공부를 열심히 했던 것 같고 몇 년 후부터는
시서(詩書)를 익혀서 상당한 수준에 이르렀다. 그러다가 14세의 나이에
혜숙옹주와 혼인하여 부마가 되었는데 신항은 성종에게 상당히 예쁨
을 받았던 것 같다. 1490년(성종 21)에 성종은 신항의 아버지인 신종호
를 불러 옹주에게 예를 잘 지켜 존귀하게 대우하라는 특별한 전교를 남

---

61) 『성종실록』 권 188 성종 17년 2월 8일(갑신).
62) 『성종실록』 권 239 성종 21년 4월 27일(기유).

겼다.63) 그리고 또 사헌부 지평 민이(閔頤)가 신항의 집이 이미 높고 웅장한데도 또다시 바깥 행랑을 크게 짓는다며, 강원도 물가의 재목을 다 베어 버리면 나중에 궁궐을 수리할 때 어떻게 쓰겠느냐며 탄핵하였다. 이때 성종은 고원위의 집이 제도에 지나쳤다면 즉시 헐도록 하겠는데, 이러한 축조는 아마도 부마가 나이 어리고 어리석으므로, 반드시 그 집의 노복(奴僕)들의 소행일 것이라며64) 변명하고 있다.

이같이 성종은 신항과 시를 주고받는 장인과 사위의 좋은 관계를 유지하였는데, 곧이어 성종이 사망하고 그 아들 연산군이 왕이 되었다. 신항은 1499년(연산군 5)에 오위도총부 도총관을 겸하고, 다시 1501년(연산군 7)에 귀후서제조(歸厚署提調)와 통헌대부(通憲大夫)를 겸직하였다. 이때 참의 이거(李琚)의 가족이 본서에서 관의 판자를 사려고 중등 값으로 면포(綿布) 4필을 바쳤는데 그 뒤에 별제 정승효(鄭承孝)가 앞에 바친 값은 나무 켜는 값이라 하여 또 4필을 받아 자기가 사사로이 써버린 사건이 일어났다. 신항은 이러한 조처는 부당하다며 곧 면포를 거두어들이고 이 뒤에는 다시 이 같은 일을 못하게 해야 할 것이라고 말하였다. 귀후서제조로서 정승효가 맡은 바는 긴요한 일이니, 곧 개차(改差)하도록 하자고 주장하여 왕의 동의를 얻었던 것이다.65) 다음해에는 신항의 품계를 올려주는 것에 대하여 부당하다는 상소가 대간에서 여러 차례 올라왔으나 왕은 이를 묵살하였다.66)

그런데 1504년(연산군 10년) 12월에 연산군의 마음을 바꾸는 사건이

---

63)『성종실록』권 239 성종 21년 4월 15일(정유).
64)『성종실록』권 239 성종 23년 6월 13일(임자).
65)『연산군일기』권 43 연산군 8년 3월 29일(신축).
66)『연산군일기』권 45 연산군 8년 7월 10일(경진).

일어났다. 연산군은 전교하여 대간이 임숭재(任崇載)의 가자(加資)는 탄핵하면서 신항(申沆)은 아니하였는데, 그때의 승지들을 문초하고, 특히 신용개(申用漑)는 신항의 족속이니 더욱 엄히 문초하도록 하라고 명을 내렸던 것이다. 그리고 이틀 후 신항을 이미 궐내에 출입하지 못하도록 하였으니, 그에게 준 가자(加資)도 전부 개정하라고 명을 내렸다.67) 그런데 이때 연산군은 승지 등이 조사하여 아뢴 일을 살펴보았는데, 그 내용 중에 '신항이 위인데, 임숭재를 먼저 승진시켰다'라는 말에도 기분이 나빴지만, 특히 대사헌인 성현(成俔)이 '신항은 문학을 아는 사람이다.'라고 말한 것에 주목하였다. 이때 연산군은 '부마가 학문을 알아서 무엇을 하겠는가.'라는 반문을 하면서, 성현과 권유(權瑠)의 말에는 반드시 다른 사정이 있는 것이라며 비난하며, 그들을 모두 부관참시(剖棺斬屍) 하도록 명을 내렸다.68)

이어 며칠 후 연산군은 다음과 같은 전교를 내렸다.

> 전교하기를, "제군(諸君)과 부마(駙馬)는 의식이 풍족하여 학문이 필요치 아니한데, 지금 고원위 신항은 굳이 옛 글을 기억하고 문사(文士)를 접하였다. 고로 상으로 준 가자를 삭제하고 제조(提調)를 해임시켜, 여러 군들과 부마로 하여금 징계하는 바가 되도록 한다."라고 하였다.69)

신항은 부마가 옛 글을 기억하고 문사를 접하는 것에 대해 이와 같이 조처를 취하는 것을 보고 아마 '선왕과 같은 좋은 시대는 갔구나'라고 생각하며, 이때부터 사림들을 만나 교류하는 것을 딱 끊었던 것으로 보

---

67) 『연산군일기』권 56 연산군 10년 12월 16일(임신), 18일(갑술).
68) 『연산군일기』권 56 연산군 10년 12월 19일(을해).
69) 『연산군일기』권 56 연산군 10년 12월 28일(갑신).

인다. 더군다나 다음해 6월 연산군이 신항을 불러서 "중국의 단상(短喪) 제도가 어떤 것인가"를 논하게 하였다. 이때 신항은 "오랑캐의 풍속이 남아서 단상의 제도를 시행한 것이지 3년의 상은 천자로부터 서인에 이르기까지 다 통행(通行)하는 것입니다."라고 하였다. 이에 연산군은 "그럼 내가 소혜왕후(昭惠王后)의 상기(喪期)를 단축하려고 하는데, 이것도 오랑캐의 풍속이냐."고 윽박질렀다. 이에 신항은 아무 말도 못하고 밖으로 나와 다른 친한 사람에게 "상의 무도(無道)함이 날로 심하니, 반드시 장차 사대부의 상기를 단축할 것이다."라고 말을 하였다고 한다. 이러한 연산군의 탄압은 계속 이어져, 2년 후 공주·옹주·종친의 처와 모든 왕후의 족친은 연회에 참석하도록 하되 신항(申沆)의 처는 참석시키지 말라고 명하여 신항을 차별하였다.[70]

신항은 이와 같은 연산군의 차별을 묵묵히 감수하다가 1506년(연산군 13) 성희안(成希顏), 박원종(朴元宗) 등이 일으킨 중종반정으로 전환의 시기를 맞이하였다. 이때는 신항은 반정에 직접 참여하지는 않았는데, 원종공신(原從功臣) 1등에 책봉되고 봉헌대부(奉憲大夫)에 올랐다. 그러나 다음해 병을 얻어 2월 19일에 집에서 사망함으로써 그의 일생은 막을 내렸다.

(3) 송인(1516~1584)

송인(宋寅)은 본관이 여산(礪山)으로, 아버지가 지한(之翰)이고, 할아버지가 영의정인 질(軼)이다. 중종과 숙원 이씨의 첫째 딸인 정순옹주(貞順翁主)와 결혼하여 여성위(礪城尉)에 봉해졌다. 시문(詩文)에 뛰어

---

70)『연산군일기』권 63 연산군 12년 8월 5일(임자).

났다는 평가가 있고, 이황(李滉), 조식(曺植), 이이(李珥), 성혼(成渾) 등 당대의 최고의 명신들과 교유하였다.

그는 1526년(중종 21) 10세의 나이로 부마로 간택되어 2년 뒤에 정순옹주와 혼인을 올렸다. 1529년(중종 24)에 사간원에서 송인(宋寅)의 집에서 크게 성악(聲樂)을 벌여 유밀과(油蜜果)까지 준비하여 기탄없이 마셔댔는가 하면, 대내(大內)에서 술을 하사하여 그 사치스러움을 가중시켰다고 비판하였다. 게다가 송인 외조모의 시신이 빈소에 있는데도 음악 연주하는 것을 금하지 않았다면서 그 아버지 송지한을 탄핵하였다.[71] 이것은 그가 젊었을 때 당시에 청원위(淸原尉)인 한경록(韓景祿)과 함께 시정배들과 어울려 불의한 일을 많이 하여 이미 여론이 있었기 때문에 시독관(侍讀官) 한주(韓澍)가 이를 아뢰어 탄핵하였던 것이다.[72]

이같이 젊었을 때 무뢰배들과 어울렸지만, 그렇지만 그는 문장력이 좋아서 이미 1542년(중종 37)에 종친과 의빈을 대상으로 시험보았을 때 제술에서 우등하여 한 자급씩 가자(加資)되는 특권을 얻었다. 그 후에 그의 실력은 더 좋아졌다고 한다. 그는 명나라 사신이 왔을 적에 여러 번 영위사(迎慰使)가 되었는데, 대개 글로써 특선(特選)된 것이라 하였다. 훗날 해숭위(海崇尉) 윤신지(尹新之)가 영위사로서 안주에 갔는데, 중국 사신을 맞이해 위로하는 것은 문원(文苑)의 영광된 선발이니 국조에 의빈(儀賓)으로서 이 임무를 받은 자는 송인과 윤신지 뿐이었다고 평가되었다.[73]

---

71) 『중종실록』 권 66 중종 24년 12월 21일(계미), 22일(갑신).
72) 『중종실록』 권 96 중종 36년 11월 5일(정해), 『중종실록』 권 97 중종 36년 12월 17일(무진).
73) 『증보문헌비고』 권 82 예고 29 예신

또한 이황(李滉)이 관직에서 물러가 예안(禮安)에서 살면서 여러 번 불렀지만 나오지 않자, 명종이 '현인(賢人)을 불렀지만 오지 않는 것을 탄식한다[招賢不至漢].'는 것으로 제목을 삼아 가까운 신하들에게 글을 짓도록 명하였다. 아울러 송인(宋寅)에게 명하여 그가 살고 있는 도산정사(陶山精舍)를 그리게 하고, 또 이황이 지은 도산기(陶山記)와 시편(詩篇)을 써서 병풍을 만들어 바치도록 하여 항상 침전(寢殿) 가운데에 두게 하였다고 한다.74)

선조 때에는 노수신(盧守愼)이 송인의 문학이 탁월하여 상인(常人)과 서로 달랐기 때문에 파격적으로 천거할 것을 의논하여 종백(宗伯)·문형(文衡)의 직임에 처하고자 하였으나, 마침내 뜻을 이루지 못해 여론이 애석하게 여겼다고 한다.75)

1584년(선조 17)에 송인이 죽었는데, 다음과 같이 졸기에 적혀있다.

> 송인은 사람됨이 단정하고 순수하고 겸손하고 근실하였으며 호화로운 환경에서도 가난한 사람처럼 살았다. 계모를 지성으로 섬겨 효도로 이름났다. 거상(居喪) 때에 잘 견디지 못할까 미리 걱정하여 평상시에 하루걸러 담박한 음식을 먹었다. 놋쇠 그릇으로 요강을 만들지 않았는데, 이는 뒷날 망가져 사람들의 음식 그릇이 되지 않을까 하는 염려에서였다. 젊어서부터 경학(經學)에 통달하고 예학(禮學)에 익숙하여 명유 이황·이이 등과 강론하였다. 문장이 뛰어나고 해서(楷書)를 잘 써서 한 시대의 으뜸이었는데, 공사간의 금석문(金石文)은 모두 그에게 부탁할 정도였다. 풍채가 빼어난데다 예절에 익숙하였으므로 대신 노수신 등이 매양 송인이라면 파격적으로 종백(宗伯)을 삼거나 문형(文衡)을 맡길 만하다고 평하였다. 그래서 조사(詔使)가 올 적에는

74) 위와 같음.
75) 『증보문헌비고』 권 45 제계고 6 부록 종실의 고사.

영위사(迎慰使)로 삼기를 계청하였으니, 그로부터 의빈(儀賓)중에 문
장이 뛰어난 사람이면 영위사가 될 수 있었는데, 송인의 이름이 항상
종척(宗戚) 중에 으뜸으로 꼽혔다. 이때에 죽었는데 향년은 69세이고
시호를 문단(文端)이라 하였다.[76]

그는 1635년(인조 13)에도 그 뛰어남을 인정받아 문단(文端)이란 시
호를 받았다. 그의 시호를 내리는 이유에 대해서, 사신(史臣)은 '중종의
부마(駙馬)로서 부귀한 처지에 있으면서도 마치 포의(布衣)의 선비처럼
지냈다. 예서(隷書)에 있어서는 다른 사람들보다 뛰어나 으뜸이었으며,
시도 잘 지었으나 서예에 가려서 잘 알려지지 않았다. 또한 그의 인품
의 고매함은 서예나 시문보다 더 뛰어났다'라고 평가를 내렸다.[77]

그는 젊었을 때부터 학문과 예술에 몰두하면서 왕실의 문예를 주도
하였는데, 자신의 장인인 중종이 1544년에 사망한 이후 조종에 출입하
는 일이 거의 없었다고 한다. 그는 부마로서 자신의 학문을 닦고 사림
의 명사들과 어울리는 것이 궁중의 일에 관여하는 것보다 올바르다고
생각했던 것 같다. 그의 사후에는 『이암유고(頤巖遺稿)』라는 부마들
가운데 최초로 간행된 문집이 있다.[78]

(4) 윤신지(1582~1657)

윤신지의 본관은 해평(海平)으로 아버지는 인조 때 영의정에 오른 윤
방(尹昉)이었고, 할아버지는 선조 때 영의정에 오른 윤두수(尹斗壽)였

---

76)『선조수정실록』권 18 선조 17년 7월 1일(을해).
77)『인조실록』권 31 인조 13년 8월 1일(무인).
78) 신채용, 『조선왕실의 백년손님』, 역사비평사, 2016, 126쪽.

다. 선조와 인빈 김씨의 둘째 딸인 정혜옹주(貞惠翁主)와 결혼하여 해숭위(海嵩尉)에 봉해졌다. 조부와 부친 모두 영의정에 올랐던 집안출신으로 본인도 총명하여 선조에게 때로 시를 지어 사랑을 받았기에 그의 마음에는 입신양명의 꿈이 있었다. 그렇지만 1596년 나이 15살 때 부마로 간택됨으로써 그의 꿈은 물거품으로 사라졌다. 16세가 되는 1597년 두 살 어린 정혜공주와 결혼을 하였다.

윤선지는 임진왜란의 와중에 혼인을 하였기 때문에 어려움이 많았지만 1600년(선조 33)에 피란살이를 하고 있던 선조와 시를 주고받으면서 그의 입지를 키워나갔다. 특히 1602년부터 도총부의 총관으로 궐내 호위를 담당하면서 선조와 자주 시를 지어 주고받음으로써 선조로부터 보기 드문 재주라며 총애를 받았던 것이다.[79]

이렇게 인간적인 면을 선조와 서로 주고받았던 윤신지는 1608년 선조가 죽고 광해군이 즉위하면서 폐비문제로 어려움을 겪었다. 선조의 후비였던 인목대비를 폐출시키고 서궁(西宮)에 유폐시킨 이 사건은 이극돈(李克墩), 이이첨(李爾瞻), 한효순(韓孝純) 등이 폐모 건의에 의해 일어났는데, 아버지인 윤방이 참여하지 않음으로써 대북에게 줄기차게 공격을 받았다. 이에 따라 불가피하게 참여한 윤신지는 "의빈(儀賓)이 조정의 논의에 참여할 수 없는 것이 원래 옛 규례입니다. 나라를 걱정하고 상(上)을 사랑하는 마음은 사람이면 다 같이 타고난 천성이니 진실로 아는 것이 있다면 누가 감히 진달하지 않겠습니까. 오직 조정에서 잘 의논하기에 달렸습니다."[80]라고 공식적으로 말을 하면서 자기는 잘 모르는 일이라며 슬쩍 빠져 나왔던 것이다. 이때 윤신지는 스스로

79) 신채용,『조선왕실의 백년손님』, 역사비평사, 2016, 148쪽~150쪽.
80)『광해군일기(중초본)』권 121 광해군 9년 11월 25일(병술).

경계하는 마음에 청렴함과 더불어 처신을 잘하여 왕실의 인척을 자처하지 않아 화에서 홀로 벗어났다. 급기야 폐모를 정청하던 날에는 마침 말미를 얻어 밖에 있다가 입궐하여 왕에게 숙배를 드린 후 뒤돌아보지 않고 돌아가 5~6년 동안 교외에서 두문불출 하였다고 한다.[81]

이후 1623년(광해군 15) 인조반정이 일어나 광해군을 왕에서 몰아냈을 때 윤신지의 아버지인 윤방은 우참찬의 벼슬을 제수 받았다가 한 달 후 우의정에 다시 임명되었고 결국 영의정으로 승진되었다. 이때 인조는 윤선지에게 처조카에 해당되어 상당히 우호적인 입장이었다. 1625년(인조 3) 윤신지는 소장을 올리고 선조가 직접 쓴 '존덕성 도문학 신기독 사무사(尊德性道問學慎其獨思無邪)'의 12자(字)를 올리니 인조가 '내가 불민하지만 아침저녁으로 선왕을 대하듯이 경의 애군(愛君)의 정성에 부응하겠다.'는 답변을 하였다.[82]

이후 윤신지는 영위사(迎慰使)로서의 임무에 충실하여 왕의 예우를 받았다. 그렇기 때문에 노수신이 당시 문형(文衡, 홍문관 대제학)에 추천하려고 했지만, 그러나 부마는 실무를 담당할 수 없다는 논의에 의하여 결국 실패하였다.

> 노수신이 또 여성위 송인(宋寅)의 문학이 뛰어나므로 항상 격식을 깨뜨리고 추천하기를 논하여 종백(宗伯, 예조판서)과 문형(文衡, 홍문관 대제학)의 임무에 두려고 하였으나 마침내 실행하지 못하였으니, 사론(士論)이 애석해 하였다. 그 뒤에 인조조에 조정 의논이, 사명(辭命)을 중하게 여겨 동양위 신익성(申翊聖)·해숭위 윤신지(尹新之)·금양위 박미(朴瀰) 등을 문형에 의천(議薦)하려 하였으나, 격례(格例)에

---

81) 『인조실록』 권 1 인조 1년 3월 15일(을사).
82) 『인조실록』 권 10 인조 3년 9월 16일(신유).

구애되어 마침내 실행하지 못하였다.[83]

이같이 윤신지는 영위사(迎慰使)로서 중국 사신을 맞이해 위로하였는데, 문원에 선발된 것은 의빈으로 송인과 윤신지 뿐이었다고 한다. 이때 윤신지의 둘째 작은아버지 윤흔(尹昕)은 평양영위사가 되었고, 막내 작은 아버지 윤훤(尹暄)은 평안감사로 있었으며, 아버지 윤방(尹昉)은 우의정(右議政)으로서 벽제(碧蹄)에 나아가 영위(迎慰)하여 일문의 관개(冠盖)가 길에 연하였으니, 사람들이 모두 부러워하고 칭찬하였다고 한다. 벽제의 연회에서 명나라 사신이 역관에게 묻기를, "지난날 안주영위사의 예모(禮貌)와 행동거지가 지금의 우의정과 똑같으니, 한집안 사람이 아닌가?"라고 물어보자, 대답하기를, "안주영위사는 바로 우의정의 아들이고 평양영위사와 감사는 모두 우의정의 아우입니다." 하여, 사신이 크게 칭찬을 하였다는 에피소드가 전한다.[84] 이런 윤신지는 1657년(효종 8)에 사망하였다.

> 해숭위 윤신지가 졸하였다. 옛 재상인 윤방의 아들이자 선조조의 부마이다. 글을 잘 지었고 서화에도 능한데다 아들 윤지(尹墀)와 윤구(尹坵)도 모두 현달하였으므로 풍류와 복록이 일세의 선망의 대상이 되었다. 그러나 오래지 않아 두 아들이 먼저 죽자 이때부터 문을 닫고 일을 사절하기를 근 20년이나 하다가 죽었다.[85]

윤선지는 널리 사람을 사귀었으나 이름을 나타내기를 꺼렸으며 오

---

83) 『증보문헌비고』 권 199 선거고 16 천용(薦用) 2.
84) 『증보문헌비고』 권 177 교빙 7 부록 빙접 조선.
85) 『효종실록』 권 18 효종 8년 5월 4일(병오).

로지 내수(內修)에 힘썼다. 그에게는 『현주집(玄洲集)』, 『파수잡기(破睡雜記)』라고 하는 문집이 남겨져 있다.

2) 부정적인 부마의 삶

부마가 일탈행위로 처벌을 받는 경우는 국가의 모반 사건에 연류 되었을 때 뿐이었다. 그 밖의 여러 사건들이 발생하였을 때에는 비록 대간을 비롯한 관원이 탄핵 상소를 올려도 왕이 그것을 무마시켜 주거나 또는 그 청에 못 이겨 관직을 폐하더라도 며칠이 되지 않아 다시 복직을 시켜주는 것이 일반적이었다. 그렇지만 반역사건에 연루되었을 때에는 그렇지가 않았다. 만약에 아버지가 모반 사건의 주동자일 경우 아버지는 비록 죽지만 부마의 경우 자신은 삭탈관직을 하는 선에서 끝나게 되었고, 만약에 그 자신이 당사자인 경우에는 본인이 죽는 사태가 일어난다. 이때 공주(옹주)는 부마와 이혼을 하거나 그렇지 않을 경우 둘을 분리하여 일종의 제재를 가하게 된다.

두 번째로는 자기의 처인 공주(옹주)를 놔두고 바람을 핀다는 것이다. 원래 부마는 공주(옹주)이외의 사람을 적처로 삼을 수 없기 때문에 욕망이 들끓는 사람은 이것을 견디지 못하였고, 특히 공주와의 사이에 갈등을 일으키는 경우에는 문제가 심각하였다. 이제 이러한 사례들을 구체적으로 살펴보도록 하자.

(1) 정효전

정효전(鄭孝全)은 연일(延日)이 본관으로, 아버지는 판서였던 진(鎭)이었고, 부인은 태종의 딸 숙정옹주(淑貞翁主)로, 1422년(세종 4)에 일성군(日城君)에 봉하여졌다. 숙진옹주는 어렸을 때 유언강의 집으로 피병하러 갔다가 여비(女婢)가 젖을 먹여 수양을 하였고, 그 집에서 시집을 가게 되었다. 그런데 태종이 사망하고 나자 다시 의탁할 데가 없다고 생각한 유언강은 정효전을 불경하게 대하였고, 이를 들은 세종이 노하여 그를 의금부에 내려서 목을 베어 버렸다.86)

그러다가 세월이 흘러 1439년(세종 21)에 정효전은 종묘제에 서계(誓戒)한 후에 영돈령 권홍의 집에 모여서 기생 소지홍(小枝紅)과 김규월(金閨月) 등과 술을 먹었다. 이중 소지홍은 전에 간통한 사람이었는데, 소지홍을 사이에 두고 서산군(瑞山君) 이혜(李譓)와 서로 싸움이 벌어져 결국 정효전은 의금부에 하옥하게 되었다.87) 그 결과 정효전은 파직되고 사헌부의 상소로 직첩을 거두었으나 9개월 후에는 고신을 돌려주었다.88)

그 후 정효전은 경상우도 병마도절제사, 도진무 등을 거쳐 문종 대에 삼군도진무(三軍都鎭撫)가 되었다. 그런데 단종이 즉위한 후부터 정효전은 안평대군과 더불어 유착하였는데,89) 그것은 아마 안평대군의 처족(妻族)이라는 데에 기인하는 것 같다.90) 2달 후에 정효전은 수양대군을 시해하려는 했다는 죄목으로 의금부에 내려졌는데,91) 김유덕(金有德)이란 인물이 정효전이 수양대군을 죽이려고 했다는 무고를 하였던 것이다.92) 이 사건이 벌어진지 보름이 되지 않아 정효전이 병으로 외방

86)『세종실록』권 17 세종 4년 9월 19일(계유).
87)『세종실록』권 84 세종 21년 1월 20일(기해).
88)『세종실록』권 84 세종 21년 2월 6일(을묘), 권 87 세종 21년 11월 7일(신해).
89)『단종실록』권 5 단종 1년 3월 21일(무인).
90)『단종실록』권 8 단종 1년 10월 10일(계사).
91)『단종실록』권 9 단종 1년 12월 15일(정유).

에 보석이 이루어졌으나 결국 사망함으로써 일단락되었다.93) 그러나 이 사건은 모반을 이루려는 형세가 분명하다고 하여 정효전은 모반죄로 관(棺)을 베고 재산을 적몰(籍沒)하는 부관참시(剖棺斬屍)로 죄를 묻게 하였고, 연좌된 정효손(鄭孝孫)·정효순(鄭孝順) 등 정효전의 형들은 전라도의 섬으로 내쳤다.94) 반면에 숙정옹주는 뇌두도록 명하였는데, 옹주를 제외한 식구들을 전부 법에 의해 처리한 것이다.

(2) 구문경

휘신공주(徽愼公主)는 연산군과 왕비 신씨 사이에 태어난 공주로 영웅대군의 사위인 구수영(具壽永)의 아들 구문경(具文璟)에게 하가하였다. 연산군 시대에는 하나밖에 없는 공주로서 큰 대우를 받고 살았지만 중종반정이 일어나자 그 상황이 바뀌게 되었다. 그녀는 이미 직첩이 거두어져 폐서인이 되었고, 공주로 있을 때의 전민(田民)들도 전부 속공 당하였다.95) 그런데 문제는 연산군의 폐위과정에서 2등 공신이 되었던 시아버지 구수영이 아들인 구문경이 죄인의 사위가 되었다며 공주와 절혼(絶婚)하기를 청하였고, 그에 따라 왕이 그것을 허락하여 이혼시켰던 것이다.96) 물론 이때 대사간 윤희손(尹喜孫) 등은 '반정(反正)에 이르러서 자기에게 화가 미칠까 두려워 그 아들로 하여금 절혼하게 하였으니 이럴 수는 없다'고 강력히 주장하며 반대를 하였지만,97) 중종의 결

---

92) 『단종실록』권 10 단종 2년 2월 20일(신축).
93) 『단종실록』권 10 단종 2년 3월 4일(을묘).
94) 『단종실록』권 11 단종 2년 4월 23일(갑진).
95) 『중종실록』권 1 중종 1년 9월 11일(정해).
96) 『중종실록』권 1 중종 1년 9월 25일(신축).

정을 바꿀 수가 없었다.

그런데 사건이 발생한 2년 후에 대사헌 정광필(鄭光弼)이 '처음에 구수영이 아들의 이혼을 계청한 것은 사리를 몰라 시행한 것인데 국가에서 이들을 이혼까지 시킬 필요가 없었다.'라고 주장하면서 다시 문제를 제기하였다. 정광필은 "부부(夫婦)된 자는 비록 난신자녀(亂臣子女)라 할지라도 차마 이별시키지 못하는 것인데 근년에 들어와서는 죄인에 들면 바로 이혼시키니 인심의 각박함을 알 수 있는데 부부 사이에 어찌 원한이 없겠냐"며 이를 해결하자고 주장하였다.

이런 주장이 결국 대신회의로 나가게 되었는데, 이때 유순(柳洵)은 구수영이 계청하여 아들 구문경이 처와 이혼하게 한 것은, 폐주(廢主)가 종묘, 사직에 득죄하였고 그 딸이 공주의 칭호로 있었기 때문이었던 것으로 파악하였다. 따라서 변란을 만나 부득이 그렇게 한 것인데, 지금은 성명(聖明)이 밝게 살펴 인심이 안정되었으니 문경 부부를 다시 결합하도록 명하시는 것이 사리에 합당하다고 주장하였다. 이에 대해 김수동(金壽童)·박원종(朴元宗)·신준(申浚) 등이 의견을 같이하여 왕이 그 의견에 따랐던 것이다.[98] 결국 구문경 부부가 다시 합치도록 하였고, 아울러 빈 집을 사급(賜給)하며, 만약 빈 집이 없을 경우 그 값을 계산하여 면포를 주라는 왕명이 떨어졌다.[99]

(3) 신의

신의(申檥)는 신수경(申秀涇)의 아들로 중종과 문정왕후의 딸인 경현

97) 『중종실록』 권 1 중종 1년 11월 1일(병자).
98) 『중종실록』 권 7 중종 3년 10월 7일(신미).
99) 『중종실록』 권 7 중종 3년 10월 10일(갑술).

공주(敬顯公主)의 남편이다. 인종 때에 결혼하여 부마가 되었고 영천위(靈川尉)의 호를 받았다. 그런데 신의는 어릴 때부터 광망하다는 평가를 받았던 것 같다. 1547년(명종 2) 기사의 기록에 따르면, "영천위(靈川尉) 신의(申檥)는 성품이 본시 망령되어서 동네를 드나들면서 경우 없이 사람을 때릴 뿐 아니라 지난번엔 노비가 사적인 감정으로 서로 싸운 일을 가지고 그 사람을 의빈부(儀賓府)에 가두었다고 한다. 나이 어린 왕자나 부마를 전례대로 가르쳐야 하므로 자전(慈殿)께서 두세 번 불렀는데도 오지 않았으니 불가불 그 직을 징파(懲罷)하여 허물을 고치도록 하지 않을 수 없다."라고 명종의 말하는 것에서[100] 그 상황을 알 수 있다.

다음해 다시 견책(譴責)을 당했는데도 아직 징계되지 아니하여 무뢰배들과 어울려 제멋대로 횡행하고 있으니 파출해야겠다는 왕명이 내려졌는데, 이때 통천(通川)에 귀양을 가 있었던 아버지 신수경(申秀涇)에게 보내 교육을 시키라는 명령을 내렸다.[101] 그러나 그 다음해에 신의는 재상의 아들을 공공연히 구타하고 심지어 사람을 죽인 정상이 매우 참혹하여 용서할 수 없다며 율(律)에 의거하여 죄를 다스리자는 사헌부의 계가 올라왔다.[102] 1552년(명종 7)에는 양주(楊州)에 사는 김수현(金秀賢)이라는 사람이 자신의 처를 영천위가 능욕하였고 그의 노비는 피살되었다고 의금부에 고소하였던 것이다. 이때 사헌부에서는 강경하게 살인죄를 적용하여 고신(告身)을 모두 빼앗고 장 일백(杖一百)에 유 삼천리(流三千里)로 조율하여 왕에게 아뢰었지만 명종은 고신만

---

100) 『명종실록』 권 5 명종 2년 1월 15일(무진).
101) 『명종실록』 권 8 명종 3년 11월 1일(임신).
102) 『명종실록』 권 9 명종 4년 7월 14일(신사).

빼앗도록 조처하였다.103)

이런 과정에서 왕은 여러 번 신의를 타이르고, 대비의 경우에도 여러 차례 가르치는 교를 내렸지만 신의는 이를 따르지 않고, 자신의 기첩인 취춘향(醉春香)의 집에 있으면서 방자한 행동을 계속 취하였다. 이에 왕은 취춘향의 죄를 다스리라고 명을 하였다.104) 다음해에는 신의를 통천(通川)으로 귀양보내라고 명하면서 다음과 같이 전교하였다.

> 전 영천위 신의는 성품이 본래 우망(愚妄)하고 광패(狂悖)해서 사람을 마구 때리되 칼날도 가리지 않으므로 맞아 죽은 사람이 한둘이 아니었고 무뢰한들을 거느리고 다니면서 바둑·장기나 두고 술이나 마시다가 어두운 밤이 되면 몰래 돌아다니면서 남의 재물을 빼앗는 등 집에 있으면서 저지른 못된 짓은 일일이 들어 말하기조차 어렵다. 그러나 자전(慈殿)께서 그의 나이가 아직 어리다고 모든 것을 용서하시고 죄주지 않으시니, 의는 이것을 다행으로 여겨 더욱 방자해져 꺼리는 것이 없게 되었다. 얼마 전 가벼이 꾸짖어 파면하고 공주의 집에는 왕래를 할 수 없도록 하였는데도, 조금도 뉘우치지 않고 도리어 역심(逆心)을 품어 공주의 의복을 억지로 벗겨다가 간음한 기생에게 주고 공주와는 서로 잘못을 따지며 입에 담을 수도 없는 말을 하였다. 자전께서 중사(中使)를 보내 타이르시면 듣는 즉시 성을 내며 꼿꼿이 앉아 엎드리지도 않으니 대역부도(大逆不道)한 죄와 다를 것이 없다. 그를 먼 지방으로 귀양보내라.105)

이상과 같은 신의의 행위는 특별한 이유가 있어서 나오는 것이 아니라 기본적으로 행동이 패악해서 그런 것이었다. 2년 후인 1556년(명종

---

103)『명종실록』 권 13 명종 7년 12월 10일(무오), 12일(경신), 28일(병자).
104)『명종실록』 권 15 명종 8년 10월 9일(임오).
105)『명종실록』 권 16 명종 9년 1월 10일(신해).

11)에 신의는 이러한 기분을 더욱 제멋대로 부려 공주가 화병이 들었는데도 이를 고치지 않고 오히려 공주가 놀랄 만한 일들을 계속 벌였다. 공주가 보는 곳에서 계집종을 희롱하기도 하였고, 밤에 두 여자와 악공(樂工)들을 데리고 와서 공주가 자는 방 밖에서 악공에게 음악을 연주하게 하고 침실에서 여인을 데리고 자기도 하였다.

이러한 행태에 명종은 경현공주가 자기의 동복누이이고 신의가 손위 매부였지만 인간적인 면에서 울화통이 터져 중전(重典)에 처하고 싶었지만 의리상 차마 못할 바이니 다시 통천으로 보내어 종신토록 귀양을 살라고 명하였다.106) 그런데 이틀 뒤 신의가 밤 삼경(三更)에 담을 타고 넘어 들어와 공주가 또 놀랐다. 이에 왕은 어제 헌부가 위리안치(圍籬安置)하기를 청하였지만 차마 못하였는데, 그가 저지른 행위를 보니 역시 위리안치 해야겠다며 군사로 하여금 지키고 할 일을 관찰사에게 하유하도록 명하였다.107)

그런데 다음해 신의는 배소(配所)에 도착한 후로 출입을 마음대로 하면서 멋대로 작폐하여 민간의 어염(魚鹽)의 이익을 모두 빼앗아 독점하였는데, 조금이라도 명령을 어기면 잔혹하게 구타하고 집까지 헐어 버렸다. 당시 통천의 수령은 이유정(李幼靖)이었는데, 이를 감히 금제를 하지 못하고 어찌할 바를 모르고 있었다. 이러한 소식이 전해지자 명종은 다른 곳의 절도(絶島)에 신의를 안치(安置)시켜 출입하지 못하게 하고 통천군수는 먼저 파직한 후에 추고(推考)하라고 명하였다.108)

이때는 명종이 인간적으로 너무 화가 나서 6개월 후 세자책봉이라는

---

106) 『명종실록』 권 21 명종 11년 7월 2일(무오).
107) 『명종실록』 권 21 명종 11년 7월 4일(경신).
108) 『명종실록』 권 22 명종 12년 2월 14일(무술).

큰 사유가 발생하였을 때에도 영천위는 놓아줄 수 없다고 엄명을 내렸다.[109] 다음해에는 경상도 감사에게 하유하여 신의의 위리안치(圍籬安置)를 철저하게 수행하여 각별히 가시울타리를 굳게 설치하고 거느리는 종은 2명만을 넣고서 출입하지 못하게 하여 반드시 자진(自盡)하게 하라고 강조하였다. 이때 사관은 왕의 처사가 너무 하다고 비난하였는데, 이것은 명종의 속마음이 그대로 드러난 것이다.[110]

이런 위리안치의 생활은 얼마 후에 끝난 것 같고, 신의는 서울로 돌아오게 되었다. 서울로 돌아온 신의는 무뢰배들과 결탁하여 사귀면서 유부녀를 겁간하고, 심지어는 사옥(私獄)을 만들어 사람들을 붙잡아 가두고 있었다. 그리고 여염(閭閻)에 출입하면서 조금이라도 마음에 맞지 않으면 사람들의 집을 철거해 버리고 남의 재산을 부숴버렸다. 이런 행태가 이어지니 사헌부에서 도성 안에 있게 할 수 없으니, 멀리 유배보내자고 다시 청을 하였다. 이에 명종은 신의의 나이가 30을 넘어 이제 허물을 고쳤으리라고 여겼는데 더욱 심하니 통탄스럽다며 성 밖으로 내치도록 하였다.[111]

그런데 5개월 후 신의는 몰래 서울로 들어와서 남의 여비(女婢)를 강탈하여 집안에 숨겨두고, 어두운 밤이면 여염집으로 다니면서 재물을 약탈하는 등 그 흉악한 행동은 일일이 거론할 수 없었다. 이에 왕은 반드시 공주에게까지 해가 미칠 것이니 의금부에서 나포하여 유배지로 보내도록 하였다.[112] 그렇지만 1565년(명종 20) 영암(靈巖)에 안치한

---

109)『명종실록』권 23 명종 12년 8월 18일(무술).
110)『명종실록』권 24 명종 13년 6월 15일(신묘).
111)『명종실록』권 28 명종 17년 5월 12일(을미).
112)『명종실록』권 28 명종 17년 10월 25일(병자).

신의를 방면하도록 의금부에 효유하였다.113)

이렇게 경현공주의 친동생인 명종의 경우에는 신의를 차마 처벌을 강력하게 시행하지 못하고, 비록 처벌을 하였다 하더라도 금방 풀어주었다. 그렇지만 긴밀한 인척관계가 없었던 선조가 즉위하자 상황이 달라졌다. 1568년(선조 원)에 왕은 정원에 전교하여 신의가 원래 패려하였는데, 나이가 들어서도 고치지 않고 공주를 박대하였고, 문정왕후와 선왕(先王)이 승하한 후에 스스로 기뻐하며 원망하는 말을 많이 하였으니 이 죄상을 본다면 사형에 처하더라도 남은 죄가 있을 것이나 다만 책망할 만한 사람이 못 되므로 귀양을 보낸다고 하였다.114) 그리고 신의를 위리안치하여 전과 같이 드나들며 작폐를 부리지 못하게 하라는 명을 내렸다.115) 그런데 신의는 그대로 가만이 있을 위인이 아니었다. 다음해 전라감사가 보성군(寶城郡)에 유배간 신의(申橫)가 가시울타리를 뚫고 제 마음대로 출입하면서 조관(朝官)의 첩을 강간하였다는 치계를 올리자 선조는 즉시 잡아다가 국문을 하도록 명하였다.116)

이렇게 제멋대로 행동하던 신의는 이후 방자한 행동을 하지 않았다. 그러다가 1584년(선조 17) 1월에 죽게 되었다. 그의 사망 시에는 그 집에 상주가 없어 국왕은 대흥(大興)에 정배(定配)되어 있는 신사정(申士楨)을 방송(放送)하라고 명하고 그에게 대신 상을 치르도록 하였다.117)

---

113)『명종실록』권 31 명종 20년 9월 30일(계해).
114)『선조실록』권 2 선조 1년 4월 24일(계묘).
115)『선조실록』권 2 선조 1년 6월 14일(임진).
116)『선조실록』권 3 선조 2년 7월 25일(병신).
117)『선조실록』권 18 선조 17년 1월 24일(임인).

7장

공주의 아들들

1. 출산과 양육

공주(옹주)는 일반적으로 11~12살에 결혼을 하고, 그 뒤 부마와의 사이에 15~18세쯤 되었을 때 첫 아이를 갖는다. 그런데 자식이 없는 공주의 부부도 꽤 있었다. 그것은 공주나 부마가 일찍 사망한다든가 혹은 공주와 부마의 부부관계가 원활하지 못한 경우에 이런 결과가 나온다. 더욱이 부마의 경우에는 공주 외에 다른 여인을 첩으로 삼거나 하는 경우가 거의 없었기 공주의 가족은 단촐한 편이다. 그러나 공주가 상당히 오래 사는 경우, 그리고 공주와 부마사이에 관계가 좋은 경우 자식이 상당히 많은 경우도 있다. 예를 들어 선조의 딸인 정명공주의 경우 83세의 나이에 사망하였고 그 슬하에는 7남 1녀라는 많은 자녀를 두었던 것이다.

공주는 어렸을 때부터 특별한 대우를 받으며 성장하였다. 아버지와 어머니가 왕과 중전으로 그들에게 귀여움의 대상이 되었고, 여러 왕자들과 다르게 꾸중을 들으며 자라지 않았기 때문이다. 왕실의 남자들,

특히 세자와 기타 대군들의 경우 다음 대의 보위에 올라가는 문제 때문에 그 교육에 상당히 신경을 썼지만 공주나 옹주의 경우 이런 경우에 해당되지 않았기 때문이었다.

이들에게는 혼인을 통해 궁 밖으로 나가는 것이 환경변화의 제일 큰 것이었다. 물론 궁 밖에서 생활한다고 하지만 기본적인 생활 방식은 차이가 나지 않는다. 그들은 시부모와 함께 살지 않고 부마와 둘이 독립하여 살았기 때문이었다. 국가에서는 법제적으로 대군과 공주는 30부(負), 왕자군과 옹주는 25부의 집터를 주었으며, 대군이면 60칸, 왕자군과 공주이면 50칸 등의 집을 지어주었다. 이것은 물론 법제적인 차원에서 나오는 규정적인 내용이고 실제로는 이보다 더 크고 넓게 주어졌다.

자식을 낳는 것은 이들에게 가장 중요한 일이었기 때문에 신경이 많이 썼다. 그렇지만 별다른 조처가 나올 수 없었다. 궁내의 왕비와 후궁에게는 산실청(産室廳)과 호산청(護産廳) 등이 설립되지만 그것은 아이를 좀 더 잘 낳게 하려는 것일 뿐 산모의 출산 위험성을 감소시키는 행위는 아니었다. 마찬가지로 공주는 민간 의원의 뒷받침이 있었고, 또 때에 따라서는 궁궐에서 따로 어의가 내려와서 진맥을 하는 등의 행위를 하였지만 아이는 어디까지나 산모의 힘으로 낳아야만 했다.

아이를 출생하였을 때도 상당히 신경을 쓴다. 공주라는 특수성 때문에 부마는 첩을 둘 수 없어서 자식은 공주에게 낳은 것만 존재했기 때문에 그렇다. 공주는 자식을 낳은 후 궁궐의 경우와 마찬가지로 유모를 두고 있다. 물론 궁중과 같이 젖을 한번 물리지 않고 전적으로 유모에게 아이를 키우는 행동을 하지는 않았지만 전체적으로 볼 때 자식을 직접 키우지는 않은 것 같다.

이러한 아이들이 커가면서 공주(옹주)의 입김이 가해진다. 이들은 자라서 종 7품이나 종 8품의 관직이 주어지며 나이가 들어가면 승진을 했다. 더욱이 이들이 과거를 합격할 경우에는 현재의 관직을 기준으로 승진을 했던 것이다. 공주나 옹주의 자식들의 관직 규정을 살펴보면 다음과 같다.

> **돈녕부** 왕의 친족과 외척의 관부이다. 종성(宗姓) 9촌, 이성(異姓) 6촌 이상의 친, 왕비의 동성 8촌, 이성 5촌 이상의 친, 세자빈의 동성 6촌, 이성 3촌 이상의 친, 이상의 촌수 내의 고(姑), 자(姉), 매(妹), 질녀, 손녀의 남편에게 제수한다. 선왕과 선후의 친족도 같다. ○대군의 사위, 공주의 아들에게는 처음 종 7품을 제수하고, 공주와 왕자군의 사위, 옹주의 아들에게는 종 8품을 제수한다. <중> 종성(宗姓)은 촌수의 제한을 받지 않는다. ○도정(都正) 이상의 관직은 종친과 의빈을 그 품계에 따라 임용 제청한다.[1]

공주와 옹주의 자식은 처음에 관직을 나갈 때 종 7품과 종 8품직을 제수한다. 사실 공주와 부마는 당대에 걸쳐서 아들과 사위의 경우 90% 이상이 관직에 나가고 있었고, 이들 중에서 공주의 아들의 경우에는 거의 당상관이 되었다고 한다. 그리고 손자 대에는 공주의 자손은 60%가 관직에 나가고 있는데, 이들 대다수는 참상관 이상이라고 한다. 반면에 옹주의 아들과 손자는 70% 이상이 당상관으로 관직을 나가고 있었다고 한다.

---

[1] 『대전회통』권 1 돈녕부.

2. 성공한 아들

공주와 옹주의 자식들은 아들과 딸로 구성된다. 딸의 경우에는 잘 키워서 명문거족에게 시집을 보내는 것을 목표로 삼았다면 반면에 아들의 경우 과거를 통하여 입사하는 것을 목표로 하였다. 물론 공주(옹주) 아들의 경우 『경국대전』에 의하면, 처음 입사할 때 종 7품직을 제수하고, 옹주의 아들에게는 종 8품을 제수하는 것이 원칙이었기 때문에,[2] 이것을 바탕으로 나이가 들었을 때는 상당수가 당상관 이상의 관직을 갖는 것을 당연한 것으로 여겼다.

그러나 조선시대에는 과거와 음서라는 두 가지 입사과정이 있다. 사실 음사도 중요하였지만 당시에 선호된 것은 바로 과거를 통하여 떳떳하게 관리생활에 입문하는 것이었다. 이를 목표로 열심히 아들을 뒷바라지 하는 것이 공주의 입장이었다. 딸의 경우에는 자신의 힘으로 이루는 것이 없기 때문에 이곳에서는 제외하고 여기에서는 아들로 과거를 통해 입사한 경우를 사례로 삼아 서술해 보고자 한다.

1) 이선(李宣, ?~1459)

이선은 태조의 넷째 딸인 의녕옹주와 계천위(啓川尉) 이등(李登)과의 사이에 4남 3녀 중 둘째로 출생하였다. 그의 아버지 이등은 비록 부인이 의녕옹주이고 자신은 의빈의 자리에 있었지만 늘 부지런하여 왕에게 조알(朝謁)의 예를 폐한 적이 없었다고 한다.[3] 이러한 아버지를 둔

---

2) 『대전회통』 권 1 돈녕부.
3) 『세조실록』 권 8 세조 3년 7월 1일(임술).

이선은 부지런히 학문에 힘써서 1432년(세종 14)에 과거에 시험을 보았다. 과거에 시험볼 당시에 이선의 관품은 이미 3품에 이르렀다. 이에 따라 사간원에서는 굳이 과거를 치루어야겠냐며 이선이 응시하지 못하도록 반대하였지만 세종은 이를 강경한 어조로 저지하였고,[4] 이선은 결국 급제를 하였다.[5] 과거에 급제하자마자 3일 후에 세종은 이선을 집현전 부제학에 임명하였다.[6] 아마도 이복 사촌인 이선이 과거에 합격한 것을 보고 세종은 상당히 기뻐했던 것으로 보인다.

이후에 그는 병조참의를 비롯하여 이조참의, 예조참판, 형조참판, 경상도 관찰사를 거쳐 한성부부윤, 형조참판, 호조참판 등의 다양한 관직을 역임하였고, 그 뒤에 다시 경기관찰사로 임명되었다. 그런데 경기관찰사로 재직하고 있는 상황에서 그해의 농사를 망쳤다는 이유로 탄핵을 받아 파직을 당하였고,[7] 결국 고신까지 거두어지게 되었다. 그러나 몇 달 후 세종은 다시 고신을 돌려주었고,[8] 호조판서, 병조판서에 임명하였다. 문종 대에 이르러서는 예문관제학을 거쳐 지돈령부사(知敦寧府事) 등에 임명되었다.

일반적으로 검토해 볼 때 그의 관직 생활에는 별다른 문제가 없었던 것으로 보이지만 1444년(세종 26)에 경기관찰사로 재직 중에 업무를 재대로 못 본 것으로 세종의 노여움을 사서 파직되었다. 물론 금방 복직이 이루어졌다. 그런데 1459년(세조 5)에 상사(喪事)로 인하여 함길도에서 돌아오다가 큰 비를 만났는데. 먼저 내를 건너던 아들이 물에

---

4) 『세종실록』 권 56 세종 14년 4월 4일(임진).
5) 『세종실록』 권 56 세종 14년 4월 15일(계묘).
6) 『세종실록』 권 56 세종 14년 4월 18일(병오).
7) 『세종실록』 권 104 세종 26년 5월 7일(병진).
8) 『세종실록』 권 106 세종 26년 10월 6일(신해).

빠지니 이선이 이를 구하려고 하다가 함께 물에 빠져 죽었다. 이 사건은 당시에 큰 사고로 기록되었는데, 사평에서는 그가 임자년(1432년)에 과거에 합격하여 여러 번 관직을 옮겼고 정 2품에까지 올랐다고 기록하고 있다.[9]

2) 이집(李諿, 1438~1509)

이집의 아버지는 태종의 부마인 성원위(星原尉) 이정녕(李正寧)이고, 어머니는 태종의 여섯째딸 숙혜옹주(淑惠翁主)이다. 어려서부터 음덕으로 내섬시부정(內贍寺副正)으로 관직을 시작했는데, 1479년(성종 10) 문과별과에 을과로 급제하였다고 한다.[10] 실록에 처음 등장한 것은 1476년(성종 7)이다. 이때는 겸사헌부집의(兼司憲府執義)로 임명되었는데, 다음해에는 사헌부 장령과 집의로 승진하였다. 1483년(성종 14)에는 사헌부 헌납 양면(楊沔)이 사일(仕日)이 900일을 채우지 않고 당상관에 오르면 대전의 법이 무너진다고 주장하며 이집의 당상관 등용을 반대하는 상황이었다.[11] 이처럼 이집의 경우 과거에 급제하였기 때문에 다른 부마의 자식과 다르게 처음부터 사헌부라는 청요직(淸要職)을 거쳤던 것이다.

이후 그는 1485년(성종 16)에 전라도관찰사(全羅道觀察使)에 임명되었고, 다음해 사간원 대사간(司諫院大司諫)으로 천직되었으며, 1490년(성종 21)에는 홍문관 부제학(弘文館副提學)이 되었다. 그리고 이조참

---

9)『세조실록』권 16 세조 5년 6월 20일(경오).
10)『연려실기술』권 9 中宗朝故事本末 中宗朝名臣 李諿.
11)『성종실록』권 156 성종 14년 7월 22일(임자).

의, 호조참판, 사헌부 대사헌 등으로 차례로 승진하였고, 이조판서를 거쳐 의정부찬성사에 임명되었던 것이다.

그는 70세에 이를 정도로 장수를 했고 호화로운 집안에서 공부를 열심히 해서 정승의 자리에 올랐던 것이다. 중종 대에 이르러 그가 죽었을 때 다음과 같은 사평이 남아 있다.

우찬성 이집은 호화 부귀한 가문에서 생장하였으나 성격이 청렴 근신하고 검약 소탈하여 외양을 꾸미지 않았으며, 벼슬이 경상(卿相)에 올랐지만 법을 지켜 연줄의 청탁이 끼여들지 못했다. 일찍이 형조 판서가 되었는데, 지돈령부사 성세명(成世明)'이 사사로운 부탁을 하므로 공이 항상 미워했었다. 하루는 대궐 뜰에서 만났는데, 세명이 다가와 읍(揖)하며 또 성의를 보이려 하므로 공이 휘저어 거절하니 세명이 하마터면 땅에 엎드러질 뻔하였다. 언젠가는 판사(判事)가 되어 이조에서 당참(堂參)을 하는데, 당상이 답배(答拜)할 자세를 취하지 않자, 이집은 절을 하지 않고 나와 버렸다. 그 질박하여 꾸밈이 없고 법대로 하여 흔들리지 않음이 대체로 이와 같으므로 세상 사람들이 염라포노(閻羅包老)에 비유한다고 하였는데, 시호를 공숙(恭肅)이라 내렸다.[12]

이 글을 살펴보면 이집이 성격은 강직한 사람이고, 집안이 호화로웠지만 뇌물을 별로 탐탁하지 않게 여겼음을 알 수 있다. 그에 대해서는 『증보문헌비고』에 문과 급제자로 <공숙(恭肅)>이라는 시호를 받았다고 특기되어 있다.[13]

---

12) 『중종실록』 권 9 중종 4년 8월 21일(신사).
13) 『증보문헌비고』 권 47 제계고 8 부록 씨족 2 이씨 성주이씨.

3) 홍만용(洪萬容, 1631~1692)과 홍만형(洪萬衡, 1633~1670)

정명공주의 장남과 차남으로 각각 태어났던 홍만용과 홍만형은 공주의 자식으로는 드물게 형제로서 과거에 합격한 인물이었다. 장남인 홍만용은 영안도위(永安都尉)였던 홍주원과 정명공주의 장남으로 태어나서 1662년(현종 3)에 이르러 문과 정시(庭試)에 장원으로 급제하였다.[14] 이후에 그는 사헌부지평, 이조좌랑, 부교리 등을 지냈고, 1666년에 다시 문과 중시(文科重試)에 장원을 하여[15] 정 3품으로 승진하였다. 문과 정시와 중시에 거듭 장원으로 급제하였던 그는 이후 대사간, 경기도 감사, 대사헌 등을 지냈고, 예조판서, 이조판서, 우참찬을 각각 역임하였다. 그의 졸기에 의하면 두 차례나 장원을 하고 승진을 하였는데, 글을 잘했고 해로운 일이 없어 복록(福祿)을 누리다가 죽었다고 한다.[16]

홍만형은 첫째인 홍만용보다 2년 뒤에 태어나 1662년(현종 3)에 시행된 증광문과에 병과로 급제하여 한림이 되었다. 이전에도 1648년(인조 26)에 생원, 진사시에 합격한 것으로 되어 있다. 그는 여러 관직을 거쳐 정언·지평이 되었고, 1666년 부교리로 문과 중시에 합격한 뒤에 문학을 거쳐 뒤에 사간원 헌납이 되었다. 이때는 문과로 5명을 뽑았는데 홍만용과 홍만형의 형제가 함께 합격하여 특별히 기록하였다.[17] 그러나 홍만형은 37세라는 젊은 나이에 사망하여 더 이상의 관직을 가질 수 없었다. 그가 죽은 뒤 그는 공주 집안에서 자랐지만 검소하고 사람됨이 청렴·단정하였으며 일찍 과거에 급제하여 청요직에 이르렀는데,

---

14) 『현종실록』 권 6 현종 3년 10월 24일(갑자).
15) 『현종실록』 권 12 현종 7년 9월 29일(병오).
16) 『숙종실록』 권 24 숙종 18년 6월 6일(갑신).
17) 『현종실록』 권 12 현종 7년 9월 29일(병오).

논의가 공정하고 고결하여 젊은 나이에 요절하니 사람들이 애석해 하였다고 한다. 5품에 불과한 인물이 졸기가 남겨진 것은 특이한 사항이라고 하겠다.[18]

4) 윤지(尹墀, 1600~1644)

윤지는 할아버지가 윤방(尹昉)이고 아버지는 부마인 윤신지(尹新之)이며 어머니가 선조와 인빈 김씨의 차녀인 정혜옹주이다. 윤지는 어릴 때부터 할아버지 윤방의 행동과 영향을 많이 받았던 것 같다. 윤방은 선조 대에 옹주를 며느리로 삼았지만 스스로 경계하여 청렴과 검소로 처신하여 왕실의 인척으로 자처하지 않았고 그 때문에 광해군 대에 칠신(七臣)[19]의 화(禍)에서 벗어났던 것이다. 또한 인목대비를 폐모시킬 때 마침 말미를 얻어 밖에 있다가 입궐하여 숙배를 드린 후 뒤돌아보지 않고 돌아갔으므로 그 결정에 참여하지 않았다. 그리하여 인조반정 후에 이 일에 관여된 대신들을 중죄로 다스려질 때도 몇 년간 두문불출하면서 그 화를 피하였던 것이다.

그는 나이 20살인 1619년(광해군 11)에 문과에 급제하여 세자시강원의 설서(說書)와 예조좌랑 등을 역임하였고,[20] 인조가 반정한 이후에는 사헌부·사간원·홍문관 삼사의 요직을 역임하였다. 『증보문헌비고』에 따르면 윤지는 해숭위의 아들로, 동생인 이조좌랑 윤구(尹坵)와 더

---

18) 『현종개수실록』 권 22 현종 11년 1월 14일(임인).
19) 선조로부터 영창대군(永昌大君)의 보필을 부탁받은 유영경(柳永慶)·한응인(韓應寅)·박동량(朴東亮)·서성(徐渻)·신흠(申欽)·허성(許筬)·한준겸(韓浚謙) 등 7명의 신하를 말함.
20) 『광해군일기』(중초본) 권 174 광해 14년 2월 8일(갑술).

불어 젊어서 문과에 올라 조신(朝臣)들 중 으뜸으로 드날려 크게 동년배(同輩)들의 추앙을 받았다고 한다.

그런데 당시에 판서 김시양(金時讓)이 이를 대단히 부정적으로 파악하였다. 그는 '이는 국가의 복이 아니라 금련자제(禁臠子弟-부마의 자식)가 순박하고 학문이 부족하여도 음사(蔭仕)로서 가문을 계승하기에 이들은 재주와 명망이 평소에 드러나 장차 반드시 국가에서 뒷날 그들을 쓸 것이니, 이 지위에 있는 자가 재주와 분수의 미치지 못하는 것은 생각하지 아니하고, 모두 장차 이것으로써 기회를 삼아 궁금(宮禁)을 끼고서 다투어 서로 급하게 나아가려고 한다면 누가 능히 그 세력을 막을 수 있겠는가?' 라면서 비판적인 입장을 보였다.21)

이 입장은 『인조실록』에서도 나왔다. 윤지는 젊은 나이로 과거에 급제하여 폐조(광해군) 때에 설서의 자리를 차지하였기 때문에 유백증(兪伯曾)이 늘 모자라게 여겼고, 중요한 논계를 교묘하게 피했던 사람이라고 파악하여 그를 탄핵한 것이었다.22) 뒤에 오윤겸(吳允謙)이 이조 판서일 때 윤지를 청반(淸班)에 의망하려 했으나 최명길(崔鳴吉)이 참판으로 있으면서 극력 저지하였다.23) 그러나 손자인 윤지가 일찍이 이같이 대간의 비평을 당하였으나 이 당시 윤방은 노여움을 보이지 않았다고 한다.24)

1626년(인조 4)에는 신하들을 뽑아 사가독서(賜暇讀書)할 것을 명하였는데, 이때에도 영광스럽게 윤지도 뽑히게 되었다. 당시 사관은 윤지

---

21) 『증보문헌비고』 권 194 선거고 11.
22) 『인조실록』 권 8 인조 3년 2월 20일(기해).
23) 『인조실록』 권 8 인조 3년 1월 19일(무진).
24) 『인조실록』 권 21 인조 7년 10월 3일(갑인).

를 다음과 같이 평하였다.

　　윤지는 해숭위(海嵩尉) 신지(新之)의 아들이요 좌의정 윤방(尹昉)의 손자로서 사람이 영리하고 재주도 꽤 있었으나 다만 소년시절부터 벼슬길에 나가기에 급급하여 처신이 사부(士夫)같지 않았으며 폐조(廢朝) 때에는 그들 부자가 벼슬자리를 얻으려고 뛰어다닌 끝에 설서(說書)에 제수되기도 하였다. 반정 후에 그는 문호의 세력이 든든했던 관계로 다시 청현(淸顯)의 길에 나아가게 되었는데, 아무런 누(累)도 없었던 사람처럼 태연하기만 하였다. 그는 대각에 있으면서 크고 작은 논의가 있을 때마다 양다리 걸치기로 빠져나갈 구멍만을 찾았는데, 지난날 인성(仁城－선조의 후궁 소생인 李珙)의 논의에 대하여 정온(鄭蘊)이 이의를 달았을 때도 윤지는 헌납의 신분으로서 주견없이 빠져나가려고만 하다가 드디어 청의(淸議)를 버린 바가 되었다. 그 뒤 오래지 않아 김류가 전장(銓長)이 되면서 윤지가 다시 헌납에 제수되었는데 집의 유백증(俞伯曾)이 그의 전후 자취를 들추면서 탄핵하기에 이르렀다. 그러나 백증이 외직을 받고 나가자 윤지는 끝내 또 이랑(吏郞)에 임명되었는데 조금도 부끄러워하는 기색이 없이 의기양양하게 벼슬에 나아갔으므로 식자들이 더욱 타기(唾之 : 침을 뱉고 멸시함)하였다. 그런데 이제 와서는 또 사가독서의 대열에 끼게 되었으므로 이를 듣고 놀라지 않는 이가 없었다.[25]

　사관은 윤지가 사람이 영리하고 재주도 꽤 있었지만 소년시절부터 벼슬길에 나가기에 급급하였고, 폐조(廢朝) 때에는 그들 부자가 벼슬자리를 얻으려고 뛰어다녔으며 반정 후 청현(淸顯)의 길을 나갔다고 평가하였다. 그 후 대각에 있으면서 논의가 발생하면 양다리 걸치기로 빠져나갈 구멍만을 찾았는데, 사헌부 헌납인 유백증이 이를 막으려고 탄핵

---

25) 『인조실록』 권 12 인조 4년 3월 22일(을축).

했지만 다시 이조전랑에 임명되었고, 이제 사가독서(賜暇讀書)에까지
끼게 되었다고 설명하였다.

윤지는 1644년(인조 22)에 사망하였다. 그는 부마의 아들로서 어릴
적부터 재명(才名)이 있었고, 20세에 급제하여 광해군 때에 이미 청현
직에 올랐으므로 사론이 이 때문에 그를 좋지 않게 파악하였다. 반정한
뒤에는 유백증(兪伯曾)의 탄핵을 받았지만 특별히 융성한 문호로 인하
여 청현직을 두루 거치게 되었고 겨우 30세에 벼슬이 아경(亞卿)에까지
올랐으며, 큰 고을을 여러 차례 맡으면서 모두 선정을 하였다는 명성이
있었다고 한다. 죽을 때의 그의 나이는 45세였다.[26]

5) 유심(柳淰, 1608~1667)

유심의 아버지는 전창위(全昌尉) 정량(廷亮)이며, 어머니는 선조의
딸 정휘옹주(貞徽翁主)이다. 태어난 지 얼마 되지 않아서 증조 할아버
지인 유영경(柳永慶)이 선조 말년 왕의 뜻을 따라 광해군을 대신해 영
창대군(永昌大君)을 옹립하려 시도하였는데, 광해군이 즉위하자 대북
이이첨·정인홍의 탄핵을 받고 경흥에 유배되었다가 사사(賜死)되었
다. 이 사건과 연류되어 아버지 유정량이 남해(南海)에 유배가게 되었
는데,[27] 유심은 아버지와 더불어 유배지를 전전긍긍하였다. 이 상황은
1623년 인조반정이 일어날 때까지 계속 이루어졌다.

반정 후에 드디어 유배 상황은 막이 내렸고, 1627년(인조 5)에 사마
시(司馬試)에 합격하면서 이름이 알려지게 되었다. 그 뒤에 음보(蔭補)

---

26) 『인조실록』 권 45 인조 22년 4월 8일(을축).
27) 『광해군일기』(정초본) 권 55 광해 4년 7월 17일(기유).

로 참봉이 되고 다시 시직(侍直)으로 있다가 1635년 증광문과에 병과로 급제한 뒤 승문원에 등용되었다.

이후 관직은 홍문관과 이조의 정랑 등으로 있었으나 1641년 청의 심양에 들어가는 관직을 모친의 병을 핑계 삼아 소장을 올려서 체직되었지만 곧 그 괘씸죄에 걸려 부안에 유배되었다가 금방 석방되었다.[28] 곧이어 사헌부의 관리가 되었는데 그 뒤 1651년 경상도관찰사, 1656년에도 평안도관찰사를 역임하였다. 1659년(효종 10) 예조참판으로 고부겸 주청사(告訃兼奏請使)의 부사로 다시 청나라에 다녀온 뒤 강화유수가 되었으며, 1662년에는 도승지를 역임하였다. 1666년 예조참판, 병조참판 등을 역임하였다. 1667년(현종 8)에 세자를 책봉할 때 세자책봉도감(世子冊封都監)이 수고한 공로로 신하들에게 상을 줄 때 죽책서사관(竹冊書寫官)의 임무를 맡은 유심에게 품계를 올려 주도록 한 기록을 끝으로[29] 그의 이야기는 더 이상 나오지 않는다.

3. 실패한 아들

어머니가 공주(옹주)이고 아버지가 부마인 명문가의 자식으로서, 아버지가 노력을 하지 않아도 최고의 지위에 있다는 것을 목격하고, 그리고 국가에 대역죄를 범하지 않는 이상 그 지위가 유지되는 것을 보면서 자식들은 사실상 어떤 동기 부여가 적었던 것으로 파악된다. 이러한 상황에서 공부는 뒷전이고 늘 놀이에 열중하며 더 나아가 여자문제까지 만드는 상황도 적지 않았다. 그런데 사실상 난잡한 여자문제를 가지고

---

28) 『인조실록』 권 42 인조 19년 3월 6일(신사).
29) 『현종개수실록』 권 17 현종 8년 3월 20일(갑오).

이들을 실패한 부마 아들의 사례로 파악하는 것은 아니었다. 이들이『조선왕조실록』에 기록에 패륜아로 설정되는 것은 왕조에 대한 반대, 즉 반정이 일어났을 때 과연 어느 쪽을 지지하느냐에 따라 패륜과 충성으로 갈리는 것이었다. 이제 공주의 아들로 문제가 되어 세상을 떠들썩하게 만들었던 상황들을 정리해 보도록 하겠다.

1) 신면(申冕, 1607~1652)

신면은 아버지가 영의정을 지낸 신흠(申欽)의 아들인 신익성(申翊聖)이고, 어머니는 선조와 인빈 김씨의 셋째 딸인 정숙옹주이다. 1637년 문과정시에 을과로 급제하여 검열(檢閱)에 임명되었고, 다음해인 1638년 홍문록(弘文錄)에 기재될 정도로 유망한 인재였던 것이다.[30] 그런데 1642년 신면을 이조 좌랑(吏曹佐郞)으로 삼을 때에 '위인이 간교하여 권세를 탐하고 국사를 제 마음대로 농단하여 오직 자기와 뜻이 다른 자를 공격하는 것으로 일을 삼기 때문에 염치없이 세리(勢利)를 추구하는 무리들이 그에게 많이 빌붙었다'라는 사평(史評)이 붙을 정도로 일반적인 평가는 좋지 못하였다.[31]

그는 1649년 예조참의를 지냈으나 효종이 즉위한 직후 김자점(金自點)의 당여로 평가되어 아산(牙山)으로 유배를 갔다. 다음해에 풀려 나와 동부승지에 임명되었다가 이듬해 홍문관 부제학이 되었으며 곧이어 대사간으로 승진하였다. 그런데 효종 2년에 김자점의 아들 김식(金鉽)이 모병을 하여 군사를 동원하고자 하는 역모를 꾸민 사건이 발각되

---

30)『인조실록』 권 37 인조 16년 8월 21일(신해).
31)『인조실록』 권 43 인조 20년 8월 3일(경자).

어 김자점과 김익이 사형에 처해지고 그의 당여들은 모두 파직당하거나 교체되는 사건이 일어났다. 이 사건으로 다시 신면은 김자점의 당여로 지목되어 의금부의 국청의 신문을 여러 번 받게 되었는데, 형신을 받다가 얼마 후에 갑작스레 자살하였다고 한다.[32]

그가 죽은 후 삼촌인 신익전은 그의 졸기(卒記)에 형의 아들인 신면(申冕)이 권력을 좋아하여 패거리를 끌어 모으자 마음속으로 매우 싫어하였으며, 늘 이 점을 자제들에게 경계시켰다고 『조선왕조실록』에는 적혀있다.[33]

2) 홍치상(洪致祥, ?~1689)

아버지는 우의정 중보(重普)의 아들인 홍득기(洪得箕)이고, 어머니는 효종의 2번째 딸(첫 번째 딸인 숙신공주는 청나라로 가던 도중 2살의 나이로 사망)인 숙안공주이다. 홍치상은 숙안공주의 외아들로 1673년 11월 27일에 아버지 홍득기가 39세의 나이로 사망하자 숙안공주의 유일한 혈자가 되었다. 그에 대한 기록은 1682년(숙종 8)에 처음 나오는데, 과거 시험에 붕당과 관련된 사실을 교만방자하게 썼다고 자복하는 상소를 올려서[34] 이에 숙종은 며칠 후 과제에서 붕당을 일컬을 수 없는데, 이제 과제에서 색목(色目)을 언급한 자는 일체 뽑지 말도록 하였다.

홍치상의 최대 문제점으로 지적된 것은 1689년(숙종 15)에 일어난 사건이었다. 당시 숙종은 후궁인 희빈 장씨에게서 아들 균(昀)을 낳고

---

32)『효종실록』권 7 효종 2년 12월 18일(신유).
33)『현종개수실록』권 2 현종 1년 2월 30일(을묘).
34)『숙종실록』권 13 숙종 8년 3월 21일(기사).

이를 종묘에 고하였다. 그런데 송시열이 종묘에 고한 원자의 정호를 철
회하라는 비판상소를 올리자 숙종은 이에 격분하여 송시열을 처단하
고 남인들로 하여금 정권을 담당하게 하는 기사환국(己巳換局)을 단행
하였다. 이 과정에서 홍치상은 송시열의 당여로, 여러 가지 없는 말을
지어내며, 사회를 혼란스럽게 만들었다는 죄목이 주어졌다. 당시 왕인
숙종의 표현에 의하면 '원자를 낳자 모두들 기뻐하는데, 숙신공주와 홍
치상이 이를 기뻐하지 않았고, 또 숙종이 예뻐했던 숭선군의 아들 동평
군(東平君)이 모역을 꾸밀지 모른다는 무고를 했다'는 것이었다. 또한
유언비어를 날조해 유포한 죄 등이 결부되어 결국 홍치상은 1689년(숙
종 15) 4월 22일 교형에 처해졌다.35)

　홍치상이 사망한 지 5년 후인 1694년(숙종 20)에 왕은 마음을 바꾸었
다. 그는 비망기(備忘記)를 내려 홍치상은 가까운 인척이며, 또 공주가
집에 있으니 복관(復官)을 시키라고 명을 내렸던 것이다.36) 그런데 이
때 홍치상의 아들 홍태유(洪泰猷)가 격쟁(擊錚)하여 자기 아버지 홍치
상의 억울함을 호소하였다. 이에 화가 머리끝까지 난 숙종은 홍치상을
복관하라는 명은 죄가 없어서가 아니라 공주 때문인데, 그 아들 홍태유
가 국가를 경멸하여 기망(欺罔)해서 격쟁한 것도 이 때문이니 복관하지
말라고 명을 내렸다.37) 이후 영조 대에 이르러서 홍치상의 아내가 왕이
영릉(寧陵)을 행행 때 대가(大駕) 앞에서 남편의 복관을 상언하였지만
끝내 들어주지 않았다.38)

---

35) 『숙종실록』권 20 숙종 15년 4월 22일(무자).
36) 『숙종실록』권 26 숙종 20년 4월 12일(기묘).
37) 『숙종실록』권 36 숙종 28년 1월 10일(임진).
38) 『영조실록』권 25 영조 6년 3월 5일(계유)

3) 정후겸(鄭厚謙, 1749~1776)

화완옹주는 영조가 특히 총애하던 딸로, 영조와 영빈 이씨의 딸인데, 사도세자의 동복여동생이다. 1749년 이조판서 정우량의 아들 정치달과 결혼했으나, 정치달이 일찍 죽어 과부가 되자 시댁 일가의 아들인 정후겸을 양자로 삼았다.

정후겸은 1766년(영조 42)에 화완옹주의 후원으로 홍문관 부교리, 사헌부 지평 등으로 관직을 시작하였다.[39] 그러다가 2년 후 승정원의 승지로 발탁되었으니 이때의 나이가 20세였다.[40] 당시 영조는 딸들 중에서 화완옹주를 특히 총애하여 그녀의 집에 납시던 것이 여러 번 있었고, 그녀의 양자인 정후겸 역시 총애하여 이런 인사를 단행한 것이었다. 이후에 정후겸은 형조참판, 개성유수, 병조참판 등을 제수받았다. 그런데 이런 상항에서 정후겸은 당시 마음이 바르지 않고 평소 행동이 못된 데다 화완옹주를 믿고는 방자함이 심하였으니, 홍인한과 같이 서로 결탁하여 왕이 정섭(靜攝)하는 기회를 틈타 위복(威福)을 훔쳐서 무롱(舞弄)하였다는 사평을 들었다.[41]

정후겸의 행운은 정조가 즉위하자 그 상황이 바뀌었다. 그는 화완옹주와 더불어 이른바 "『명의록』의 의리"에 반한 죄인으로 취급되어 몰락하였다. 즉위 직후 정조는 정후겸을 경원부(慶源府)에 귀양보냈는데, 그것은 과거 세자가 영특하고 총명함을 꺼려해서 모함, 훼방하는 말을 떠벌렸고, 이를 통하여 저궁(儲宮)을 동요시키려고 음모했었다는 죄목이었다.

---

39) 『영조실록』 권 107 영조 42년 5월 22일(경인), 6월 5일(계묘).
40) 『영조실록』 권 110 영조 44년 6월 6일(임술).
41) 『영조실록』 권 125 영조 51년 11월 30일(계묘).

그런데 화완 옹주는 또한 오랫동안 금중(禁中)에서 거처하며 그의 아들 정후겸을 위해 갖가지로 흉계를 도왔다. 1775년(영조 51) 겨울 대리청정(代理廳政)의 명이 내려졌을 때 홍인한이 "동궁께서는 노론과 소론을 알 필요가 없고, 이조판서와 병조판서에 누가 합당한지를 알 필요가 없으며, 조정의 일에 대해 알 필요가 없다."는 삼불필지지설(三不必知之說)"을 진언하여 대리청정의 계택을 저지하려고 했으나 실패하였다. 또한 정조가 청정(廳政)한 이후 심상운(沈翔雲)을 불러들여 흉악한 상소를 하여 번복되기를 도모하였다고 한다. 이상의 죄를 들어 경원부(慶源府)에 귀양보냈으나[42] 결국 3개월이 조금 지나자 여러 가지 죄를 들어 홍인한(洪麟漢)과 정후겸(鄭厚謙)을 사사(賜死)하였다.[43]

이것은 아마도 아버지였던 사도세자의 죽음과 관련이 있었던 화완옹주가 주 대상이었던 같다. 그녀는 옹주의 호를 삭탈당해 '정치달의 처(정처)' 로 불리게 되어 여러 곳으로 옮겨 유배를 당했으나 정조의 친고모라는 입장 때문에 죽이지 못하였고, 결국 1799년(정조 23) 화완옹주의 죄를 없애고 용서하라는 하교를 내렸다[44]

4) 김유돈(金有敦)·김유장(金有章)

김유돈과 김유장은 총재였던 김한(金閑)과 정종과 숙의기씨의 넷째 딸인 고성옹주의 아들들이다. 이들은 옹주였던 어머니의 품안에서 호화롭게 자라면서 어릴 때부터 성격상으로 문제가 많았는데, 실록에서

---

42) 『정조실록』권 1 정조 즉위년 3월 25일(병신).
43) 『정조실록』권 1 정조 즉위년 7월 5일(갑술).
44) 『정조실록』권 51 정조 23년 3월 4일(임술).

는 이들의 행적을 장미(薔薇)라는 시녀와 술을 마신 이야기, 그리고 석척(石擲) 놀이를 시행한 일을 가지고 탄핵한 사실을 언급하고 있다.

이들의 행적이 처음 드러난 것은 1435년(세종 17) 의금부 제조인 찬성 하경복(河敬復) 등이 이들이 시녀와 더불어 술을 먹었다는 불경죄로 탄핵한 기사였다. 그 내용은 5월 14일에 시녀(侍女) 장미가 병으로 밖에 나왔을 때 신의군(愼宜君) 이인(李仁)이 동거하는 조모의 집으로 초청하여 여러 날을 유숙하고 여러 아우들과 함께 집에서 잔치를 베풀었는데, 이 과정에서 김유장, 김유돈 등은 시녀와 더불어 수작하며 술을 돌렸다는 것이다. 이에 국왕은 죄에 따라 신의군 인을 폐하여 서인(庶人)을 만들어서 먼 변방으로 추방하고, 이를 숨기고 아뢰지 않은 원윤(元尹) 이의(李義)와 이예(李禮), 정윤(正尹)인 이지(李智)·이신(李信)·이강(李綱)·이승(李昇) 등은 다만 밖으로 내치고, 나머지는 모두 사형을 감하였다.[45]

이들의 죄는 다음날 대간의 탄핵 상소로 분명히 드러난다. 시녀가 나가 어미 집에 머물러 있었는데 신의군 이인(李仁) 등이 그 집에 왕래하여 여러 달을 머무르고 회음(會飮)하며 수작하고 일어나 춤추기까지 하는 등의 행실에 문제가 많았는데, 신하된 자의 불경죄는 이보다 큰 것이 없다는 것이다. 그런데 일이 발각되자 이를 숨기고 사실대로 말하지 않다가 국문을 받고 실토하니 간사함이 크다는 것이다. 그리고 잔치를 베풀어 친족을 모아 시녀를 청하여서 그들을 유숙까지 시켰는데 이때 여기에 관련이 된 자가 김유장, 김유돈 등이었다. 이와 같은 상소에 세종은 주모자인 이인을 익안대군(益安大君)의 제사에 관련된다며[46] 다

---

45) 『세종실록』 권 68 세종 17년 5월 19일(경인).
46) 『세종실록』 권 68 세종 17년 5월 20일(신묘).

음 해에 이들을 외방에 편의한 데로 내치라는 명을 내렸다.47)

　　그런데 3년 후 김유장, 김유경 형제는 다시 탄핵을 받았다. 이때는 석
척(石擲) 놀이를 한 자와 금지하지 못한 관사 등을 사헌부에서 탄핵하
였는데, 여기에 이번에 사면(赦免)되어 석방된 도류죄인(徒流罪人)인
김경재(金敬哉)·김유돈(金有敦)·김유장(金有章)·정철권(鄭鐵拳) 등이
관여되었다는 것이다.48) 이것은 세종의 종친 우대책에 의하여 무마되
었지만, 8년 뒤에 다시 시녀 장미(薔薇)와의 수초(酬酢)한 사건이 부각
됨으로써 김유돈과 김유장은 외방에 안치하게 하는 명을 내렸다.49) 이
러한 명은 1484년(성종 15)에 이르러 이들의 고신을 돌려주라는 왕명
이 나올 때까지50) 계속되었다.

---

47)『세종실록』권 72 세종 18년 6월 8일(계묘).
48)『세종실록』권 81 세종 20년 5월 26일(기유).
49)『세종실록』권 104 세종 26년 5월 18일(정묘).
50)『성종실록』권 173 성종 15년 12월 16일(기사).

1. 원문

『經國大典』

『谿谷集』

『高麗史』

『高麗史節要』

『國朝寶鑑』

『國朝續五禮儀』

『國朝五禮儀』

『國婚定例』(n1-2, 英祖25(1749))

『記言別集』

『大明律直解』

『大典會通』

『陶谷集』

『明安公主嘉禮謄錄』(肅宗6(1680)寫)

『戊申進饌儀軌』

『史記』

『三國史記』

『璿源系譜記略』

『星湖全集』

『宋子大全』

『承政院日記』

『新增東國輿地勝覽』

『藥泉集』

『練藜室記述』

『玉吾齋集』

『朝鮮王朝實錄』

『增補文獻備考』

『進饌儀軌』

『青莊館全書』

『春官通考』

『親蠶儀軌』

『豊呈都監儀軌』(1630년찬, 파리국립도서관)

『閑中錄』

『惠慶宮進饌所儀軌』(純祖 9(1809) 寫 장서각)

『和順翁主嘉禮謄錄』(英祖8(1732)寫 장서각)

『和順翁主嘉禮謄錄』(英祖7-8(1731-1732)寫 장서각)

『和綏翁主嘉禮謄錄』(英祖25(1749)寫 장서각)

『和平翁主嘉禮謄錄』(英祖14(1738)寫 장서각)

『和協翁主嘉禮謄錄』(英祖19(1743)寫 장서각)

2. 단행본 및 연구논문

『조선시대 향연과 의례』, 국립중앙박물관, 2009.

수원화성박물관 · 용주사효행박물관편,『사도세자』, 사도세자 서거 250주
　　　　기 추모 특별기획전, 2012.
장서각 특별전,『조선왕실의 여성』, 한국학중앙연구원, 2005.
국립문화재연구소,『조선왕실의 안태와 태실관련 의궤』, 민속원, 2006.
　　　　　　　　　　,『藏書閣所藏登錄解題』2002.
김용숙,『조선조 궁중풍속연구』, 일지사, 2000.
신명호,『조선공주실록』, 역사의 아침, 2009.
신채용,『조선왕실의 백년손님』, 역사비평사, 2016.
심재우외,『조선의 세자로 살아가기』, 돌베개, 2013.
　　　　,『조선의 왕비로 살아가기』, 돌베개, 2012.
　　　　,『조선의 왕으로 살아가기』, 돌베개, 2011.
이재숙 외,『조선조 궁중의례와 음악』, 서울대학교 출판부, 1999.
지두환,『선조대왕과 친인척－조선의 왕실 14－2』선조후궁, 역사문화,
　　　　2002.
최향미,『조선 공주의 사생활』, 북성재, 2011.
한형주,『조선초기 국가제례 연구』, 일조각, 2002.
　　　　,『밭가는 영조와 누에치는 정순왕후』, 한중연출판부, 2013.

3. 논문

김돈,「중종대 '灼鼠의 變'과 정치적 음모의 성격」,『한국사연구』119, 2002.
김문식,「1823년 명온공주의 가례 절차」『조선시대사학보』56, 2011.
김상환,「조선왕실의 원자아기 안태의궤 및 태실석물 개보수와 가봉 관련
　　　　의궤」,『조선왕실의 안태와 태실관련 의궤』, 국립문화재연구소,
　　　　민속원, 2006.
김지영,「영조대 친경의식의 거행과 '친경의궤'」,『한국학보』107, 2002.
나영훈,「순조대 明溫公主 婚禮의 재원과 前例 · 定例의 준수」,『朝鮮時代

史學報』83, 2017.

남지대, 「조선초기 禮遇衙門의 성립과 정비」, 『동양학』24, 1994.

노혜경, 「명안공주상장의궤」, 『장서각소장등록해제』, 2002.

박용만, 「왕실 여성의 독서와 글쓰기」, 『조선의 왕비로 살아가기』, 돌베개, 2012.

신명호, 「조선초 왕실정비와 議親」, 『청계사학』13, 1997.

신명호, 「조선초기 八議와 형사상의 특권」, 『청계사학』12, 1996

신채용, 「朝鮮時代 儀賓家門 研究」, 국민대 박사논문, 2020.

윤종준, 「明善·明惠公主에 대한 고찰」, 성남문화연구, 2010.

이순구, 「아이를 낳고 기르다」, 『조선의 왕비로 살아가기』, 돌베개, 2012.

이영숙, 「조선초기 내명부에 대하여」, 『역사학보』96, 1982.

이유경, 「조선초기의 부마」, 고려대석사학위논문, 1985

이의명, 「15·16세기 양잠의 발달과 권잠정책」, 『육사논문집』29, 1985.

이현진, 「순조의 장녀 명온공주의 상장의례」, 『조선시대사학보』56, 2011.

임민혁, 「조선후기 공주와 옹주, 군주의 가례 비교 연구」, 『온지논총』33, 2013.

차호연, 「조선 초기 公主·翁主의 封爵과 禮遇」, 『朝鮮時代史學報』77, 2016.

한충희, 「조선초기 의빈연구」, 『조선사연구』5, 1996.

한희숙, 「연산군의 딸 휘순공주(徽順公主)의 혼인과 이혼」, 『여성과 역사』28, 2018.

황인규, 「조선전기 왕실녀의 가계와 비구니 출가」, 『한국불교학』57, 2010.

한형주

명지대학교 국사학과와 고려대학교 대학원 석사과정 및 박사과정을 마쳤다. 고려대학교 민족문화연구원 연구교수와 경희대학교 후마니타스칼리지 객원교수를 거쳐 현재 고려대학교와 상명대학교에서 강의를 하고 있다. 저서로는『조선초기 국가제례 연구』(일조각, 2002),『밭가는 영조와 누에치는 정순왕후』(한국학중앙연구원, 2013),『종묘와 궁묘－조선왕실의 조상제사－』(민속원, 2016),『조선의 국가제사』(공저, 한국학중앙연구원, 2010),『조선의 왕으로 살아가기』(공저, 돌베개, 2011),『조선의 왕비로 살아가기』(공저, 돌베개, 2012),『조선의 세자로 살아가기』(공저, 돌베개, 2013),『종묘－조선의 정신을 담다』(공저, 국립고궁박물관, 2014),『조선의 국가의례 오례』(공저, 국립고궁박물관, 2015),『국왕과 신하가 함께 만든 나라 조선』(공저, 국립고궁박물관, 2016) 등이 있다.

■ 이 총서는 조선시대 왕실문화가 제도화하는 양상을 고찰하여 그 전반을 종합적으로 구명하는 데에 목적을 두었다. 제도화 양상은 유교적 제도화와 비유교적 제도화 그리고 이 두 방면에 서로 걸치는 형태로 진행되었다고 보았다. 연구 결과, 전반적으로 조선 왕실에 대해서도 유교문화의 지배력이 강화되어 가는 추세 속에, 부문에 따라 종래의 왕실문화 전통과 연결되거나 사회 구성원 대다수가 향유하는 속성의 문화 요소가 예상보다 강력하게 유지되었음을 확인할 수 있었다. 요컨대 조선왕실의 문화는 왕실문화로서의 정체성을 확보하려는 의지, 양반 사족의 기대에 부응하려는 노력 및 알게 모르게 서민들과 정서를 소통하는 양상이 공존하였던 것이다.

[조선 왕실 문화의
제도화 양상 연구
3]

조선시대 공주와 부마

초판 1쇄 인쇄일	2022년 05월 23일
초판 1쇄 발행일	2022년 05월 30일
지은이	한형주
펴낸이	정진이
편집/디자인	우정민 우민지 김보선
마케팅	정찬용 정구형
영업관리	한선희 남지호
책임편집	김보선
인쇄처	으뜸사
펴낸곳	국학자료원 새미(주)

등록일 2005 03 15 제25100-2005-000008호.
경기도 고양시 일산동구 중앙로 1261번길 79 하이베라스 405호.
Tel 442-4623 Fax 6499-3082
www.kookhak.co.kr
kookhak2001@hanmail.net

ISBN	979-11-6797-052-7 *93910
가격	25,000원